Législation du travail et sécurité sociale en République démocratique du Congo

Albert MULUMA MUNANGA G. Tizi

LEGISLATION DU TRAVAIL ET SECURITE SOCIALE EN REPUBLIQUE DEMOCRATIQUE DU CONGO

Avec la collaboration de

Michel MANANGAMA MONGO
&
Junior GAMAYALA MULUMA Gama

Préface de
Modeste BAHATI LUKWEBO

L'Harmattan

5-7, rue de l'École-Polytechnique ; 75005 Paris
http://www.harmattan.fr
diffusion.harmattan@wanadoo.fr
harmattan1@wanadoo.fr
ISBN : 978-2-343-05082-9
EAN : 9782343050829

Du même auteur

- *Politique agricole et développement rural. Analyse sociologique du développement de quelques expériences agricoles. Cas des institutions de recherches et formations agronomiques : INERA, IFA, ISEA et ISDR,* Thèse de doctorat en Sciences Sociales, ULB, Faculté des sciences sociales, politiques et Economiques, Bruxelles, Belgique, Novembre, 1987 (3tomes).
- L'employeur et l'amélioration des conditions socioprofessionnelles des travailleurs à la Tabazaïre (1960 à 1973). Mémoire de licence en Sociologie industrielle et urbaine, UNAZA/Campus de Lubumbashi, Faculté des Sciences sociales, Administratives et Politiques, Lubumbashi, Juillet 1975.
- « Le fondement des rapports tripartites : travail-syndicat- salaire dans la solution de la crise en RDC », revue de la *FASE*, UPC, 1999.
- *Le niveau de la pauvreté et ses conséquences sur la santé de la population à Kinshasa*, Facultés
- *Pluralisme syndical et démocratique en RDC*, 2002.
- *Le guide du chercheur en Sciences sociales et Catholiques de Kinshasa*, 1999.
- *Syndicat et bonne gouvernance dans l'administration et entreprises publiques congolaises en période de humaines*, éd. SOGEDES, 2003.
- « La paix dans l'environnement post électoral en RDC », in *Congo-Afrique* n°405, 2006.
- *Sociologie générale et africaine. Les sciences sociales et les mutations des sociétés africaines*, Ed. L'Harmattan, Paris, 2008.
- « Efforts nationaux deréduction de la pauvreté. Cas de la Commission d'Ethique et de lutte contre la corruption en RDC », in Revue de la *FASE*, UPC, mai 2008.
- « Corruption et pauvreté : que faire pour la relance socio-économique en RDC ? » in *Congo-Afrique*, déc2008.
- « Société et droit : deux paradigmes aux contours dialectiques et complémentaires pour une régulation sociale », in *Cahiers Congolais de Sociologie,* Unikin n°24, Fév. 2012.
- « Les Eglises de réveil et la vie quotidienne en RDC : Vision anthropo-sociologique », in *Les Spiritualités du temps présent*, Ed. M.E.S, Kinshasa 2012.
- *L'Université et la problématique du développement durable en Afrique*, CERDAS, UNIKIN, 2012.
- « gouvernance et nationalisme », In *Congo-Afrique*, n°447, Juillet-Août 2013.

Dédicace

A Célestine **NKULA NGANGULA**, mon épouse,

A mes enfants Papy, Vance, Gama, Jerry, Belinda, Sarah,

Tizia, Gemy, Elie, Tizi et Bonheur,

A mes petits-fils et filles,

En mémoire du Chef de Travaux Guillaume MBWEBE MUMENE que le destin a arraché à cette terre des hommes en plein exercice de son métier d'enseignant, paix à son âme !

Voici cette œuvre d'inspiration et d'espérance

- *Toute personne a droit au travail, au libre choix de son travail, à des conditions équitables et satisfaisantes du travail et à la protection contre le chômage.*

- *Tous ont droit, sans aucune discrimination, à un salaire égal pour un travail égal.*

- *Quiconque travaille a droit à une rémunération équitable et satisfaisante lui assurant, ainsi qu'à sa famille, une existence conforme à la dignité humaine et complétée, s'il y a lieu, par tous autres moyens de protection sociale.*

- *Toute personne a le droit de fonder, avec d'autres, des syndicats et de s'affilier à des syndicats pour la défense de ses intérêts (article 23).*

- *Toute personne a droit au repos et aux loisirs et, notamment, à une limitation raisonnable de la durée du travail et à des congés payés périodiques (article 24).*

- *Toute personne... a droit à la sécurité, en cas de chômage, de maladie, d'invalidité, de veuvage, de vieillesse ou dans les autres cas de perte de ses moyens de subsistance par suite des circonstances indépendantes de sa volonté (article 25)*

(Déclaration universelle des Droits de l'Homme, 10 – 12 – 1948)

AVANT-PROPOS

Après des loyaux services rendus dans la formation de la jeunesse, il est pertinent de léguer aux générations futures une somme d'expériences collectées dans un *bustseller* intitulé "Législation du travail et sécurité sociale".

Ne dit-on pas avec un sage africain que "vaut-mieux des actes palpables que des discours fallacieux sans lendemain ?"

La carrière académique est ingrate parfois en République Démocratique du Congo. On oublie vite certaines sommités intellectuelles lorsqu'elles n'ont pas marqué leur cursus d'actions de recherche dans leurs domaines respectifs.

J'ai dispensé le cours de "Législation sociale" dans plusieurs institutions universitaires du pays. Plusieurs cadres ont été formés en sociologie, en sciences politiques et administratives, en relations internationales, en droit, en psychologie et sciences de l'éducation, en administration des affaires et sciences économiques, en gestion des entreprises, etc.…

Mes enseignements ont été scellés par des visites guidées, des stages, des travaux pratiques dans les entreprises et dans les organisations socioprofessionnelles des travailleurs et des employeurs.

Plusieurs contacts ont été noués avec les organisations professionnelles des pays comme l'Allemagne, la Belgique, les Etats-Unis d'Amérique, la France, la Grande Bretagne… J'ai participé aux séminaires de formation organisés par les experts du Bureau International du Travail (BIT) portant sur les normes internationales du travail en matière du contrat de travail, en matière de salaire, en matière des conditions générales du travail, en matière des conflits collectifs du travail, en matière de la sécurité sociale, en matière des syndicats, etc…

Les expériences endurées durant toute ma carrière académique sont édifiantes pour partager avec les autres dans, le cadre de la législation sociale et sécurité sociale, mieux, dans le domaine des sciences du travail que je souhaite vivement naître au sein des Facultés des Sciences Sociales, Politiques et Economiques.

La démarche méthodologique suivie a été essentiellement comparative et participative.

Ces expériences riches ont été effectuées ensemble avec mes collègues et collaborateurs de la chaire de sociologie et de législation sociale des Universités de Kinshasa, de Kisangani et de Lubumbashi. Il s'agit, notamment, des ProfesseursRuffin NGOMPER, BOLINDA WA BOLINDA,

LOKANGA OTIKEKE, SHABANZA KAZADI, Willy MBALANDA, NSILU MATONDO, Blaise MUYA Jean LIYONGO, Léon TSAMBU; des Chefs de Travaux et Assistants Patrick MATADIWAMBA, Wally MAWALA LUYINDA, Papy BUBU KANGUNZA, MAVUNGU KHONDE, etGuillaume MBWEBE que le destin a arraché en pleine activité professionnelle. Paix à son âme !

A l'issue de la publication de cet ouvrage, je tiens à leur rendre un vibrant hommage. Je n'oublie pas de milliers des travailleurs et de chômeurs en Afrique, en général, et en RDC, en particulier, qui cherchent l'amélioration des conditions de travail et de vie.J'encourage les différents responsables, dont les gestionnaires des organismes publics et privés qui se déploient et se soucient constamment pour établir une justice sociale sans négliger la productivité et la rentabilité de leurs entreprises, services, établissements et organismes.

Enfin, j'encourage les étudiantes et les étudiants ayant des ambitions de devenir managers ou gestionnaires, d'acquérir cet ouvrage qui est un Vade Mecum à tenir pour atteindre un objectif noble, à savoir, la paix sociale.

Cet ouvrage comporte trois parties importantes. La première est intitulée ''Généralités''. elle a deux chapitres dont le premier est consacré à l'histoire du monde de travail depuis l'Antiquité. Le second chapitre définit les concepts de base et dégage les caractéristiques et les sources du droit de travail.

La deuxième partie est réservée au droit du travail congolais, en général, et prend en compte le code du travail congolais. Il y est consacré plusieurs chapitres relatifs au contrat du travail, au salaire ou rémunération, aux conditions générales du travail, à la santé, à la sécurité et au service médical de l'entreprise, à l'administration du travail, à la formation professionnelle, aux différends individuels et aux conflits collectifs du travail. Cette partie est illustrée par quelques exemples pratiques de terrain.

La troisième et dernière partie parle de la sécurité sociale. Plusieurs points y sont abordés dontl'historique, les définitions et objets, les risques professionnels, les prestations sociales, les considérations générales du système de sécurité sociale en RDC et les perspectives pour une nouvelle vision de la sécurité sociale en RDC.

A la fin de l'ouvrage, des documents importants sont insérés en annexes. Ceux-ci complètent la connaissance générale du monde de travail congolais.

L'auteur

PREFACE

La publication d'un ouvrage sur la législation du travail et sécurité sociale répond à une préoccupation maintes fois exprimée, depuis longtemps déjà, non seulement par les trois parties qui interviennent dans les relations du travail, à savoir, l'Employeur, l'Employé et l'Etat, mais aussi par les chercheurs, les étudiants et les responsables des organisations socioprofessionnelles en République Démocratique du Congo.

L'expérience que nous avons du monde du travail montre que, dans ce domaine, les partenaires sociaux ne sont pas aussi documentés qu'il l'aurait fallu pour prévenir les nombreux malentendus et réduire notablement les différends individuels et les conflits collectifs dont une grande part résulte de la connaissance insuffisante ou de l'ignorance des droits et des obligations de chacune des parties.

La présentation d'un travail scientifique étant une des techniques efficaces de communication entre les chercheurs avec la société, nous saluons avec un intérêt particulier la publication de cet ouvrage qui a pour objectif de faire connaître des règles juridiques et réglementaires applicables aux relations de travail et à la sécurité sociale.

Un intérêt à saluer est celui de faire connaître, aux différents responsables d'entreprises, les différentes mesures applicables en matière de contrat du travail, de santé, d'hygiène et de sécurité au travail, et en matièred'administration du travail, de litiges individuels et de conflits collectifs du travail, ... D'où, cet ouvrage offre une possibilité de recherche dans un domaine qui touche aux rapports de tous les partenaires sociaux.

Grâce à cette publication, les personnes intéressées par le droit du travail ou la législation sociale et qui se heurtaient à de nombreuses difficultés pour trouver des informations pertinentes trouveront des réponses adéquates à la majorité de leurs préoccupations. En effet, plusieurs questions pratiques ont été abordées à partir des exemples réels tirés dans les grandes entreprises exerçant en territoire de la République Démocratique du Congo.

L'apport d'Albert MULUMA MUNANGA avec la publication de cet ouvrage de grande envergure est le gage des efforts d'une longue expérience accumulée d'enseignant et de chercheur dans les domaines de sociologie du travail et industrielle. Il est également connu comme grand formateur de cadres tant au niveau des Universités étrangères et du pays qu'au niveau des entreprises, notamment la SOTEXKI, la BRALIMA, la SNEL, la SONAS, l'INSS où il avait organisé des séminaires de formation à l'intention des cadres. Son expertise constitue un grand défi dans un environnement socio-économique africain drastique où les conditions de la recherche-action laissent à désirer, faute de moyens.

Le Ministère de l'Emploi, du Travail et de la Prévoyance Sociale est le grand bénéficiaire de la richesse documentaire et de l'expérience de l'auteur.Ce livre se recommande aux fonctionnaires, aux partenaires sociaux et aux chercheurs pour une appropriation des connaissances en vue de renforcement des capacités susceptibles d'améliorer le rendement des entreprises, des services et des établissements.

L'auteur ne pense pas avoir tout dit ; il a plutôt la conviction de recevoir d'autres apports pour compléter cet ouvrage qui est ouvert à toutes les catégories socioprofessionnelles de la RDC en vue de contribuer, sans cesse, à la paix sociale et à l'amélioration des rapports sociaux là où c'est nécessaire.

Modeste BAHATI LUKWEBO
Ministre de l'Emploi, du Travail et
de la Prévoyance Sociale.
République Démocratique du Congo

INTRODUCTION GENERALE

Comme objet de notre étude, nous voulons ici souligner le fait que le droit étant le produit de la conscience collective est lié à la société.Cela signifie que tout droit est engendré par la société, mais aussi mène donc à avoir le phénomène juridique dans les règles d'organisation de tout groupement humain, qu'il s'agisse de la plus modeste association des travailleurs ou des employeurs aussi bien que de plus puissant Etat, ou de la communauté internationale[1].

Les questions sur la législation du travail et la sécurité sociale sont transversales entre les sciences sociales et les sciences juridiques puisque touchant toute la problématique de la gestion des ressources humaines et entrant dans le cadre du service social d'un pays et, partant, de l'exécution de la politique sociale.

L'amélioration de la politique sociale d'un pays est une exigence de son développement socio-économique. C'est pourquoi, nous avons voulu donner notre modeste contribution en réfléchissant sur les questions liées à la législation du travail et à la sécurité sociale en République Démocratique du Congo.

Certaines questions ont orienté notre étude. Comme dans toute démarche scientifique, nous sommes parti de plusieurs questions pour cimenter notre réflexion. Ces questions soulevées concernent la législation du travail et la sécurité sociale en RDC :

- Pourquoi doit-on lier les textes légaux et règlementaires du travail et de la sécurité sociale aux impératifs socio-économiques de la RDC ?
- Les partenaires sociaux respectent-ils réciproquement les droits et les devoirs ?
- Quels sont les principes de gestion des ressources humaines en matière de contrat de travail, de salaire, de congés, d'horaires de travail, etc. ?
- Quels sont les éléments fonctionnels et structurels liés à la réforme de la sécurité sociale en RDC ?
- Enfin, qui sont les acteurs impliqués dans l'amélioration des conditions de l'emploi, du travail et de la sécurité sociale ?

---

[1] DURKHEIM, E., *De la division du travail social*, Paris, P.U.F., 1960, pp.28-75.

Autant de questions qui nécessitent des réponses appropriées en matière de législation du travail et de sécurité sociale en RDC.

Après avoir posé plusieurs questions de recherche, une formulation d'hypothèses nous a permis d'orienter notre étude dans la moisson des réponses ci-après :

1. le respect des textes légaux et réglementaires en matière de la législation du travail et de la sécurité sociale constitue nécessairement le seul remède pour que la RDC se développe d'ici 2030 ;
2. la législation du travail et la sécurité sociale doivent nécessairement s'harmoniser avec les impératifs socio-économiques de la RDC pour sa modernisation ;
3. la transformation socio-économique de la RDC appelle de grandes réformes en matières de la législation du travail et de la sécurité sociale ;
4. l'amélioration des conditions socio-économiques des travailleurs est le seul gage de la gestion des ressources humaines et, partant, de la performance des organismes, des entreprises et des services en RDC.

Le souci qui nous a animés est celui de combler un vide ressenti sur une véritable réflexion sociologique sur le droit du travail en RDC, dans une démarche réconciliante entre la sociologie et les sciences juridiques.

François CHAZEL[2] fait l'état d'un véritable programme de recherche élaboré par E. DURKHEIM, cependant éparpillé, et il fait la description de trois traits essentiels de ce programme. La solidarité a une expression, un symbole visible[3] ; le droit est « en effet, la vie sociale partout où elle existe d'une manière durable, tend inévitablement à prendre une forme définie et à s'organiser et il n'est autre chose que cette organisation même dans ce qu'elle a de plus stable et plus précis ».

Henri LEVY-BRUHL fait une différence entre les règles relevant du droit et celles relevant de la morale.

Il y a deux espèces de droit : celui des sanctions répressives et celui des sanctions restitutives[4]. Il y a une branche spécialisée de la sociologie dénommée sociologie du droit. La sociologie du droit (ou sociologie juridique) est la branche ou la sous discipline de la sociologie qui étudie les

---

[2] CHAZEL, F. et COMMAILLES, J.C., (sous la direction), *Normes juridiques et régulation sociale*, Paris, LGDJ, 1991, pp.27-38.

[3] GURVITCH, G., Problèmes de sociologie du droit, in *Traité de sociologie*, tome 2, Paris, P.U.F., 1968.

[4] LEVY-BRUHL, H., *Sociologie du droit*, Paris, P.U.F., 1961.

phénomènes juridiques en prêtant attention aux pratiques effectives des acteurs du champ juridique et non simplement aux textes réglementaires. Cette discipline entretient des rapports complexes avec le droit, d'une part, et la théorie ou la science du droit, d'autre part. Le juriste italien DIONISIO ANZILOTTI a été le premier, en 1982, à utiliser l'expression « sociologie juridique »[5]. En France, ce n'est qu'après la seconde guerre mondiale que la sociologie du droit s'imposa progressivement dans les facultés de droit, sous l'égide d'Henri LEVY-BRUHL, qui en est la figure titulaire de 1926 à sa mort en 1964[6].

H. BATIFOL fait une synthèse des thèmes durkheimiens appliqués au droit : « le phénomène juridique premier est la coutume, dont le caractère social est le plus manifeste en raison de sa formation spontanée, et qui est justiciable au premier chef de la technique d'observation... La loi apparaît moins directement comme un fait social, parce qu'elle est œuvre volontaire, mais son objet doit être de lire dans les faits sociaux les règles qu'elle doit consacrer, au besoin en les aménageant ; il en va de même de la jurisprudence (...) L'activité du législateur et du juge est, à son tour, un phénomène social justiciable des mêmes méthodes que le droit spontané. Il résulte de la pression sociale sur la conscience des législateurs ou des juges. On doit donc y retrouver l'expression de la « conscience collective ».

La sociologie du droit, selon Jacques GROSCLAUDE commentant l'ouvrage de Max WEBER[7], s'intéresse à la « compréhension de la norme et de sa répercussion sur les conduites sociales ». Cette interprétation met le doigt sur les « conduites sociales » ainsi que sur la substance, le contenu artificiel ; c'est-à-dire le construit de la loi. Les processus pratiques relatifs au droit n'ont pas nécessairement pour composante principale l'autorité. Par la « compréhension de la norme », il semble que la science du droit soit incluse dans la sociologie du droit.

La spécificité du fait sociologique de type juridique réside, semble-t-il, dans l'attention portée à des réalisations sociales où seraient mêlées directement ou indirectement des normes formelles, c'est-à-dire légales.

Avec Alain CHOURAQUI, on peut dire que « dans le domaine du travail, les contrats entre système juridique et régulation sociale sont depuis toujours très étroits »[8].

---

[5] ARNAUD, André-jean : Où va la sociologie du droit « Site Réseau européen (Droit et Société)

[6] BATIFOL, H., *La philosophie du droit*, Paris, P.U.F., 1966, pp.34-35.

[7] WEBER, M., *Economie et société*, Paris, Ed. Plon, 1965.

[8] CHOURAQUI, A., Quelques difficultés actuelles d'articulation du juridique et du social, in CHAZEL, F. et COMMAILLE, J.C., *op.cit.*, p.285.

G. GURVITCH définit la sociologie juridique comme « l'étude de la plénitude de la réalité sociale du droit, qui met les genres, les ordonnancements et les systèmes de droit, ainsi que ses formes de constatation et d'expression, en corrélations fonctionnelles avec les types de cadres sociaux appropriés de la recherche en même temps les variations de l'importance du droit, la fluctuation de ses techniques et doctrines, le rôle diversifié des groupes de juristes, enfin les régularités tendancielles de la genèse du droit et des facteurs de celle-ci à l'intérieur des structures sociales globales et partielles »[9].

TERRE rapporte l'idée d'Auguste COMTE, fondateur de la sociologie, selon laquelle « les faits sociaux sont assujettis aux lois mais qu'ils ne requièrent pas d'observation spécifique » puisqu'ils sont reliés à d'autres faits sociaux plus globaux[10].

Henri LEVY-BRUHL dans son ouvrage « Sociologie du droit », propose sa propre définition du droit : « le droit est l'ensemble des règles obligatoires déterminant les rapports sociaux imposés à tout moment par le groupe auquel on appartient ». Il conteste la doctrine et affirme que « les règles juridiques pour la sociologie, n'ont pas de caractère stable et perpétuel »[11].

Comme nous venons de le voir, la sociologie et le droit se retrouvent ensemble dans un même champ d'action (société et normes) lorsqu'il s'agit des questions relevant du travail et de la régulation des normes sociales. Une complémentarité tacite s'établit dans les champs d'actions entre les deux disciplines des sciences humaines ainsi que le démontrent plusieurs chercheurs sociologues et juristes en matière de la législation du travail et de la sécurité sociale, sans oublier les domaines relevant des droits civil, commercial, spécial, etc.

Les objectifs poursuivis par cet ouvrage peuvent se résumer à trois niveaux :

- faire connaître au public l'ensemble des dispositions légales et réglementaires applicables aux relations individuelles et collectives qui naissent au sein du travail ;
- faire connaître aux responsables ou aux gestionnaires des entreprises ou encore aux fonctionnaires de l'Etat qui gèrent les ressources humaines au quotidien les différentes mesures applicables en matière de contrat du travail, de salaires, de conditions générales du travail et d'administration, d'hygiène et santé au travail, de

[9] GURVITCH, G., *op.cit.*

[10]

[11] LEVY-BRUHL, H., *Sociologie du droit*, Paris, P.U.F., 1981, p.21 (1ère edition 1961).

formation professionnelle, de règlements des litiges individuels et conflits collectifs du travail ainsi que les dispositions légales en matière de la sécurité sociale ;
- dégager les perspectives susceptibles de baliser l'avenir de la RDC d'un véritable droit du travail et de la sécurité sociale.

Ce genre d'étude nous a conduit à l'utilisation de trois méthodes : historique, structurelle et dialectique et de deux techniques : documentaire et enquêtes sur le terrain. Concernant les méthodes, nous sommes parti de l'explication selon laquelle le système de gestion en matière de législation du travail et de sécurité sociale est une transformation qui doit compter des lois en tant que système, et qui doit s'enrichir par le jeu même de ses transformations liées aux caractères de totalité, de transformation et d'autorégulation. En effet, nos analyses se sont basées sur les faits socio-économiques directement lisibles, sur les structures déterminantes sous-jacentes non apparentes, mais réelles et par lesquelles les faits observés font partie de la réalité congolaise. Nous avons ainsi mis l'accent d'abord sur les dysfonctionnements de notre législation du travail et sécurité sociale et dégagé ensuite les conséquences liées aux perspectives de transformations socio-économiques de la RDC. Nous avons également mis l'accent sur la méthode historique, laquelle a associé deux approches : diachronique et synchronique. Notre législation sociale vient de l'époque coloniale, l'explication diachronique a permis de faire un recul dans le passé pour comprendre la situation actuelle et faire des projections dans le futur.

Une riche documentation a aidé pour peaufiner notre étude. Cette documentation a été complétée par des enquêtes de terrain en ciblant plusieurs acteurs dans le monde du travail (gouvernants, employeurs, travailleurs, syndicalistes, etc.).

La recherche scientifique, dans notre environnement, pose énormément des problèmes liés à la méthodologie de la recherche et aux moyens logistiques. Sur le plan méthodologique, il était difficile de déterminer le modèle explicatif que nous avons estimé insérer dans la rubrique « intérêt et objectifs poursuivis ». Il a fallu une revue de la littérature sociologique et juridique pour convaincre les lecteurs. Les moyens matériels et financiers ont réellement fait défaut en ces moments de vache maigre. Nous avons pris du temps pour arriver à bout. Nous avons surtout été buté au problème de documents liés au Ministère de l'Emploi, du Travail et de la Prévoyance sociale, de l'INSS et de l'assemblée générale de l'OIT de juin 2014.

Sur le plan de délimitation spatio-temporelle, cet ouvrage touche la République Démocratique du Congo (RDC). Nous avons considéré la période allant de l'accession du pays à l'indépendance à 2014.

Outre l'introduction et la conclusion générales, cet ouvrage comporte trois parties importantes dont la première s'ancre dans les généralités, la deuxième concerne le droit du travail congolais dans son moindre détail, et la troisième partie est consacrée à la sécurité sociale et aux perspectives d'avenir.

Enfin, quelques annexes sont insérées à la fin de l'ouvrage.

PREMIERE PARTIE : GENERALITES

Cette partie traite des questions générales liées au travail dans l'histoire de l'humanité de l'Antiquité à nos jours. Elle aborde également les questions liées aux définitions des concepts, aux caractéristiques et aux sources du droit de travail.

Le travail est une valeur sociale car, il anoblit l'homme et son environnement.

CHAPITRE Ier

LE TRAVAIL DANS L'HISTOIRE DE L'HUMANITE

Ce chapitre est une lecture de l'histoire du travail de l'Antiquité au 20ème siècle.

1.1. Le travail dans l'Antiquité

Le monde de l'Antiquité méprisait le travail, alors que celui-ci existe depuis l'origine de l'homme. « Tu mangeras désormais de la sueur de ton front » (Genèse 3 :17).

En Grèce, avant le 6ème siècle A.C. et à Rome au 4ème siècle A.C., à côté du chef de famille et de ses enfants, vivait une catégorie de personnes appelées « esclaves ». Ceux-ci étaient soumis à des divers travaux que noble, patron et homme libre détestaient. *Le travail manuel était donc exclusivement réservé à l'esclave.*

Tous les grands penseurs grecs, de PLATON à ARISTOTE, méprisaient tout travail qui n'était pas intellectuel. Même le travail de l'artiste était méprisé, bien que les œuvres d'art aient été admirées. Dans la pratique, cependant, les mêmes auteurs admettaient le travail manuel comme une réalité. PLATON allait jusqu'à parler de la nécessité de la division professionnelle de travail.[12]

Toutes les activités productives, à l'exception des professions libérales, telles que la médecine, la profession d'ingénieur, l'enseignement, étaient considérées comme honteuses et réservées aux esclaves (CICERON). L'activité liée à l'agriculture était cependant considérée avec bienveillance et sympathie par tous les auteurs grecs et romains.

Pourquoi le monde antique méprisait-il le travail ? Il y avait plusieurs raisons dont les principales étaient les suivantes :

1. En comparant l'activité manuelle aux autres, elle occupait la dernière place du point de vue salaire, avantages sociaux et dignité ;
2. Le travail manuel étant réservé aux esclaves, l'homme libre l'identifiant à l'esclavagisme. L'esclavagisme portait ainsi un discrédit au travail manuel ;
3. Les conditions dans lesquelles s'effectuait le travail manuel étaient celles d'un esclave et non celles d'un homme libre ;

---

[12] PLATON, *Les lois*, Livre VIII, Chap. XII

4. Les travailleurs et les artisans étaient donc considérés comme des parasites, c'est-à-dire des personnes vivant à l'ombre de leurs patrons ou sur le dos de l'Etat.

Face à la situation méprisante du travail manuel, les artisans et les travailleurs, devenus nombreux, mais toujours dépréciés et considérés comme objets,finissent par prendre conscience de la nécessité de défendre certains de leurs droits, et cela, à travers des corporations. Celles-ci étaient des associations des artisans en vue de réglementer leurs professions et de défendre leurs intérêts professionnels.

Malgré des restrictions imposées, à l'an 67 A.C., surtout sous le règne de César AUGUSTE, les corporations s'étaient multipliées et constituaient une importante force sociale que l'Etat ne pouvait pas négliger, car cette force pouvait perturber la paix dans la République.

Il faut cependant souligner que dans leurs débuts, les corporations visaient à satisfaire certaines exigences religieuses. Elles voulaient répondre au désir instinctif qu'éprouvaient tous les hommes de mêmes conditions de fraterniser et de se communiquer leurs idées et leurs sentiments.

I.2. L'insertion du Christianisme dans le monde du travail

Le Christianisme s'est inséré dans le monde du travail à travers trois instruments qui sont :

1. L'enseignement offert par la vie même de son fondateur : le Christ ;
2. L'enseignement de sa parole (Evangile) ;
3. L'enseignement de ses disciples.

La vie même du Christ et sa parole prouvent que son activité pendant 30 ans était basée sur le travail. En effet, le Christ avait travaillé, au début comme apprenti, pour le compte de son père et, ensuite, pour sa mère.

Il avait choisi tous ses apôtres, excepté un seul, parmi les travailleurs, notamment les pêcheurs. Dans ses enseignements, il subordonnait les fins matérielles à celles spirituelles et recommandait la constance et la confiance dans le travail (la pêche miraculeuse). Il affirmait le droit de l'ouvrier à son salaire, etc.

Désormais, on n'était plus esclave des hommes, mais bien celui du Christ. Ainsi, le travail devenait l'affaire de tout le monde ; celui qui ne travaillait pas était condamnable. Par la suite, les pères de l'Eglise allaient insister sur la charité, sur le salaire juste, sur l'idée du bien commun et de l'égalité. A ce propos, les thèses des Historiens et des Sociologues marxistes qui affirment que la doctrine chrétienne condamne le travail et l'activité en général sont dénuées de tout fondement.

Quant au 3ème point, c'est-à-dire, l'enseignement des disciples, ceux-ci, notamment les apôtres, continuent le même enseignement du Christ. Les termes clés de cet enseignement sont la richesse, la pauvreté, la charité, l'exploitation de l'homme par l'homme.

Les pères de l'Eglise ont continué le même enseignement ; ils ont insisté sur la pratique de la charité, entendue comme une manière concrète d'exprimer l'amour envers le prochain et surtout comme un instrument qui servait à dépasser les déséquilibres et les injustices déterminées par une injuste distribution des biens entre les hommes.

L'Evangile a donc opéré une véritable révolution dans l'histoire du monde de travail. En effet, le Christianisme avec ses nouvelles idées a apporté une nouvelle dimension, notamment entre l'homme libre et l'esclave. La liberté d'esprit était désormais le nouveau critère de distribution ; ainsi, n'étaient libres au sens éthique, moral que les affranchis du Christ, c'est-à-dire les esclaves du Christ. Tous les autres n'étaient pas libres.

1.3. Le monde du travail au Moyen-âge

La période entre le Vème et XIème siècle correspondait dans l'histoire politique, à l'invasion barbare. Toutefois, durant cette période difficile de l'histoire européenne, il ne manquait pas de penseurs pour s'occuper des problèmes du travail. La plupart traitait souvent de la propriété et de l'usage des biens. L'exemple du travail est parti des monastères et plus précisément du fondateur BENEDICTE (480-547). En général, les fondateurs des monastères combattaient la propriété privée et encourageraient le travail en commun. Tous les auteurs étaient donc imprégnés de la conception chrétienne du travail. Celui-ci se trouvait, à cette époque, dans un monde économique en crise.

Parmi tous les penseurs économiques du Moyen-âge, **Thomas d'Acquin** (1226-1274) a été celui qui a le mieux traité les problèmes économiques de son temps (*SummaTheologia ; Summa contra Gentiles ; De RegimePrincipum*). Après **Thomas d'Acquin**, ceux qui suivaient sa doctrine étaient appelés des scolastiques.

La conception de l'école médiévale était la suivante : les biens de la terre existent pour servir l'homme à atteindre sa vraie finalité, c'est-à-dire le Paradis. Les biens étaient perçus par rapport à la destinée de l'homme. Trois conséquences découlaient de cette conception, à savoir :

1. les richesses constituaient des moyens pour l'homme et ne pouvaient devenir des fins en soi ou pour soi ;
2. les biens et les richesses ne devaient pas avoir une fonction individualiste, mais sociale ;

3. l'homme qui avait des biens ou des richesses, qui les produisait ou les consommait, devait tenir compte de la fin ultime des biens matériels.

Partant de ces principes, les Scolastiques ont fondé une doctrine qui visait à l'instauration d'un ordre social idéal. Le meilleur instrument pour la réalisation des principes contenus dans cette doctrine était le travail, parce qu'il permettait d'avoir des biens. Ainsi, le travail manuel n'était plus considéré sous le seul aspect de la fatigue ou comme la conséquence du péché originel. Il assumait une autre dimension : celle d'un instrument direct pour le salut.

Au problème du travail étaient directement liés ceux du prix juste, c'est-à-dire de la production, du salaire. Celui-ci devait être payé conformément aux besoins du travailleur et de sa famille sans oublier les exigences de la charité. En d'autres termes, le patron devait réagir en homme charitable en cas de baisse de salaire, en pensant aux besoins élémentaires de ses travailleurs.

Par ailleurs, à la fin du XIVème siècle, la monnaie ayant été considérée par tous les théoriciens comme une mesure commune de valeur pour les échanges, il a fallu que cette valeur soit déterminée et protégée par l'Etat, pour que les travailleurs ne soient pas victimes des abus de la part des patrons.

EN RESUME : Les biens constituent un ensemble de moyens mis à la disposition de l'homme pour satisfaire ses besoins ou ses exigences. Se procurer des biens n'est pas illicite. Mais pèche contre l'ordre idéal quiconque amasse la richesse pour sa propre vie et veut l'acquérir sans limite.

La conception de la richesse comme « instrument » n'était pas contre la *propriété privée*. Ce qui importait, pour les Scolastiques, ce n'était pas tellement la propriété privée, mais plutôt l'usage social que l'on devrait en faire.

Avec cette conception, le superflu était distribué aux pauvres.[13] L'accumulation des biens était prohibée ; l'épargne était considérée comme illicite.

Il faut signaler que toute cette conception chrétienne a dominé le Moyen-âge. Tous les auteurs, religieux comme laïcs, se référaient à cette conception chrétienne. L'Etat lui-même, qu'il s'agisse de la Cité-Etat, de la Commune ou de l'Etat féodal, se conformait à cette conception. La doctrine

---

[13] Comment déterminer ce superflu d'autant plus que celui-ci est relatif ? Voir Saint **Thomas d'Acquin**. Necessarium vitae et necessariumpersonnae

divine était dominante et, souvent, les lois de l'Etat se référaient à l'autorité divine.

Il en était de même des corporations. Au Moyen-âge, en effet, les hommes se comportaient conformément à la doctrine sociale chrétienne. L'Etat et les corporations étaient chargés de pratiquer également la doctrine chrétienne en tenant compte des exigences de la réalité économico-sociale.

Sur le plan proprement économique, il y avait une amélioration sensible de l'économie de tous les pays occidentaux ; ce qui a eu un impact direct sur le monde du travail. Les grands axes de cette amélioration ont été les suivants :

1) L'agriculture

Le régime de la propriété privée s'était affirmé et s'était amélioré grâce à des nouvelles techniques de culture par irrigation. De nouvelles relations s'étaient créées entre la campagne et la ville. L'agriculture avait étendu, directement ou indirectement, le marché de l'emploi. Il faut noter aussi de nouvelles relations dans le commerce et dans l'industrie.

2) L'industrie minière

L'industrie minière s'était développée grâce à la découverte des nouveaux minerais, au développement du commerce de différents produits miniers ainsi qu'à la grande concentration de la main d'œuvre (M.O) dans les usines.

3) L'industrie manufacturière

La plus grande évolution s'était réalisée surtout dans le domaine de l'industrie manufacturière. L'accroissement de la population, sa répartition entre les campagnes et les cités, l'immigration des artisans vers les cités, ont été à la base du développement industriel. C'était surtout des industries textiles, des industries de noix et des industries métallurgiques qui avaient fortement transformé le monde du travail.

Toutes ces industries du Moyen-âge étaient imprégnées des principes chrétiens du travail, c'est-à-dire privilégier le côté social en se basant sur les normes de l'Evangile.

L'artisan qui n'était pas dans l'industrie, travaillait dans sa boutique. Les corporations s'étaient développées davantage et pratiquaient également les principes chrétiens, fondés sur la charité, l'égalité, etc.

La véritable figure du marchand-entrepreneur apparaît au XVIème siècle. En effet, il ne se limitait plus seulement à l'achat de différentes marchandises, mais il cherchait aussi à produire. C'est ainsi que l'artisan qui travaillait initialement dans sa boutique commençait également à produire pour un patron. Mais, souvent, au lieu que l'artisan continue à travailler chez lui, le patron le faisait travailler chez lui à la maison. Ainsi, l'artisan produisait désormais à la demande d'un marchand-entrepreneur, et son salaire dépendait de ce dernier.

Quelle était alors la situation du travailleur au Moyen-âge ?

Pour répondre à cette question, il faut diviser l'économie médiévale en deux périodes :

La première était caractérisée par la liberté de l'artisan de produire et de vendre lui-même ses produits. Cette période était dominée par la concurrence. Celle-ci était cependant réglementée par la législation des corporations. Le travail s'effectuait en fonction du gain ou des bénéfices pour le minimum vital de la famille de l'ouvrier, et selon le régime du travail que l'artisan déterminait lui-même (durée, conditions de travail, etc.).

La seconde période était caractérisée par le marchand-entrepreneur dont les traits marquants étaient les suivants :

a) la diminution de la liberté de production de l'artisan. Seul le marchand-entrepreneur devenait arbitre : il fixait les conditions de travail et le salaire du travailleur ;
b) le travailleur avait, avant, une occupation bien fixe et un salaire élevé. Mais avec l'avènement du marchand-entrepreneur, le salaire variait selon la main-d'œuvre (selon le principe de l'élasticité de la main-d'œuvre). Il y eut une baisse du niveau de vie des travailleurs ;
c) la condition de vie était privilégiée, surtout pour les grands marchands-entrepreneurs à cause de la variété de leurs activités.

1.4. Le monde du travail à l'époque moderne (XIVème-XVIIème siècles)

Cette période était caractérisée par la modification profonde de la structure générale de l'économie et de la manière dont l'homme la concevait. Cette modification de la structure de l'économie était due notamment aux découvertes géographiques, à la colonisation, à la révolution des prix, à la naissance des Etats absolus, à l'évolution de la pensée politique et religieuse, à la réforme et à la politique économique mercantiliste.

1. Les découvertes géographiques (nouvelles voies de communication et nouveaux territoires)

Les découvertes faites par les Portugais, les Espagnols, suivies de celles des Hollandais, des Français et des Anglais ouvraient de nouveaux horizons à l'activité économique. Les nouvelles voies de communication, avec l'Inde et l'Orient, en général, avaient fortement augmenté les tarifs et, ce faisant, le travail et les bénéfices dans ce secteur. Les explorateurs étaient souvent à la recherche de l'or et des épices qui donnaient, à l'époque, la richesse d'une façon rapide. Ces découvertes ne pouvaient qu'influencer directement le monde du travail.

2. La colonisation

La colonisation est la conséquence des découvertes géographiques. Elle commença en 1500 et se poursuivit jusqu'à nos jours. A l'époque, le Portugal et l'Espagne étaient directement entrés en contact avec les territoires à coloniser, c'est-à-dire à exploiter, alors que la Hollande, la France et l'Angleterre le faisaient à travers des grandes compagnies marchandes. Les conséquences de l'expansion coloniale sont multiples. Mais signalons que, pour ce qui concerne l'Occident :

a) On a assisté à une augmentation de conflits entre les Etats européens pour la conquête et la domination économiques ;

b) La course à la richesse a créé une situation difficile à la crise spirituelle causée par la nouvelle mentalité.

c) La colonisation a entraîné la révolution des prix.

3. La révolution des prix

L'inondation du marché européen par des métaux précieux venus de l'Amérique (argent, or, etc.) avait provoqué une diminution de la valeur des métaux eux-mêmes, c'est-à-dire de la monnaie (détérioration des termes de l'échange) et avait entraîné une augmentation générale des prix. Il y eut donc une aggravation de la situation du travailleur.

4. Les nouveaux idéaux économiques de l'époque moderne : l'Humanisme et la Renaissance

a) L'Humanisme

L'homme fut placé au centre de la société, c'est-à-dire de l'univers. On ne reniait pas Dieu, mais il n'avait rien à avoir avec l'homme qui a ses propres forces et ses propres capacités de faire ce qu'il veut, avec succès.

Au Moyen-âge, les biens étaient au service du spirituel. Mais aux Temps modernes, la seule fonction des biens était la satisfaction de ses propres besoins. Comme les biens avaient une seule fonction, la satisfaction des besoins, tous les moyens étaient bons pour les acquérir. Comme on peut le remarquer, ce système était donc loin à des principes chrétiens, notamment concernant ce qui était licite à l'usage social des biens. Et l'une des conséquences de cette nouvelle conception économique a été l'apparition de *l'individualisme économique.*

b) La Renaissance

Celle-ci, comme on le sait, a été un « essor intellectuel » provoqué à partir du XVème siècle en Italie, puis dans toute l'Europe, par le retour aux idées et à l'art antique gréco-latin. C'était une période allant du XIVème à la fin du XVIème siècle.

La Renaissance correspondait donc aux débuts des « Temps Modernes ». Elle était caractérisée principalement par la recherche scientifique : la connaissance dérive de l'expérience ; celle-ci est basée sur la raison. Dieu reste un être suprême, mais qui n'a rien à avoir avec notre existence. Ainsi, l'homme rejetait toute vérité révélée. Tout devait passer donc par la raison. On était donc loin du Moyen-âge chrétien où la théologie était considérée comme la mère des sciences.

L'humanisme et la renaissance avaient fortement influencé la conception économique des temps modernes.

5. L'Etat aux Temps modernes

Au Moyen-âge, pour réaliser l'ordre social, il y avait trois institutions : l'Eglise, l'Etat et les corporations.

a) L'Eglise continuait son œuvre, surtout sur le plan doctrinal et sur le plan de l'enseignement. Elle orientait ses activités dans les œuvres de charité.
b) L'organisation des corporations a disparu pour les raisons économiques et politiques. La première raison était l'affirmation du marchand-entrepreneur au Moyen-âge, avec la renaissance du salariat qui a sapé le fondement des corporations. La seconde raison était politique : les Etats-absolus transformeraient les corporations en instrument de leur politique économique. Elles étaient des véritables organes politiques étrangers.

c) L'Etat moderne est né entre le XVème et XVIIème siècle.

   L'Etat-Nation s'était affirmé dans le cadre de la monarchie nationale (France, Angleterre). La politique économique des Etats-absolus a donc été appelée *la politique mercantiliste.*

Dans la lettre de COLBERT à la Cour de ROCHEFORT, en 1661, il était écrit : « le commerce est la source des finances et les finances constituent le nerf vital de la guerre. Le but en était la guerre, et les moyens étaient les finances. Pour cela, l'Etat devrait être puissant ».

Mais quels étaient les moyens pour la réalisation de cette politique de puissance ? On a généralement distingué les 4 éléments fondamentaux suivants :

a) La richesse nationale, l'or et l'argent ;
b) L'industrie et le commerce qui constituaient des moyens pour fournir la richesse nécessaire au pays. D'où la nécessité pour l'Etat de promouvoir et de défendre la production pour l'intérêt national ;
c) Il a fallu une abondance des capitaux et une forte population pour travailler dans l'industrie. D'où la politique démographique pour des familles nombreuses. Dans ce système, les enfants devaient également travailler ;
d) Il a fallu pratiquer le libéralisme économique « la liberté est l'âme du commerce » selon Colbert. Ce système semblait être en contradiction avec la politique de l'interventionnisme de l'Etat qui était fortement à la base de la conception mercantiliste. Ce qu'il faut retenir, c'est que l'Etat intervenait seulement là où il avait ses intérêts.

Il faut donc retenir aussi qu'aux Temps Modernes, la doctrine économique était le mercantilisme. La politique mercantiliste se fondait essentiellement sur la richesse pour pouvoir bien mener une politique de l'Etat. Ainsi, la fin ultime de tout était la puissance de l'Etat qui devrait être riche et très fort.

Pourquoi un Etat fort ?

Dans un premier temps, c'était pour permettre la création de l'unité nationale et, dans un second, pour unifier les poids et les mesures ; améliorer les voies de communication, agrandir l'industrie et le commerce et, enfin, augmenter la production.

Ces éléments concourraient à l'affirmation d'un Etat vis-à-vis des autres. Chaque Etat devait pratiquer la politique de puissance, c'est-à-dire la politique de guerre pour s'affirmer. La politique industrielle a accentué le système capitaliste qui allait mieux se concrétiser en 1700 grâce à la révolution industrielle (1ère manifestation publique).

L'époque moderne sur le monde du travail avait eu un impact négatif sur le monde du travail.

Le gain étant devenu le seul but à poursuive, on comprendrait que tout ce qui touchait au social ait été mis de côté (horaire du travail sans limite, travail forcé pour les femmes et les enfants, indifférences quant à ce qui touchait aux facteurs humains). Bref, l'Etat était tout à fait indifférent à l'amélioration des conditions de vie des travailleurs.On assistait à la rupture entre l'Etat et l'Eglise, à la séparation entre le droit et la morale. Cette période connût une concentration des entreprises ; on assista à leur accroissement et au développement de la technique (introduction de la machine), etc.C'était alors la naissance du capitalisme et la création de deux classes : patron-travailleurs.Tous ces changements ont entraîné des conséquences directes sur la vie des travailleurs. Maltraités, ils ne pouvaient même pas s'organiser dans des associations du type du Moyen-âge.

1I.5. Histoire du travail au XVIIIème siècle (Epoque Contemporaine)

1. La pensée politico-religieuse

L'évolution de la pensée politico-religieuse de l'Europe au XVIIème siècle était marquée, comme nous l'avons vu, par la Renaissance, l'Humanisme et la Réforme qui ont entraîné une cassure de l'unité de l'Eglise et, enfin, par la rupture entre l'Eglise et l'Etat. Celui-ci, devenu absolu, pratique le mercantilisme.

A partir du XVIIIème siècle, toute cette pensée des Temps Modernes s'était renforcée et s'articulait de mieux en mieux. Les termes : raison, nature, connaissance allaient désormais servir de piliers sur lesquels devait s'appuyer la pensée politico-religieuse.

L'homme qui,, aux Temps Modernes, commençait déjà à considérer Dieu comme un Etre Suprême avec qui il n'avait aucune relation de dépendance, et qui ne trouvait en lui aucune raison de son existence et encore moins celle de régler la vie selon la loi, devait alors justifier tout ce qui l'entourait par ses propres moyens.Et ces moyens, c'était la Raison qui pouvait lui permettre de répondre à toutes ses questions. Tout problème pouvait trouver solution gràaceà la Raison. Celle-ci se basait sur les phénomènes naturels qui étaient soumis à l'expérience humaine. C'est ce qu'on a appelé le Naturalisme. En parlant de ce principe, on a abouti, par exemple, à cette conclusion que le droit divin attribué aux souverains ne pouvait plus se justifier. En effet, c'est le peuple qui accordait le pouvoir aux souverains.

Ce sont les populations qui, par instinct de conservation, se réunissaient en communauté et se donnaient un chef auquel elles accordaient ce pouvoir aux souverains. C'est la fameuse *théorie du Contrat social* (J.J. ROUSSEAU).

Les conséquences du *contrat social* étaient nombreuses. Mais dans le domaine politique, il y avait surtout deux conséquences :

a) celle issue de la question suivante : la délégation que le peuple instituaitcomme souverain était-elle illimitée et irrévocable ? Dans l'affirmative, on se serait retrouvé dans la conception des Etats modernes constitutionnels, issus de la Révolution française.
b) mais, dans le cas contraire, c'est-à-dire au cas où il s'agissait d'un simple mandat que le peuple pouvait réglementer à son bon vouloir, on se trouverait dans la conception des Etats modernes constitutionnels, issus de la Révolution française.

A l'exception de l'Angleterre où le régime constitutionnel existait déjà, tous les autres pays européens avaient embrassé cette nouvelle doctrine ; c'était surtout le cas de la France de LOUIS XIV.

Toutes ces nouvelles conceptions devaient aboutir à la révolution française qui devait, par la suite, affirmer trois principes fondamentaux : la Liberté, l'Egalité, la Fraternité. C'est ainsi que s'écroulèrent donc les Etats-absolus.

2. L'évolution de la réalité économique à partir du XVIIIème siècle

Le premier développement industriel réalisé au XVème siècle, au XVIème siècle et au XVIIème siècle s'était affirmé davantage au XVIII^{ème}siècle, en qualité et en quantité, d'une manière impressionnante. Il était manifesté notamment dans les domaines ci-après :

a) L'accroissement de la population. Cet accroissement était dû à la politique démographique de la famille nombreuse, à l'amélioration des conditions sociales et hygiéniques, à la diminution de la mortalité infantile qui avait entraîné comme conséquence :
   - l'augmentation de la consommation ;
   - l'augmentation de la main-d'œuvre pour le travail ;
   - le déplacement de la campagne vers la cité.
b) Le développement technique sans précédent qui devait entraîner la révolution industrielle (1780-1830) en Angleterre, alors que, dans les autres pays, elle n'apparaît que 50 ans plus tard ;
c) Le développement de la grande industrie visait beaucoup plus la production de masse que la qualité de tous les produits ;
d) L'augmentation des trafics internationaux ;
e) L'amélioration des voies et des moyens de communication et de transport ;
f) L'augmentation du crédit à travers le développement du système bancaire.

4. Les conséquences de la réalité économique sur le monde du travail

Il faut tout d'abord rappeler qu'en Europe, l'idéal du point de vue économique s'identifiait à l'esprit ou à la mentalité capitaliste, née aux Temps Modernes. Par ailleurs, la doctrine du Naturalisme, appliquée à l'économie (naturalisme économique) affirmait qu'il n'existait pas un meilleur ordre économique que l'homme ne pût respecter. Mais, si l'homme agissait contre un tel ordre économique, ce serait coûteux et inutile. C'est pourquoi également qu'il a fallu chercher pour chaque individu un intérêt personnel si l'on voulait obtenir de lui un grand rendement. C'est pourquoi également qu'il a fallu condamner toute loi qui était contre l'affirmation de l'intérêt personnel.

L'activité de l'Etat devait se limiter à maintenir l'ordre, c'est-à-dire à garantir le respect de la liberté individuelle, et à satisfaire les besoins que l'individu seul n'était pas à mesure de satisfaire.

Après le rappel de ces idées dominantes, voyons les conséquences sur les travailleurs.

Le travailleur devenait dans l'économie de masse un simple numéro, c'est-à-dire un instrument anonyme, facilement remplaçable, une unité de production. Il était, par conséquent, ignoré comme personne humaine. Par contre, le patron lui, devenait l'exploiteur. Le seul critère valable pour le patron était le coût de la production. Et comme il devait absolument gagner, il fixait l'horaire du travail selon ses bénéfices (voir les théories d'ADAM SMITH, de RICARDO, de J. STUART MILL et de T.R. MALTHUS).

Les corporations, une fois disparues, donnaient naissance, en France, aux mutualités qui furent une forme embryonnaire des syndicats. Ces mutualités n'avaient comme rôle que de fixer des salaires minima. Cette situation difficile des ouvriers avait provoqué certains mouvements de protestation des ouvriers vers la seconde moitié du XVIIIème siècle au XIXème siècle.

L'aggravation progressive des conditions de vie des salariés était due au niveau de système économique de l'époque contemporaine. Cette détérioration des conditions de vie de l'ouvrier devait, par la suite, s'appeler, en terme technique, le phénomène de la prolétarisation des travailleurs. Le prolétaire, « c'est celui qui n'a pour vivre que le produit de son travail manuel »[14].

[14] Lire **Karl Marx** dans son ouvrage « Le capital »

Dans le temps, il s'agissait de celui qui devait fournir son travail, ses enfants et sa dignité pour survivre. C'est de la prolétarisation qu'est né le mouvement ouvrier. Et celui-ci apparaît chaque fois que les éléments suivants sont réunis : les travailleurs salariés se trouvent sans moyens pour la dépasser,, la prise de conscience.

Il y a généralement une action continue et collective. Le mouvement ouvrier est différent du mouvement syndical qui n'en est qu'un aspect ou une partie. En effet, le mouvement ouvrier comprend soit toute l'action syndicale, marquée souvent par la grève, soit des manifestations à caractère politique ou économico-social. Ainsi, le mouvement ouvrier comprend tous les mouvements politiques, c'est-à-dire les différents partis ouvriers (ex : l'Afrique de l'Ouest à la veille de l'indépendance). Les différentes sociétés de secours (par exemple les maisons rurales (fonds d'avance), les coopératives, etc.

A cette époque, les mouvements ouvriers avaient apparu en France et en Angleterre, avant de se développer dans tous les pays de l'Europe. Ils avaient été encouragés, en 1848, par le manifeste de Karl MARX et d'ENGELS (voir le contenu de ce manifeste avec ses 10 points essentiels).

1.6. Le monde du travail au XXème siècle

Le XXème siècle tend à concilier le monde ouvrier et celui du patron. A partir de la colonisation, l'histoire du monde du travail africain a connu 4 grandes périodes :

1. Des origines de la colonisation à la seconde guerre mondiale,
2. De la seconde guerre mondiale aux années des indépendances,
3. Des indépendances aux années 1990,
4. De 1990 à 2012 : le vent de la démocratisation, les conférences nationales, le dialogue social, la parité homme-femme, les élections sociales, les revendications, etc.

1. Des origines de la colonisation à la 2ème guerre mondiale

Le monde du travail africain était divisé par la colonisation en deux blocs dont le premier représentait le pouvoir dominant qui exploitait les vaincus. Sans vouloir entrer dans les débats sur les différentes motivations qui ont amené les Européens à coloniser les autres peuples, soulignons cependant que l'élément exploitation économique ou exploitation tout court, est la constante de cette période.

Quant au second bloc, il est composé essentiellement des dominés. Ceux-ci travaillaient dans les conditions d'esclavage pour leurs maîtres. Ce statut d'esclave ne leur accordait de facto aucun droit que celui d'être exploité.

De la condition d'esclave, on est passé progressivement avec l'abolition officielle de l'esclavage, au travail forcé. Après la 1ère guerre mondiale, grâce à la pression de l'OIT sur les puissances coloniales, celles-ci ont pris certaines mesures concernant la protection des travailleurs africains. Ces mesures, dans la plupart des cas, sont restées lettre morte.

2. De la 2èmeguerre mondiale aux années des indépendances

A la fin de la seconde guerre mondiale s'ancrait une nouvelle phase dans le monde du travail en Afrique. L'affaiblissement des puissances coloniales et l'affirmation de l'autonomie des colonies vis-à-vis des métropoles ont amené ces puissances coloniales à promouvoir des législations en faveur des travailleurs africains. Ces différentes législations se sont souvent inspirées de leurs métropoles d'origine. L'application de ces nouvelles dispositions ont souvent permis aux Africains de s'organiser en syndicats. C'est de ces syndicats que sont nés la plupart des partis politiques africains, ainsi que les premiers leaders politiques du continent.

3. Des indépendances aux années 1990

A partir des indépendances africaines (1960-1963), une nouvelle phase s'ouvrait dans l'histoire du monde du travail. La crise des indépendances a profondément perturbé le monde du travail. La réorganisation des économies africaines nécessitait souvent des sacrifices de la part des travailleurs. Toutefois, tous ces jeunes pays indépendants se sont dotés des législations en faveur des travailleurs.

Ces législations s'adaptaient aux nécessités de la reconstruction nationale. En RDC, par exemple, l'ordonnance-loi n° 67/310 du 9 août 1967 institua le Code du Travail. En 1973, 1983 et 1984 certaines modifications furent apportées, notamment les mesures d'application de ce code.

4. De 1990 à 2012

Le vent de la démocratie en Afrique, les grèves des travailleurs pour l'ouverture politique, la tenue des conférences nationales, les conflits interethniques, le dérèglement des systèmes bancaires, le non versement des salaires, la dégradation des infrastructures sociales et matérielles, les pillages des unités de production et des ressources naturelles, la clochardisation des fonctionnaires de l'Etat… Le monde a connu un bouleversement sans précédant avec l'écroulement du mur de Berlin et la fin de la guerre froide à partir de 1990. Cette révolution mondiale a eu des conséquences dans le domaine du travail en Afrique. Par-ci, par-là, on a connu des grèves de travailleurs et tant d'autres revendications sur le plan politique.

En RDC, il y a eu une volonté réelle de changer l'espace social avec la tenue de la 29ème session du Conseil National du Travail (CNT) qui a bouleversé le monde du travail avec la création de l'ONEM, du CMD, du BUNEP[15] et l'adoption du Code du Travail par l'ACL-PT et qui a été promulgué par la loi n° 015/2002 du 16 octobre 2002 par le Président de la République. Il y a eu aussi la création des Tribunaux du Travail...
L'organisation du premier forum national d'emploi en septembre 2007 a été un pas décisif sur le monde du travail congolais.

Ceci dit, voyons dans le chapitre suivant, d'une façon systématique, ce que représente les contours du droit de travail, à savoir : les définitions, les caractéristiques et les sources nationales et internationales.

---

[15] ONEM : Office National de l'Emploi
CMD : Centre Multidisciplinaire de Documentation
BUNEP : Bureau National pour l'Ethique Professionnelle.

L'activité agricole occupé plus de 60% d'africain

CHAPITRE 2

DEFINITIONS DES CONCEPTS, CARACTERISTIQUES ET SOURCES DU DROIT DE TRAVAIL

Dans ce chapitre, il sera passé en revue les différents concepts liés au droit du travail en général.

2.1. Généralités sur les problèmes du travail

On peut aborder les problèmes du travail sous divers aspects :

1. *Aspectéconomique* : on met l'accent sur les différentes interventions du législateur concernant les problèmes économiques de l'ensemble du pays ; ces problèmes sont abordés en termes de production et de rentabilité.
2. *Aspect des relations industrielles* : on s'intéresse davantage aux problèmes que posent les différentes communautés de travail ; que ce soit la sélection professionnelle, la discipline, la participation, l'autogestion que l'organisation, le développement ou la reconversion même des entreprises.
3. *Aspect des relations humaines* : à ce propos, il existe de différentes théories psychosociologiques d'origine notamment américaine qui montrent comment créer un bon climat de travail.
4. *Aspect juridique* : qui souvent traite des rapports contractuels entre employeurs et salariés dans le cadre que leur impose la législation du travail du pays concerné.

Tous ces aspects et bien d'autres que nous ne citons pas ici, sont interdépendants ; on ne peut aborder l'un sans s'occuper également des autres.

Ce qu'il faut surtout savoir est que, dans toute entreprise, il y a deux partenaires sociaux : l'employeur et le travailleur. Chacun d'eux cherche à satisfaire ses besoins.

Le premier cherche à produire et à augmenter la capacité de son entreprise. Toutefois, cette productivité et cette rentabilité dépendent largement du climat social du travailleur. Celui-ci, quant à lui, cherche à améliorer ses conditions de vie et de travail.

Etant donné que ces deux partenaires, aux intérêts divergents sont condamnés à travailler ensemble, il leur faut un instrument, notamment le droit du travail, qui définit les obligations et les devoirs des uns et des autres.Ceci nous amène à l'explicitation des concepts liés au droit social.

2.2. Définitions des concepts

2.2.1. Droit social

Le droit social regroupe le droit du travail et le droit de la sécurité sociale. Les normes sociales sont constituées par les normes conventionnelles et les normes légales. Des apports essentiels à la définition des normes du travail résultent de la jurisprudence, des cours de cassation et des conseils d'Etat ainsi que de certains conseils constitutionnels et des cours internationales des droits de l'homme.

Le concept « droit social » renferme les relations individuelles du travail, les relations collectives du travail, ainsi que les éléments de la protection sociale.En France, le droit social est né de l'obligation faite à l'employeur d'indemniser un salarié victime d'un accident du travail (loi du 9 avril 1898). C'était le premier acte de l'Etat providence et de la protection sociale.

Dans le journal du droit social, on peut noter les sujets suivants : embauche, contrat de travail, licenciement économique, démission, conflits du travail, chômage, formation, temps de travail, conditions de travail, rémunération, ressources humaines, accidents du travail, maladies professionnelles, retraite, représentation du personnel, protection sociale, invalidité, cotisations, etc.

2.2.2. Droit du travail

Parmi les différentes définitions du droit de travail, nous pouvons retenir notamment celle de portée générale qui s'énonce de la manière suivante : « Le droit du travail est l'ensemble des dispositions qui régissent, d'une part, les rapports de travail entre employeurs et salariés, qui règlent, d'autre part, la solidarité professionnelle et sociale »[16]. En d'autres termes, « le droit du travail est la liberté, le pouvoir reconnu aux travailleurs de s'organiser pour la défense de leurs intérêts professionnels et aux organisations professionnelles, de concevoir des programmes à cet effet, dans le respect des lois et sans être inquiétés par les autorités ».[17]

---

[16] Lire GHESTIN, J. et LANGLOIS, Ph. *Droit du travail*, pp.12-18
[17] GHESTIN, J. et LANGLOIS, Ph., *op.cit.*

Le code du travail congolais est un recueil de dispositions réglementaires régissant, dans le cadre des activités professionnelles, les divers rapports entre employeurs et travailleurs.

Le droit du travail est codifié dans le code du travail. Il ne s'applique pas à tous les travailleurs, mais essentiellement aux salariés. Ceux-ci sont liés à l'employeur par le contrat de travail. Le salarié est défini, pour les uns, par le code du travail et, pour les autres, par la jurisprudence sur le contrat du travail qui s'est placé dans une situation de lien de subordination avec un employeur qui dispose du pouvoir de donner des ordres et des directives. Ce pouvoir qui est lié aux nécessités de gestion de l'entreprise est à la fois la conséquence de l'existence d'un contrat de travail et un critère de qualification de la relation de travail.

Le droit du travail s'est développé avec un interventionnisme législatif pour régir des relations de travail dans la société industrielle du début du XXème siècle. Il s'agissait de définir les relations entre le pouvoir patronal et une force de travail collective dans une société marquée par l'industrie lourde et taylorisée où les moyens de production étaient financés par le capital. La subordination était un critère d'application claire ;ils'agissait de protéger les travailleurs subordonnés contre le pouvoir normatif de l'employeur. Le code du travail s'est ainsi axé autour de la définition de la réglementation conventionnelle et de la réglementation légale des relations de travail. La philosophie du droit de travail est marquée par l'ouvriérisme, la force des syndicats, la « lutte des classes » et l'opposition idéologique entre la classe ouvrière et le patronat.

Le droit du travail se fonde sur les concepts collectifs tels que la communauté de travail, fondée sur l'appartenance à une collectivité unie par les problèmes des préoccupations communes.

Le droit du travail contient toutes les dispositions pour éviter ou pour régler les conflits de travail. Ainsi, le droit du travail a pour objet les relations de travail entre l'employeur et le travailleur, qu'il s'agisse des rapports individuels, ou des rapports collectifs.[18]

En principe, le droit du travail ne se rapporte pas au travail indépendant, comme, par exemple, celui du médecin ou d'un avocat établi à son compte personnel ou encore celui de l'artiste travaillant pour lui-même.

Par ailleurs, le droit du travail ne s'étend pas à certaines situations de la vie pratique où l'obligation d'effectuer la prestation du travail ne sera que l'émanation d'autres rapports de droit et ne constituera donc pas l'objet principal de ces rapports. Ainsi, par exemple, le travail effectué en famille, c'est-à-dire le travail de collaboration de l'époux ou de l'enfant et le travail

---

[18] Pour plus de détail voir *Aide-mémoire. Législation sociale*, Paris, éd. Dunod, 1977, p.4.

effectué dans le cadre d'une communauté ou d'un ordre religieux ne tombent pas, normalement, sous le coup des dispositions du droit du travail.

Il faut, toutefois, souligner qu'il n'y a pas de limites juridiques entre ce qui fait partie du droit de travail et ce qui ne l'est pas. En effet, dans certains cas, on peut se trouver en présence d'un rapport de droit de caractère personnel, soumis aux dispositions du droit de travail. Tout dépend, en définitive du caractère dominant de l'activité que l'on exerce.

En outre, le droit du travail ne règle pas toutes les situations de rapport juridique. Ainsi, le droit du travail congolais n'est pas applicable aux magistrats de l'ordre juridique, aux fonctionnaires de l'Etat, aux gendarmes et aux militaires.[19] Ceux-ci bénéficient d'un statut de droit public.

Tous ces corps ont un statut spécial. Celui-ci se fonde sur un rapport d'emploi particulier du droit public qui fait du fonctionnaire un organe d'exécution. De ce fait, il est directement ou indirectement un élément de la structure de l'Etat.

On peut conclure donc que le droit du travail est un droit particulier des travailleurs dépendants ; il étend son action sur tous les rapports entre employeurs et travailleurs, rapports résultant du caractère particulier de leur situation ; il s'étend, en outre, sur les rapports réciproques des travailleurs. Ces rapports découlent de leur appartenance à une seule et même entreprise ou de leur affiliation à un même syndicat.

Le droit du travail comprend des dispositions de droit privé et celles de droit public. Les premières s'appliquent aux rapports juridiques entre employeurs et travailleurs. Tel est, par exemple, le contrat du travail. Quant aux secondes, elles ont un caractère public qui affirme dans les rapports juridiques entre, d'une part, employeurs et travailleurs et, d'autre part, l'Etat ou d'autres entités de droit public. Il s'agit, par exemple, des dispositions relatives à la protection du travail, à la sécurité sociale et à la juridiction du travail.

2.2.3. Législation du travail

La législation du travail est l'ensemble des lois qui régissent le droit du travail ; elle peut être élaborée soit sur base des conventions collectives, soit à l'initiative de l'autorité politique, parlementaire ou gouvernementale. Les conventions collectives, les propositions et les projets des lois font, dans ce cas, l'objet des délibérations du Parlement pour être coulés en lois.

La législation du travail est donc le droit du travail. Mais le droit du travail n'est pas nécessairement la législation du travail, la notion de

[19] Voir code du travail congolais, art. 1er, alinéa 3.

législation impliquant l'intervention législative de l'autorité et le droit du travail pouvant être créé en dehors de la loi.

2.2.4. Législation sociale

La législation du travail est l'ensemble des lois qui régissent la situation professionnelle : contrat du travail, protection sur le lieu du travail,... Tandis que la législation sociale a plus d'extension que la législation du travail. Au domaine de celle-ci, elle ajoute donc une série de réglementations telles que la protection de la famille, la protection maternelle et enfantine, les consultations prénatales et des nourrissons, ...

La législation sociale, c'est l'ensemble des prescriptions légales visant à assurer la protection des travailleurs par la réglementation des conventions de travail et du travail proprement dit, et à accroître leur bien-être par l'instauration d'un système de sécurité sociale. Elle comprend également certaines dispositions relatives à la protection familiale, maternelle, infantile, bref, aux activités liées aux œuvres sociales (orphelinat, foyers sociaux, garde des enfants, garde des personnes vulnérables...), La législation sociale relève autant du droit privé (contrats de louage de servies, par exemple) que du droit public (sécurité sociale, par exemple). Elle est généralement impérative.

Etant donné son orientation vers la gestion des sociétés en milieu urbain et rural, ce livre est orienté dans le sens de « législation du travail » ou « du droit du travail ». Le droit du travail et de la sécurité sociale, est donc un synonyme de « législation sociale », au sens restreint de l'expression ; mais la législation sociale peut ne pas être synonyme de la législation du travail.

2.3. Caractéristiques du droit du travail

Le droit du travail est tributaire de l'idéologie et des structures socio-économiques du pays. Il présente, généralement, les caractéristiques suivantes :

2.3.1. Il est progressiste

Le droit du travail est l'expression du progrès social. Le caractère progressiste du droit du travail est la conséquence de son étroite relation avec la politique sociale du pays qui détermine le régime des salaires et des avantages sociaux des travailleurs. Ce caractère est d'autant plus accusé à l'heure actuelle que le nombre des salaires croît de plus en plus.

2.3.2. Il est lié à l'économie

Le droit du travail est principalement lié à la question des avantages sociaux (salaires). Tout avantage nouveau accordé ou toute augmentation des salaires a une incidence directe sur le plan économique ou de la production.

Dans la recherche du progrès social, le droit du travail ne peut aller au-delà de la situation économique du pays. Il doit se conformer à la conjoncture et aux données économiques présentes du pays. D'où l'interdépendance entre activité économique et amélioration des conditions de vie et de travail. Il est utile que les travailleurs soient informés des données économiques de leur entreprise ou du pays. C'est le rôle traditionnel dévolu au syndicat des travailleurs.

2.3.3. Il est collectif

Le droit du travail reste largement dépendant des techniques civilistes, notamment pour la formation, l'exécution et la rupture du contrat de travail. Cependant, au-delà de ses rapports individuels, le droit du travail moderne est imprégné des rapports collectifs. Car les rapports entre employeurs et salariés sont, à l'heure actuelle, définis et réglementés par le législateur en collaboration avec les groupements professionnels (les syndicats).

Du point de vue international, le droit du travail est une voie unificatrice. Le cadre national du droit de travail est plus suffisant. Le progrès social nécessite une unification internationale conforme aux aspirations des travailleurs.

2.4. Sources du droit de travail

Le droit du travail contemporain est l'œuvre des efforts tripartites, l'Etat, les organisations ouvrières et celles patronales.

Ceci dit, les sources du droit de travail peuvent être classées en trois catégories :

- les sources étatiques ou internes,
- les sources professionnelles ou conventionnelles,
- les sources internationales.

2.4.1. Sources étatiques ou internes

Les sources étatiques internes ou le droit du travail interne, c'est l'ensemble des différentes interventions de l'Etat. Ce sont donc les dispositions législatives en matière du travail prises par l'Etat. Ce sont les normes créées et promulguées par l'Etat.

Parmi ces dispositions législatives étatiques ou sources nationales, nous citerons, à titre d'exemple :

- la constitution du pays,
- la loi ou les actes de législation,
- les actes d'exécution et d'administration,
- les actes de juridiction ou la jurisprudence.

2.4.1.1. La constitution du pays

La constitution étant la loi fondamentale d'une nation, il n'y a pas une loi qui se situe en dehors d'elle. A ce propos, l'article 27 de la constitution congolaise (1983) mentionne que ... tous les Congolais ont le droit et le devoir de travailler. Nul ne peut être lésé dans son travail, en raison de ses origines, de ses opinions ou de ses croyances... Le travailleur peut défendre des droits par l'action syndicale.

Le décret-loi constitutionnel n°003 du 28/05/1997 relatif à l'organisation et à l'exercice du pouvoir en RDC tel que modifié à ce jour, constitue une loi fondamentale en RDC. C'est une constitution.

La constitution en tant que mère des lois dans un pays, est la seule source légale et régulière de toutes les lois du pays qui en tirent forcément leur origine. En ce qui concerne le droit du travail, c'est l'art.2 du Décret-loi constitutionnel précité qui en est la source. En effet, la disposition constitutionnelle précitée prévoit que, « en RDC, l'exercice des droits et liberté individuel et collectif (sic) est garanti sous réserve du respect de la loi, de l'ordre public et de bonnes mœurs ».

Le droit du travail, en tant que droit économique et social, s'inscrit ainsi dans le cadre des droits fondamentaux de l'homme au travail. Tous les développements qui s'en suivent ne peuvent qu'être conformes aux principes énoncés par la constitution, quand bien même ils sont lacunaires.

2.4.1.2. La loi ou les actes de législation

Les actes du droit de travail émanent, en République Démocratique du Congo, du pouvoir législatif. Ces actes font l'objet des codes législatifs, adoptés par le Parlement. Ceci est d'ailleurs conforme aux dispositions constitutionnelles qui réservent au Parlement au moins l'adoption des principes fondamentaux.

Cependant, le pouvoir de légiférer est reconnu également, dans les conditions précises, au Président de la République qui promulgue les ordonnances-lois en matière de la législation du travail. En définitive, la loi doit être conforme à la constitution.

L'ordonnance-loi n°67/310 du 9 août 1967, par exemple, le texte principal qui a fixé le code du travail qui a été modifié et complété par le décret-loi n°015 du 16 octobre 2002 ; l'article 2, alinéa 1er dit que « le travail est pour chacun un droit et un devoir. Il constitue une obligation morale pour tous ceux qui n'en sont pas empêchés par l'âge ou par l'inaptitude au travail constatée par un médecin ».

Actes du pouvoir législatif avant le 17.05.1997

Le pouvoir législatif était habilité de créer les lois, les ordonnances-lois et les ordonnances. La loi est une décision votée par le Parlement (Assemblée Nationale) en vue de réglementer un domaine de la vie nationale.

Exemple :

- La loi Bakajikade 1966 tenait à légiférer sur le sol congolais (la loi foncière) ;
- Le code minier ;
- Le code du travail ;
- Le code militaire,
- Le code des investissements, etc.…

L'ordonnance-loi est une décision prise par le Président de la République en vue de réglementer la vie nationale en cas de vacance parlementaire ou d'Etat d'urgence (un domaine où il n'y a pas encore de loi).

2.4.1.3. Les actes d'exécution et d'administration

A côté de l'intervention du pouvoir législatif dans le droit du travail, il y a des actes d'exécution et d'administration. Ceux-ci ont principalement pour objet la détermination des règles exclusivement techniques concernant l'application des lois.Leur importance est plus ou moins considérable selon que la constitution a ou non limité le domaine d'intervention du législateur. En dehors du Chef de l'Etat et, exceptionnellement, du Ministre ayant le travail et la prévoyance sociale dans ses attributions, ainsi qu'aux représentants locaux du pouvoir central, les actes d'exécution et d'administration ne peuvent pas être décrétés par d'autres autorités.

Les actes du pouvoir exécutif sont les mesures prises par les membres de l'Exécutif, c'est-à-dire,par le Gouvernement ainsi que leurs collaborateurs/gouverneurs de province, commissaires de district, bourgmestres, chefs de collectivité, ADG, PDG et chefs d'entreprises, … en vue d'assurer l'exécution des lois, des ordonnances-lois et des ordonnances. Il s'agit des actes réglementaires tels que les arrêtés, les instructions, les décisions, les notes circulaires, les notes de service, les lettres, etc.

2.4.1.4. Les actes de juridiction (arbitrage et jurisprudence ou les actes du pouvoir judiciaire)

C'est l'ensemble des mesures juridiques qui sont de nature à régler les litiges individuels ou collectifs du travail. Notons que la jurisprudence, c'est la manière plus ou moins continue dont les Cours et Tribunaux interprètent un texte de loi déterminé dans un même sens. La jurisprudence joue donc un rôle inspirateur en matière de droit du travail.

Parmi ces actes, on cite :

- les jugements et les arrêts ;
- le jugement est une décision d'une juridiction (TGI et Tripaix) ;
- l'arrêt est une décision d'une juridiction supérieure (cour d'appel, cour suprême de justice).

Les décisions judiciaires sont rendues au nom du magistrat suprême, le Chef d'Etat. A ce titre, elles constituent les actes de loi. Elles doivent être exécutées librement ou en recourant aux forces de l'ordre lorsque la procédure est épuisée et que le condamné résiste.
La jurisprudence : c'est l'ensemble des décisions et des sentences arbitrales prises par les cours et tribunaux en cas de silence de la loi. En effet, partant du principe que « le droit a horreur du viol » qui peut entraîner le désordre, l'anarchie et les troubles de l'ordre public, les Cours et Tribunaux, en pareil cas, ont l'obligation de faire preuve d'initiative législative. Ils font alors montre de la sagesse. C'est pourquoi, la jurisprudence est autrement appelée la sagesse des Cours et Tribunaux.

En posant les jalons sur la manière dont un différend peut être réglé en cas de silence ou demutisme de la loi, ils créent un précédent. C'est à ce précédent que ces Cours et Tribunaux devront se référer jusqu'à ce que le législateur aura légiféré ou pris une loi sur le domaine concerné.

2.4.2. Sources d'origine professionnelle ou conventionnelle et coutumière

Elles prennent leurs sources dans les us et coutumes, dans les accords professionnels tels que les conventions collectives et dans le règlement intérieur des entreprises. Elles procèdent à des conventions, à des contrats et des accords entre parties, d'une part, et coutumes et usages d'une société, d'une tribu ou d'une ethnie, d'autre part. Elles tirent leur fondement des conventions et des contrats qui, à leur tour, ont leur soubassement dans l'art. 33 du code civil, livre 3, qui prévoit que « les conventions légalement formées tiennent lieu de lois à ceux qui les ont faites ». En d'autres termes, la convention est la loi des parties. Ceci est d'autant vrai qu'à la condition qu'elles soient conformes à la loi, à l'ordre public et aux bonnes mœurs.

Soulignons en passant que la convention du travail contient deux catégories de dispositions, l'une dite normative, ayant trait à la réglementation des conditions du travail, l'autre, dite obligation, concernent les rapports entre les parties signataires (employeurs et travailleurs).

Les conditions du travail non régies par la convention collective telles que l'horaire du travail, l'hygiène ou la salubrité font l'objet du règlement intérieur de l'entreprise. Le règlement intérieur est un *modus vivendi* établi par l'employeur dans toute entreprise publique ou privée conformément à l'art. 157 du code du travail. Il est à souligner que le règlement d'entreprise est considéré comme source conventionnelle parce que le législateur oblige le chef d'entreprise de le communiquer aux représentants des travailleurs pour avis avant de le mettre en vigueur.

Il y a aussi les statuts internes ou particuliers. C'est une combinaison des textes réglementaires et d'accords collectifs correspondant aux exigences propres de chaque profession et au souci d'assurer une meilleure protection de ses membres. Exemple : Statut des infirmiers, des pharmaciens, des avocats, des professeurs d'université…

Les us et coutumes constituent aussi une source importante de droit du travail. Ce sont des traditions, des pratiques que tout le monde en société partage comme étant vraies. Il s'agit ici des coutumes qui contribuent au progrès des entreprises. Aussi, des expressions telles que : l'hôtelier mange à l'hôtel, le banquier ne loge pas le diable, le transporteur bénéficie de la gratuité de transport… sont-elles applicables.

2.4.3. Sources d'origine internationale

Le droit international du travail est né de la nécessité de mettre en état d'égalité sur le plan international un pays dont la législation sociale est moins avancée que celle des autres pays.

Le droit international a été élaboré à la suite de certaines imperfections et nuisances constatées par la Communauté Internationale lors de l'exécution du travail. Une fois créés, les Etats, dans leurs rapports,, se sont préoccupés de l'harmonisation des normes du travail ; d'où la naissance du droit international du travail. Ce dernier va sans tarder rétroagir sur les droits nationaux pour les améliorer, les développer et les faire évoluer. Vice versa, les droits nationaux auront la même influence sur le droit international en vue de le faire évoluer.

Toutes ces interactions se font au bénéfice du travail qui, partant de l'état brut dans l'Antiquité, s'est progressivement amélioré en passant par le Moyen-âge, la révolution industrielle et les deux périodes de guerres mondiales. Les principaux instruments du droit international du travail sont élaborés par la Communauté Internationale, notamment par l'Organisation

Internationale du Travail (O.I.T) et l'ONU renforcés par ses différentes agences spécialisées. Les sources internationales de droit du travail comprennent les traités et les conventions internationales du travail ; elles se reposent sur les accords ou activités de l'OIT dont le siège est établi à GENEVE (en Suisse) et comprennent plus ou moins 175 Etats dont la RDC. L'OIT est la première organisation des Nations-Unies et le seul organe tripartite créé lors de la première guerre mondiale, en 1919, comme réponse aux injustices sociales.

L'OIT a quatre objectifs spécifiques :

1. Promouvoir et réaliser les principes et les droits fondamentaux au travail ;
2. Accroître les possibilités pour les femmes et les hommes d'avoir un emploi décent ;
3. Etendre le bénéfice et l'efficacité de la protection sociale ;
4. Renforcer le tripartisme et le dialogue social.

L'OIT est composée des organes ci-après :

- une conférence générale des représentants tripartites (gouvernement, patronat et syndicat) des Etats membres ;
- un conseil d'administration ;
- un bureau international du travail (BIT) dirigé par un Directeur général sous l'autorité du conseil d'administration.

Les travaux de l'OIT consistent à :

- élaborer des politiques et les programmes internationaux visant à promouvoir les droits fondamentaux de l'homme, à améliorer les conditions de vie et de travail et à accroître les possibilités d'emploi ;
- établir des normes internationales du travail qui sont destinées à guider l'action nationale et dont l'application est contrôlée par un système unique en son genre ;
- mettre en œuvre un vaste programme de coopération technique internationale, conçu et exécuté en partenariat avec ses mandats, afin d'aider les pays à appliquer les politiques qu'ils préconisent ;
- exécuter des programmes de formation, d'éducation, de recherche et de publication venant à l'appui des autres formes d'action.

2.4.3.1. La charte internationale des droits de l'homme (ONU)

Elle est constituée de 3 documents, à savoir :

1. La déclaration universelle des droits de l'homme (1948) ;
2. Le pacte international relatif aux droits économiques, sociaux et culturels (1966) ;
3. Le pacte international relatif aux droits civils et politiques (1966).

Ces trois instruments comportent en leur sein des principes universellement reconnus aujourd'hui et sur base desquels les D.T tant international que national ont été forgés. A titre d'exemple, nous signalons :

1. L'art. 23 de la déclaration universelle des droits de l'homme libellé comme suit : « 1.Toute personne a droit au travail, au libre choix de son travail, à des conditions équitables et satisfaisantes de travail et à la protection contre le chômage… »
2. L'art. 8 du pacte international relatif aux droits économiques, sociaux et culturels, stipule que « 1. Les Etats faisant partie du présent pacte s'engagent à assurer le droit de grève exercé conformément aux lois de chaque pays ».
3. L'art. 8 du pacte international relatif aux droits civils et politiques stipule que : « Nul ne sera astreint à accomplir un travail forcé ou obligatoire ».

La charte internationale des droits de l'homme est le socle sur lequel toute démocratie, fut-elle politique, économique ou sociale se réfère.

2.4.3.2. La constitution de l'O.I.T

Elle a été adoptée en 1919 lors de la création de l'organisation. Elle s'articule en 75 articles et est complétée par l'accord entre les N.U et l'O.I.T. intervenu en 1946. Ledit accord fait de l'O.I.T une agence des Nations-Unies spécialisée dans le domaine du travail.

De par sa fonction, l'O.I.T crée les normes du travail. Cette activité est l'œuvre de la Conférence Internationale du Travail. Celle-ci est l'Assemblée Générale qui réunit tous les membres une fois par an, au mois de juin.

La Conférence Internationale crée les instruments internationaux suivants : les Conventions internationales du travail et les Recommandations.

Les Conventions internationales du travail sont des accords internationaux entre pays membres. Elles ne sont d'application qu'une fois ratifiées. Par contre, les Recommandations sont des lignes directives des mesures d'application énoncées par la Conférence internationale et relatives à l'exécution des conventions internationales du travail. A ce jour, l'O.I.T a adopté plus de 178 conventions internationales du travail et plus de 184 recommandations (2012).

La fonction normative de l'O.I.T repose sur l'art. 19 de la constitution. Vous trouverez en annexe de cet ouvrage quelques conventions ratifiées par la RDC, au total 37 conventions.

Lorsqu'un Etat décide d'adhérer à l'O.I.T, il s'engage à respecter les principes fondamentaux définis dans la constitution et dans la déclaration de Philadelphie, y compris les principes de la liberté syndicale. L'adhésion d'un Etat à l'O.I.T lui impose de respecter, dans sa législation, les principes de la liberté syndicale et les conventions qu'il a librement ratifiées.

2.4.3.3. Les traités, accords et conventions internationales

L'Assemblée Générale des Nations-Unies ainsi que ses agences spécialisées prennent diverses résolutions d'intérêt général.

Par exemple :

- la décision de l'ONU en matière d'Apartheid (1968) ;
- la convention de l'Assemblée Générale des Nations-Unies sur les droits de l'enfant (1989) ;
- les conventions et les traités de l'UNESCO, notamment, en ce qui concerne l'égalité des chances en matière de l'éducation ;
- les conventions et les accords internationaux de l'UNICEF ;
- les conventions n°87 sur la liberté syndicale et la protection du droit syndical (1948) ;
- la convention n°100 sur l'égalité de rémunération (1951) ;
- la convention n°98 sur le droit d'organisation et de négociation collective (1949).
- la Convention n°102 sur la sécurité sociale…

Les traités bilatéraux ou multilatéraux et les conventions internationales du travail portent, en grande partie, sur des questions bien déterminées du travail et sont opposables aux Etats signataires.

Par exemple :

- le travail des femmes et des enfants ;
- la liberté syndicale ;
- l'âge minimum d'admission à l'emploi ;
- l'égalité de rémunération ;
- le dialogue social ;
- la protection sociale, etc.

Les traités et conventions adoptés par l'O.I.T sont élaborés au sein d'une Conférence Internationale du Travail, (C.I.T.) composée des représentants des Etats, des employeurs et des travailleurs. Ces conventions doivent être l'objet d'une ratification par les Etats membres. L'O.I.T peut aussi formuler des recommandations susceptibles d'être exécutées par les Etats membres.

Dans chaque Etat membre, existent des bureaux de l'O.I.T pour l'exécution des programmes à travers le B.I.T (Bureau International du Travail).

Une autre source du droit du travail international procède des Conférences africaines du travail qui réunissent les Ministres du Travail des pays africains.

Parlons de l'exemple particulier de la Conférence Internationale du Travail (C.I.T) comme une source du droit du travail international.

*** Conférence Internationale du Travail (C.I.T)**

Parmi les activités de l'O.I.T, il y a la Conférence Internationale du Travail (C.I.T). Des conférences se tiennent, en effet, chaque année, sous les auspices de l'O.I.T. elles regroupent des tripartites, à savoir : les délégués des employeurs, des travailleurs et du Gouvernement pour chaque pays membre de l'O.I.T.

Considérée comme le principal événement sur le calendrier de l'O.I.T, la Conférence Internationale du travail joue le rôle d'un véritable *parlement mondial* du travail où sont dictées les questions sociales qui intéressent le monde du travail dans le monde entier. Evoquons le cas particulier de la 85ème session de la Conférence Internationale du Travail tenue du 9 au 19 juin 1997 à Genève.

Près de 3.000 délégués venus des 175 Etats membres ont participé à cette session. Parmi eux, on a pu dénombrer plus de 160 délégations nationales tripartites. Chaque délégation était constituée de 2 délégués gouvernementaux,d'un délégué employeur et d'un délégué travailleur, tous conduits par le Ministre du travail.

D'importantes questions étaient inscrites à l'ordre du jour, à savoir : les conditions générales pour stimuler la création d'emplois dans les petites et moyennes entreprises, l'encadrement à la constitution de l'O.I.T concernant l'abrogation des conventions reconnues obsolètes, les informations et les rapports sur l'application des conventions et des recommandations, les rapports du Président du Conseil d'Administration et du D.G., le travail et la sous-traitance, programme et le budget pour l'exercice 1998-1999 et autres questions financières.

*** La hiérarchie des sources internationales**

En cas de conflit entre les sources de droit du travail, leur ordre de préséance est déterminé par la loi comme suit :

1. Les sources internationales viennent en première position ;
2. Ensuite, les sources nationales occupent la 2ème position.

*** Au niveau de l'Afrique**

- Le Bureau régional de l'O.I.T pour l'Afrique est basé à Addis-Abeba, en Ethiopie ;
- Les bureaux sous régionaux sont basés à Addis-Abeba en Ethiopie, à Yaoundé, au Cameroun, à Dakar, au Sénégal, à Pretoria en Afrique du Sud ;
- Le bureau de l'O.I.T en Afrique centrale,, installé en RDC, couvre 7 pays : RDC, Burundi et Congo-Brazzaville, Gabon, Centrafrique, Guinée Equatoriale et Tchad.

Les définitions des concepts, les caractéristiques et les sources du droit de travail, en général, nous permettent d'analyser concrètement la législation du travail à travers les dispositions du Code du travail congolais et de comprendre certains contours du droit du travail en RDC. C'est l'objet de la deuxième partie de notre ouvrage.

Le travail de l'enfant est interdit et constitue la pire forme du travail

DEUXIEME PARTIE

DROIT DU TRAVAIL CONGOLAIS

Dans cette partie de notre ouvrage, il est question de passer en revue les dispositions du code du travail et d'émettre certains avis et considérations utiles. Il s'agit des dispositions suivantes :

- Loi n°15/2002 du 16 octobre 2002 portant code du travail ;
- Loi n°16/2002 du 16 octobre 2002 portant création, organisation et fonctionnement des tribunaux du travail.

Il faudra noter que, depuis le Forum National sur l'Emploi organisé par le Ministère du Travail et de la Prévoyance Sociale, du 18 au 22 septembre 2007, la dénomination du Ministère est dorénavant Ministère de l'Emploi, du Travail et de la Prévoyance Sociale, prenant en compte du fait que le concept travail est plus restrictif que celui de l'emploi qui est extensif et s'appliquant à plusieurs activités professionnelles tant structurelles que non structurelles. En outre, les dispositions ci-haut évoquées gardent l'ancienne dénomination du Ministère.

La législation sociale congolaise trouve son origine à la fois dans l'ensemble des lois et des règlements du travail fixés par les colonisateurs belges, français, anglais et dans les réglementations de l'Organisation International du Travail (O.I.T).

La législation sociale de la RDC est composée de l'ensemble des lois et des règlements concernant les travailleurs salariés et leurs rapports avec les employeurs et les organismes du travail. Toutefois, le code du travail congolais (l'Ordonnance-loi n°67/310 du 9 août 1967 et la loi n°015/2002 du 16 octobre 2002 ainsi que les différentes mesures d'application (arrêtés, circulaires,...) constituent la base de la législation sociale actuelle congolaise.

Le texte du code du travail de 1967 a été rédigé en tenant compte d'une part, des textes d'ordre législatif intervenus depuis le 30 juin 1960, d'autre part, des principes contenus dans les dispositions antérieures, mais adaptés aux circonstances de l'époque et, enfin, des dispositions des projets préparés par le Ministère du travail et de la prévoyance sociale de l'époque.

Cette législation a connu une évolution à dents de scie. Les étapes importantes de cette évolution sont, sans contexte : la mise sur pied du code du travail (en 1967 et en 2002), la création de l'INSS*, de l'INPP*, des

Tribunaux du Travail, de l'ONEM*, des Ministères du travail et de la prévoyance sociale, de la Fonction Publique, etc.

Le code du travail promulgué le 9 août 1967 a été largement dépassé tant par rapport à l'évolution économique et sociale du pays que par sa conformité aux normes internationales du travail.

En considération de cette situation, des voies se sont levées de partout pour réclamer vivement son adoption aux conditions nouvelles, particulièrement de la part du monde du travail dans son ensemble.

Plusieurs tentatives ont eu lieu pendant la Deuxième République, mais sans succès. Pensons particulièrement lors des assises de la Conférence Nationale Souveraine (CNS) en 1992 où la Commission Socio-culturelle a élaboré le projet du code de travail et la liste des maladies professionnelles, mais sans succès.

Une tentative de révision du code est intervenue en 1986, lors de la 21ème session du Conseil National du Travail « C.N.T » au cours de laquelle le Conseil avait adopté un projet de code qui est demeuré lettre morte. Le Conseil National du Travail (C.N.T) est, en effet, l'organe consultant tripartite placé auprès du Gouvernement congolais en matière du travail, de l'emploi et de la prévoyance sociale.

La nécessité de disposer d'une législation du travail adaptée, se faisant sentir avec acuité, une Commission préparatoire tripartite de la 29ème session du Conseil National du Travail avait été mise en place le 2 juin 2001.

Les travaux de cette commission ont abouti entre autre à l'adoption d'un projet de code du travail en s'inspirant notamment :

- du projet de code révisé par le Conseil National du Travail en sa 21ème session précitée qu'elle avait la charge d'examiner ;
- des remarques et des suggestions des organisations professionnelles d'employeurs et de travailleurs, des conventions et des recommandations de l'organisation internationale du travail, OIT en sigle, et ;
- des us et coutumes du monde du travail.
- Du projet de code élaboré à la conférence Nationale Souveraine de 1991 à 1992.

---

*- INSS signifie Institut National de Sécurité Sociale
- INPP signifie Institut National de Préparation Professionnelle
- ONEM signifie Office Nationale de l'Emploi. Tous ces organismes dépendent administrativement et techniquement du Ministère de l'Emploi, du travail et de la prévoyance Sociale.

Le texte du code élaboré par la Commission préparatoire avait été soumis au Conseil National du Travail en sa 29ème session tenue du 15 janvier au 21 février 2002.

Au cours de cette session, le Conseil National du Travail avait apporté des modifications et des aménagements à certaines dispositions du code du travail.

Parmi les innovations les plus importantes, il y a lieu de citer les dispositions ci-après :

- L'élargissement du champ d'application du code du travail aux petites et moyennes entreprises et petites et moyennes industries du secteur informel ainsi qu'aux organisations sociales, culturelles, communautaires, philanthropiques utilisant des travailleurs salariés ;
- L'interdiction des pires formes de travail des enfants et l'action immédiate de leur élimination ;
- Le relèvement de l'âge d'admission à l'emploi qui est porté de 14 à 16 ans étant, toutefois, entendu qu'une personne âgée de 15 ans ne peut être engagée ou maintenue en service que moyennant dérogation expresse de l'Inspecteur du travail et de l'autorité parentale ou tutélaire ;
- Le renforcement des mesures anti-discriminatoires à l'égard des femmes et des personnes avec handicap ;
- L'Institution de l'Office national de l'Emploi avec un patrimoine propre, en remplacement du Service National de l'Emploi qui n'a pas donné satisfaction ;
- La réhabilitation des Tribunaux du Travail ;
- Le renforcement des capacités institutionnelles en matière de formation et de perfectionnement professionnel par la participation des organisations professionnelles d'employeurs et de travailleurs ;
- La mise en place des structures appropriées en matière de santé et de sécurité au travail afin d'assurer une protection optimale du travailleur contre les nuisances ;
- Le renforcement des mesures coercitives.

Dans le souci d'assurer la pleine application des dispositions du code de travail, le délai d'un an était imparti pour la prise des mesures d'exécution.

En attendant leur entrée en vigueur, la loi dispose que les instructions et les procédures existantes en application de la législation et de la réglementation actuelle et non contraires aux dispositions dudit code restent d'application.

Le code du travail de 2002 mérite d'être considéré comme un instrument capable d'apporter la paix sociale grâce à l'affermissement des relations professionnelles, au rétablissement des droits fondamentaux du travailleur et de l'entrepreneur que sont le droit au travail et la liberté d'entreprise.

Nous pensons aussi que la volonté politique s'affirmera de plus en plus pour ne pas connaître une entorse quant à l'application de la loi n° 015/2002 du 16 octobre 2002.

Le Ministère de l'Emploi, du Travail et de la Prévoyance Sociale, à travers le Conseil National du Travail (CNT), s'attèle à mettre sur pied les mesures d'application susceptibles de faire avancer le monde du travail congolais.

Il est à déplorer que les réunions régulières et d'évaluation du CNT telles que prévues par la loi constituent une matière à caution et de négociation. Ci-après, nous entrons dans le vif des dispositions du code de travail congolais et de l'analyse sociologique du droit de travail en RDC avant d'entrer dans la profondeur du code dutravail.Notons que depuis septembre 2007, la dénomination du Ministre a changé pour devenir Ministre de l'Emploi, du travail et de la prévoyance sociale, résolutions du 1er Forum national de l'emploi tenu à Kinshasa, du 18 au 22 septembre 2007. Dans cet ouvrage, nous maintenons la dénomination en vigueur du code de travail 2002.

Une Femme paysanne accompagnée de son enfant mineur pour la survie de la famille.

CHAPITRE 3

LE CONTRAT DE TRAVAIL

Nous passerons en revue les définitions, la nature, les éléments, les formes, la durée, les obligations, la suspension, la rupture ainsi que les modalités pratiques du contrat de travail en RDC.

3.1. Définitions

Dès qu'il s'agit de contrats, on pense à des droits, à des obligations réciproques et aux principes de l'autonomie et de la libre expression de la volonté.[20]

Or, les principes d'autonomie et de libre expression de la volonté exigent que l'on sache ce qu'ont formellement voulu les personnes qui se sont engagées par contrat. C'est ce que les tribunaux cherchent à comprendre dans toutes les affaires qui leur sont soumises. Le souci de bien interpréter la volonté des contractants a amené la jurisprudence et la doctrine à dégager les éléments d'une définition du contrat de travail. Parmi ces éléments, il y a le travailleur, l'employeur ou le patron, la prestation, le salaire, la durée du travail, etc.

Ainsi, selon DURAND : « Le contrat de travail est une convention par laquelle une personne qualifiée de travailleur, de salarié ou employé s'engage à accomplir des actes matériels, généralement de nature professionnelle, au profit d'une autre personne dénommée employeur ou patron en se plaçant dans une situation de subordination moyennant une rémunération en argent appelée salaire ».[21]

Quant à ETIVANT et CAUSSARD, « le contrat de travail est une convention par laquelle un salarié exécute pour le compte d'un employeur et sous ses ordres un travail déterminé et moyennant une rémunération ».[22]

Le code du travail congolais, dans son article 7, alinéa C, définit le contrat de travail comme « toute convention écrite par laquelle une personne, le travailleur, s'engage à fournir à une autre personne, l'employeur, un travail manuel ou autre, sous la direction et l'autorité directe ou indirecte de celui-ci et moyennant rémunération ».

Les termes « travailleur », « employeur », « rémunération » sont respectivement définis par le code du travail à l'article 7, alinéa A, B et C.

---

[20]Cfr. *Législation sociale*, Paris, éd. DUNOD, 1977, p.65 (anonyme)

[21]idem, p.66.

[22] Ibidem

Lorsqu'on examine ces différentes définitions du contrat de travail, nous pouvons dégager les trois éléments fondamentaux suivants :

- la prestation de travail ;
- la rémunération et,
- le lien de subordination.

Avec ces trois éléments, nous pouvons dire que le contrat de travail est l'accord par lequel une personne (le travailleur) s'engage à mettre son activité professionnelle, moyennant rémunération, sous la direction et l'autorité d'une autre personne (l'employeur). Ainsi, le contrat devient créateur d'obligations réciproques car, d'un côté, le travailleur fournit sa force-travail, de l'autre,l'employeur lui paie une rémunération, un salaire.

L'obligation de l'employeur est essentiellement le paiement d'un salaire et l'obligation du salarié, c'est de fournir un travail personnel. C'est donc le contractant, lui-même, qui fait la prestation du travail ; et la nature, manuelle ou intellectuelle,, du travail importe peu ; la façon de rémunérer le travail peut être à l'heure, au moins, à la tâche... Mais le travailleur observe toujours sa qualité de salarié... Le lien de subordination du salarié à l'égard de l'employeur réside dans le droit que possède celui-ci de donner des ordres au salarié et de contrôler son travail.

Les relations entre *employeur* et *travailleur* sont des relations professionnelles. Celles-ci sont donc réglementées par le contrat du travail ; ces relations sont caractérisées essentiellement par le lien de subordination qui, au fond implique aussi le lien de surordination. On parle de lien de subordination, lorsqu'on envisage le devoir du travailleur de se soumettre aux ordres de l'employeur ou de ses préposés. Tandis que l'obligation que possède l'employeur de commander l'exécution du travail en donnant des ordres aux travailleurs, ce lien est de surordination ou d'autorité. Cette distinction n'a qu'une valeur théorique car, en réalité, les deux liens sont intimement liés.

On ne peut donc parler de l'un sans impliquer l'autre. En effet, on ne peut commander que lorsqu'il existe des personnes pour obéir et donc une subordination d'une catégorie de personne à une autre.

Par ailleurs, le contrat de travail est conclu librement, c'est-à-dire que les deux parties donnent librement leur consentement. L'employeur est donc libre de choisir les travailleurs et ceux-ci souscrivent librement aux conditions qu'il leur propose.[23]

Cependant, cette liberté connaît des limitations de deux ordres, celles qui sont fondées sur l'intérêt général et celles qui ont pour fondement l'intérêt des travailleurs.

---

[23] Voir à ce sujet : Code du travail Congolais, article 36 (a1,1)

Parmi les limitations justifiées par l'intérêt général, citons notamment celles qui interdisent ou limitent certains embauchages dans certaines régions pour des raisons économiques et sociales et dans l'intérêt de la santé publique.

Quant aux secondes, celles fondées sur l'intérêt des travailleurs, citons les limitations des possibilités d'employer certaines catégories des travailleurs et celles qui privilégient l'embauchage des travailleurs nationaux et l'interdiction d'engager les enfants en dessous de 16 ans (les mineurs).[24]

Toutes les pires formes de travail des enfants sont abolies (art.3).
L'expression « les pires formes de travail des enfants » comprend notamment :

a) Toutes les formes d'esclavage ou pratiques analogues, telles que la vente et la traite d'enfants, la servitude pour dettes et le servage ainsi que le travail forcé ou obligatoire, y compris le recrutement forcé ou obligatoire des enfants en vue de leur utilisation dans des conflits armés ;
b) L'utilisation, le recrutement ou l'offre d'un enfant à des fins de prostitution, de production de matériel pornographique, de spectacles pornographiques ou des danses obscènes ;
c) L'utilisation, le recrutement ou l'offre d'un enfant aux fins d'activités illicites, notamment pour la production et le trafic de stupéfiants ;
d) Les travaux qui, par leur nature ou les conditions dans lesquelles ils s'exercent, sont susceptibles de nuire à la santé, à la sécurité, à la dignité ou à la moralité de l'enfant. L'article 4 institue un Comité National de Lutte (C.N.L.) contre les pires formes de travail des enfants. L'article 5 prescrit un arrêté interministériel pour déterminer l'organisation et le fonctionnement du Comité National de Lutte contre les pires formes de travail des enfants.

Il y a aussi l'interdiction de prévoir une durée de l'essai supérieure à un mois pour les travailleurs manœuvres sans spécialité et de six mois pour les autres travailleurs. Le travail des femmes, des enfants et des personnes avec handicap est réglementé. En effet, des arrêtés du Ministre du Travail et de la Prévoyance Sociale, pris après avis du Conseil National du Travail, fixent les conditions de travail des femmes, des enfants et des personnes avec handicap et définissent, notamment, la nature des travaux qui leur sont interdits (art. 128).

Le travail forcé ou obligatoire est interdit (art. 2 al.2). Tombe également sous le coup de l'interdiction, tout travail ou service d'un individu

[24] Voir l'article 6 du code du travail congolais relative à la capacité de contracter.

sous menace d'une peine quelconque et pour lequel ledit individu ne s'est pas offert de plein gré (art.2 al.3).

3.2. Nature du contrat de travail

L'article 36, alinéa 2, du Code du travail exige que le contrat détermine la date d'entrée en vigueur et la durée du contrat, la nature et l'objet des prestations du travailleur, le ou les lieux où elles doivent s'accomplir, la rémunération, les avantages complémentaires, les frais remboursables et toutes autres conditions, dans le cadre des dispositions légales et sous réserve de l'observation des conventions collectives, des règlements d'entreprises et des usages.
Le contrat du travail est donc synallagmatique et consensuel :

Synallagmatique : c'est-à-dire qu'il implique l'intervention, le concours de deux parties, de deux volontés. Autrement dit, un contrat dans lequel deux personnes s'engagent à des obligations réciproques dont chacune est la contrepartie de l'autre.
Consensuel : c'est-à-dire que le seul échange de consentement déclenche les effets du contrat. En cas de silence de la convention, les dispositions du code de travail sont d'application. Celui-ci est donc supplétif de la volonté des parties.

3.3. Sortes du contrat de travail

Généralement, on peut trouver trois sortes de contrat de travail :

3.3.1. Le contrat de louage d'ouvrage ou contrat d'entreprise

Ce contrat est une convention par laquelle une personne s'engage à accomplir un travail déterminé pour un prix convenu. Celui qui exécute le travail, le fait comme il l'entend, dans des conditions qu'il définit lui-même.

3.3.2. Le contrat de mandat

Est celui par lequel une personne confie à une autre le pouvoir de faire quelque chose en son nom et pour son compte. L'exécution de ce contrat ne donne droit au mandataire que pour des actes juridiques et non pas pour des actes matériels.

3.3.3. Le contrat de société

Est celui par lequel des contractants conviennent de mettre quelque chose en commun pour en tirer profit. Cette catégorie de contrat relève surtout du droit commercial qui est un droit particulier. C'est dans ce cadre qu'il ya lieu de distinguer les : ASBL, SPRL, SA, SARL, etc.…

3.4. Eléments essentiels du contrat de travail et des conditions de validité ou de conclusion

L'article 37 dit que les contrats de travail ne peuvent déroger aux dispositions d'ordre public définies par la législation et la réglementation en vigueur. Les conditions de validité de contrat de travail sont celles du droit commun. Le contrat du travail comporte sept éléments essentiels qui sont ses conditions de validité. Il s'agit de :

1. l'objet du contrat : le travail manuel ou intellectuel ;
2. du lien de subordination et de sur-ordination selon la doctrine et la jurisprudence, il n'est pas nécessaire que l'autorité et la surveillance qu'implique le lien de subordination s'exercent d'une manière permanente, l'essentiel c'est qu'elles puissent intervenir à tout moment ;
3. La capacité des parties (capacité civile) ;
4. Leur consentement ;
5. L'objet licite ;
6. La cause licite ;
7. Le respect de certaines dispositions légales sur la durée du contrat et sa forme.

Le contrat du travail réunissant deux personnes : le travailleur et l'employeur, une première série de conditions concerne la personne des contractants.

a) Pour le travailleur, les conditions de conclusion d'un contrat sont les suivantes, le travailleur doit :
- être une personne physique,
- avoir la capacité civile (art.6 du CTC),
- avoir l'aptitude physique (art.38 du CTC),
- donner le consentement (art. 36 du CTC),
- faire la période d'essai (art. 43 du CTC).

b) Pour l'employeur, les conditions de conclusion d'un contrat sont les suivantes, l'employeur doit :
- être une personne physique ou morale, de droit public ou de droit privé,
- se conformer à l'ordre public (art.37 du CCT).

Ci-après quelques explications relatives aux éléments du contrat de travail :

1) L'objet du contrat

L'objet du contrat est le fait qu'une partie s'oblige à donner, à faire ou à ne pas faire ; le travailleur a l'obligation de fournir du travail, l'employeur, lui, doit payer le salaire, octroyer le logement et d'autres avantages.

L'objet du contrat doit être *déterminé*, *possible* et *licite*. Il doit déterminer la nature du travail, le temps et le lieu de l'exécution du contrat, le grade auquel le travailleur est engagé. Toutes ces mentions doivent être inscrites dans le livret de travail.

L'objet du contrat doit être possible, c'est-à-dire que le contrat doit porter sur un travail qu'on peut exécuter. Lorsqu'un objet est indéterminé ou indéterminable, c'est comme si le contrat n'existait pas.

La licité du contrat signifie que le contrat se conforme aux lois et aux décrets. Lorsque l'objet est illicite, le contrat est nul de plein droit. C'est la nullité absolue. Le contrat se forme, mais il est nul de plein droit.

Remarques :

Il y a nullité absolue ou nullité de plein droit lorsque la convention viole des dispositions prohibitives ou impératives et lorsqu'elle est contraire à l'ordre public. La violation des dispositions impératives peut aussi être sanctionnée par des amendes ou des dommages-intérêts.

La nullité du contrat peut être soit tacite, soit expresse ou textuelle. Elle est expresse ou textuelle, lorsque le législateur désigne, lui-même,, un acte contraire à la loi ou à l'ordre public. Elle est tacite dans le cas contraire. Il appartient alors au Tribunal de chercher quel est le but du législateur et l'esprit de la loi.

A ce sujet, « la théorie générale des obligations du code civil considère comme inexistant un contrat conclu en l'absence de ses éléments constitutifs qui sont le consentement et l'objet ».[25]

Quant à la nullité relative, le contrat est annulable s'il est conclu avec des personnes incapables :

Par ex : l'enfant mineur, (Art. 6).

L'annulation du contrat est donc une mesure de protection des personnes faibles contre des personnes méchantes. Le contrat peut être aussi

---

[25]Cf DIKONDA WA LUMANYISHA, *Législation du travail*, UNAZA, FSE, Kisangani, 1975.

annulé lorsqu'il y a vice de consentement. On parlera du contrat vicié ou d'une erreur. Toute contestation doit être tranchée par le tribunal.

2) La capacité de contracter ou capacité civile

L'article 6 du Code du Travail congolais stipule : « La capacité d'une personne d'engager ses services est régie par la loi du pays auquel elle appartient, ou à défaut de nationalité connue, par la loi congolaise sous réserve des dispositions… ».

Il est interdit d'engager ou de maintenir au service une personne âgée de moins de 16 ans. Une personne âgée de 15 ans ne peut être engagée ou maintenue en service que moyennant dérogation expresse de l'Inspecteur du Travail et de l'autorisation parentale ou tutélaire… (Art .6).

Néanmoins, même avec l'autorisation des parents ou des tuteurs, les personnes âgées de 14 à 15 ans ne peuvent être engagées que pour l'exécution des travaux légers et salubres (il y a aussi les majeures sous-tutelles).

Le contrat de travail conclu par les personnes incapables n'est pas nul de plein droit, mais annulable pour vice de consentement.

3) Le consentement

La condition sine qua non de validité du contrat est le consentement des parties. Par définition, le contrat de travail requiert un concours de volonté des deux parties (art.7 al. C). L'article 36 stipule que « les contrats de travail sont passés librement… ».

Pour donner valablement son consentement, il faut avoir la capacité civile. Le consentement ne doit pas être vicié, c'est-à-dire résulter d'une erreur (Etat-civil, âge, sexe,…). Le contrat est donc consensuel s'il y a échange de consentement.

Caractères du consentement :

1. Le consentement personnel

Le consentement est un élément essentiel de tout contrat comme l'exprime l'article 8 du Code Civil qui le considère comme étant une des conditions de validité.

L'existence du contrat de travail requiert donc du concours de la volonté des parties. Un mineur peut tout au plus être assisté par son tuteur, mais celui-ci ne peut pas se substituer à lui en concluant le contrat en son lieu et place. S'il le faisait, le contrat serait inexistant. Cette inexistence doit néanmoins être constatée par un jugement.

2. Le consentement par erreur

Le consentement par erreur ne rend pas le contrat nul de plein droit, mais annulable. L'erreur peut soit supprimer le consentement, soit le vicier. Dans le premier cas, le contrat n'existe pas à cause de l'absence d'un de ses éléments essentiels, le consentement.

3. Le consentement par dol

Il y a dol lorsqu'il y a recours à des manœuvres frauduleuses, une tromperie pour obtenir le consentement de l'autre partie. Le dol doit être prouvé. La simple présomption ne suffit pas.

4. Le consentement par violence

La violence est un comportement qui inspire une crainte basée sur une menace physique ou morale, tenant à déterminer une partie à souscrire à un contrat de travail. La violence et le dol rendent le contrat annulable.

3.5. Formes et preuves du contrat

Le contrat peut être soit *verbal* (oral) soit *écrit* (rédigé).

III.5.1. Le contrat de travail peut être verbal ou même résulter de l'exécution du travail et du paiement d'un salaire en contre partie

Le seul inconvénient majeur pour ce genre de contrat résulte du manque de preuve en cas de contestation ; c'est pourquoi, certains codes de travail précisent que « la preuve peut être apportée par tous les moyens » (art. 49 du C.T.C). Mais il est évident que les parties ont intérêt à se ménager certaines preuves irréfutables du contrat, par exemple une fiche d'embauchage établie par l'employeur, où on reprend toutes les identités du travailleur.

3.5.2. La forme écrite ou rédigée du contrat de Travail

En vertu de l'article 44 du Code du Travail. « Le contrat de travail doit être constaté par écrit et rédigé dans la forme qu'il convient aux parties d'adopter pour autant qu'il comporte les énonciations visées à l'article 212 du Code de Travail ».

Le paragraphe 2 du même article dit que, « à défaut d'écrit, le contrat est présumé, jusqu'à preuve du contraire, avoir été conclu pour une durée indéterminée ». [26]

L'existence de la forme écrite a pour but de permettre à l'administration un contrôle sur les contrats de travail dans un but de protection du travailleur et de mise en œuvre de la politique de l'emploi. Le contrat de travail doit être visé par l'autorité administrative – Inspecteur du travail ou autre (Cf. Art. 47 du C.T). A cette occasion, l'autorité administrative vérifie la conformité du contrat au droit du travail en vigueur et l'existence des clauses exigées par la loi et le libre consentement des parties.

Le contrat de travail ainsi conclu implique des droits et des obligations pour chacune des parties. Le travailleur doit exercer pour le compte de l'employeur l'activité professionnelle prévue par le contrat. Il lui est même interdit d'exercer cette activité en dehors des heures de travail du moment que cela peut nuire à la bonne exécution des services convenus ou concurrencer l'entreprise dont il est le salarié. De son côté, l'employeur doit notamment payer le salaire convenu et permettre au travailleur d'exercer dans les meilleures conditions possibles, l'activité qui fait l'objet du contrat.

3.6. Durée de contrat et clause d'essai[25]

Au terme de l'article 39 du Code de Travail congolais, « tout contrat de travail est à durée déterminée ou à durée indéterminée ».

L'employeur et le travailleur peuvent conclure un contrat de travail contenant une clause d'essai. La période de l'essai permet une appréciation réciproque du travailleur par l'employeur et de celui-ci par le premier. L'employeur se rend compte « des aptitudes professionnelles et des qualités du travailleur » et le travailleur va apprécier les conditions du travail.

La durée de l'essai ne peut pas dépasser le « délai nécessaire pour mettre à l'épreuve la personne engagée, compte tenu de la technique et des usages de la profession », sans toutefois être supérieureà « un mois pour le travailleur manœuvre, sans spécialité » ni dépasser six mois pour les autres catégories de travailleurs (art. 43 du C.T.C.).

3.6.1. Contrat à durée déterminée

« Est à durée déterminée, le contrat qui est conclu soit pour un temps déterminé, soit pour un ouvrage déterminé, soit pour le remplacement d'un travailleur temporairement indisponible » (art. 40).

---

[26]Cet article est complété par les dispositions des articles 45,46,47,48 du Code du travail

[25] Article 39-43 du Code de Travail.

« Néanmoins, dans le cas d'engagement au jour le jour, si le travailleur a déjà accompli vingt-deux journées de travail sur une période de deux mois, le nouvel engagement conclu, avant l'expiration de deux mois est, réputé conclu pour une durée indéterminée (art. 40 du C.T.C.), sous peine de pénalité.

Le contrat à durée déterminée ne peut être conclu pour une période supérieure à :

1) deux ans
2) un an, si le travailleur est marié et séparé de sa famille ou s'il est veuf, séparé de corps ou divorcé et séparé de ses enfants dont il doit assumer la garde » (art. 41 du C.T.C.).

Il est interdit au travailleur de conclure « avec la même entreprise plus de deux contrats à durée déterminée, ni de renouveler plus d'une fois un contrat à durée déterminée (art. 41 al. 2).Tout contrat en violation de ces dispositions est réputé être conclu pour une période indéterminée. Sauf dans l'exécution des travaux saisonniers, d'ouvrages bien définis et autres travaux déterminés par arrêté du Ministre ayant le Travail et la Prévoyance Sociale dans ses attributions pris après avis du Conseil National du Travail.

3.6.2. Contrat à durée indéterminée

L'engagement pour un emploi permanent dans l'entreprise ou l'établissement doit faire l'objet d'un contrat à durée indéterminée (art. 42 du C.T.C.). Si pour cette catégorie d'emploi, l'employeur conclut avec le travailleur un contrat à durée déterminée, celui-ci se transforme automatiquement en contrat à durée indéterminée.

3.7. Obligations nées du contrat de travail

La conclusion du contrat de travail engendre, pour chacune des parties contractantes, des droits et des obligations reconnus par des textes officiels, notamment le Code du travail, le règlement d'entreprise, la convention collective...

3.7.1. Obligations du travailleur[26]

Les articles 50, 51, 52, 53, 54 du Code du travail congolais traitent des obligations du travailleur. Au terme de ces articles, le travailleur :

- a l'obligation d'exécuter personnellement son travail dans les conditions, au temps et au lieu convenus;

[26] Voir définition du travailleur à l'article 7 du C.T.C

- doit agir conformément aux ordres qui lui sont donnés par l'employeur ou son préposé, en vue de l'exécution du contrat;
- doit respecter les règlements établis pour l'établissement, l'atelier ou le lieu dans lequel il doit exécuter son travail;
- doit s'abstenir de tout ce qui est nuisible à sa propre sécurité et à celle de ses compagnons ou des tiers;
- doit respecter les convenances et les bonnes mœurs pendant l'exécution du contrat et traiter avec équité les travailleurs placés sous ses ordres;
- a l'obligation de restituer en bon état à l'employeur les marchandises, produits, espèces,...
- il n'est pas tenu pour responsable ni des détériorations, ni de l'usure dues à l'usage normal de la chose, ni perte fortuite;
- doit garder les secrets de fabrication ou d'affaire de l'entreprise et s'abstenir de se livrer ou de collaborer à tout acte de concurrence déloyale, même après expiration du contrat ;

L'article 53 ajoute ceci qu'après l'expiration du contrat, le travailleur a le plein droit d'exploiter une entreprise personnelle ou de s'associer en vue de l'exploitation d'une entreprise ou de s'engager chez d'autres employeurs sans être traduit en justice. Cependant, cette clause sort ses effets dans deux cas :

1. Contrat résilié suite à la faute lourde du travailleur ;
2. Le travailleur met fin au contrat sans faute lourde de la part de l'employeur.

Dans ces deux cas, la clause ne sort ses effets que « pour autant que le travailleur ait de la clientèle ou des secrets d'affaires de son employeur une connaissance telle qu'il puisse lui nuire gravement, que l'interdiction se rapporte aux activités que le travailleur exerçait chez l'employeur, que sa durée ne dépasse pas un an à compter de la fin du contrat, qu'elle soit limitée à la zone dans laquelle le travailleur fournissait ses services ».

La clause de non concurrence peut prévoir une peine conventionnelle à la charge du travailleur qui viole l'interdiction. A la demande de celui-ci, le tribunal compétent ramènera à un montant équitable l'amende conventionnelle excessive (art. 53).

Dans le cadre de l'exécution du contrat de travail, compte tenu de la gravité, de la faute commise, le travailleur est passible de l'une des sanctions disciplinaires ci-après :

- le blâme;

- la réprimande;
- la mise à pied dans les limites et les conditions fixées au point 5 de l'article 57 du Code;
- le licenciement avec préavis;
- le licenciement sans préavis dans le cas et les conditions fixés aux articles 72 et 74 du Code de travail.

La sanction disciplinaire sera prise en tenant compte, notamment, de la gravité de la répétition de la faute commise ou de l'intention de nuire qui l'a inspirée (art. 54).

3.7.2. Les obligations de l'employeur

L'Article 7, al. B. donne la définition de l'employeur ; celui-ci est maître de son entreprise et, à ce titre, il est le seul juge de son organisation, de sa direction et de son contrôle. Il détermine les moyens de maintenir ou d'accroître son activité et c'est à lui qu'il appartient d'apprécier si les circonstances l'obligent à y mettre fin.

Au terme des articles 55 et 56, l'employeur a les obligations suivantes :

- Il doit fournir au travailleur l'emploi convenu et ce, dans les conditions, au temps et au lieu convenus ;
- Il est responsable de l'exécution du contrat de travail passé par toute personne agissant en son nom ;
- Il doit diriger le travailleur et veiller à ce que le travail s'accomplisse dans les conditions convenables tant, au point de vue de la sécurité que de la santé et de la dignité du travailleur ;
- Il doit accorder au travailleur désigné juge assesseur du Tribunal du Travail, la dignité et le temps nécessaire pour l'accomplissement de sa mission ;
- Il supporte la charge résultant du transport des travailleurs de leur résidence à leurs lieux de travail et vice-versa (art. 56) ;
- Il doit tenir, à la disposition des représentants des travailleurs au sens de l'article 255, un exemplaire du Code du travail pour consultation (art. 55).

3.8. Suspension du contrat de travail

On ne peut pas suspendre le contrat sans motif valable. Les causes de la suspension sont ci-dessous.

3.8.1. Les causes de suspension du contrat de travail

L'article 57 du Code du travail prévoit les causes ci-après :

1) L'incapacité pour le travailleur, résultant d'une maladie ou d'un accident, de la grossesse ou de l'accouchement et de ses suites ;
2) L'appel ou le rappel sous le drapeau et l'engagement volontaire en temps de guerre dans les forces armées congolaises ou d'un Etat allié ;
3) Les services prestés en exécution des mesures de réquisitions militaires ou d'intérêt public prises par le Gouvernement ;
4) L'exercice de mandats publics ou d'obligations civiques ;
5) Jusqu'à concurrence de deux fois quinze jours par an, la mesure disciplinaire de mise à pied lorsque cette mesure est prévue soit par le contrat du travail, soit par la convention collective ou par le règlement d'entreprise ;
6) La grève ou le lock-out* si ceux-ci sont déclenchés dans le respect de la procédure du règlement des conflits collectifs du travail telle que définie aux articles 303 à 315 du code de travail ou de la procédure définie par la Convention Collective applicable ;
7) L'incarcération du travailleur ;
8) Le cas de force majeure (cas imprévisible et irrésistible) lorsqu'elle a pour effet d'empêcher de façon temporaire, l'une des parties à remplir ses obligations.

Il y a force majeure lorsque l'événement survenu est imprévisible, inévitable, non imputable à l'une ou à l'autre partie et constitue une impossibilité absolue d'exécution, d'obligations contractuelles. Le cas de force majeure est constaté par l'Inspecteur du Travail.

3.8.2. Modalités de résiliation du contrat pendant la suspension du travailleur

Selon l'article 60, il ne peut être mis fin à un contrat pendant qu'il est suspendu, sous les réserves suivantes :

- En cas de maladie ou d'accident, hormis le cas de maladie professionnelle ou d'accident de travail. Dans le cas présent, l'employeur peut notifier à l'Intéressé la résiliation du contrat après six mois ininterrompus d'incapacité d'exécuter celui-ci. Dans ce cas, l'employeur est tenu au paiement d'une indemnité

---

*Lock-out signifie grève déclenchée par les employeurs dans les entreprises ou les établissements en fermant les issues ou les portes d'entrée dans les entreprises dans le but d'empêcher les travailleurs à y accéder. C'est une mesure de rétorsion ou d'intimidation des travailleurs, c'est aussi une pression exercée sur les travailleurs pour éviter la grève.

de résiliation correspondant au préavis dû en cas de contrat à durée indéterminée;

- En cas d'exercice de mandats publics ou d'obligations civiques. Après 12 mois de suspension, l'employeur peut mettre fin au contrat moyennant paiement des indemnités prévues par le contrat ou par la convention collective;
- En cas de force majeure, après 2 mois de suspension, la partie intéressée peut résilier le contrat sans indemnité;
- En cas d'incarcération du travailleur, l'employeur peut mettre fin au contrat sans indemnité après 3 mois de suspension ou si le travailleur est condamné par la suite d'une peine de servitude pénale principale supérieure à deux mois.

3.8.3. Effets de la suspension du contrat de travail

Un arrêté du Ministre ayant le travail et la prévoyance sociale dans ses attributions, pris après avis du Conseil National du Travail, fixe, les droits et les obligations des parties dans chacun des cas de suspension prévus à l'article 57, points 2 à 7(art. 58).

Les parties sont déliées de toute obligation, l'une envers l'autre, pendant toute la durée de la suspension du contrat (article 59), sauf dans les cas suivants :

1) lorsque le travailleur est dans l'incapacité de fournir ses services par suite de maladie ou d'accident, il conserve le droit, pendant toute la durée de la suspension du contrat, aux deux tiers de la rémunération en espèces et à la totalité des allocations familiales.

Le droit aux avantages contractuels en nature subsiste pendant l'incapacité de travail, à moins que le travailleur n'en demande la contre-valeur en espèces. Le logement ne peut, toutefois, être remplacé par sa contre-valeur (art. 105).

2) si la maladie ou l'accident sont réputés maladie professionnelle ou accident du travail aux termes de la réglementation de la sécurité sociale, le travailleur conserve le droit pendant les 6 premiers mois de la suspension du contrat aux deux tiers de la rémunération en espèce et à la totalité des allocations familiales (art. 106).
3) à l'occasion de son accouchement et sans que cette interruption de service puisse être considérée comme une cause de résiliation de contrat, toute femme a le droit de suspendre son travail pendant 14 semaines consécutives dont 8 semaines maximum postérieures à la délivrance et 6 avant l'accouchement (art. 130, al.1). Pendant cette période, que l'enfant vive ou non, la femme salariée a droit aux 2/3 de sa rémunération ainsi

qu'au maintien des avantages contractuels en nature (art. 130, al.2). Durant la même période, l'employeur ne peut rompre le contrat de travail (art. 130, al.3).

Le bénéfice des dispositions de l'article 129 du Code de Travail est acquis à toute femme salariée en tant que ces dispositions lui sont applicables, qu'elle soit mariée ou non, que l'enfant vive ou non (art.130, al.4).

4) le travailleur a droit au congé dans les circonstances suivantes (art. 146) :

a) Mariage du travailleur : 2 jours ouvrables
b) Accouchement de l'épouse : 2 jours ouvrables
c) Décès du conjoint ou d'un parent allié au 1er degré : 4 jours ouvrables
d) Mariage d'un enfant : 1 jour ouvrable
e) Décès d'un parent ou allié au second degré : 2 jours ouvrables

Ces jours ne sont pas déductibles du congé minimum légal. Les congés de circonstance peuvent être fractionnés. Les soins de santé sont dûs pendant les congés de circonstance. L'employeur n'est tenu au paiement des congés de circonstance que jusqu'à concurrence de 15 jours ouvrables par an.

5) La classe de passage et le poids de bagages sont déterminés en considérant la situation du travailleur dans l'entreprise suivant les stipulations de la Convention Collective, à défaut, selon les règles fixées par arrêté du Ministre ayant le Travail et la Prévoyance Sociale dans ses attributions, pris après avis du Conseil National du Travail (art. 156).Il est tenu compte, dans tous les cas, des charges de famille pour le calcul du poids des bagages (art. 156, al.2)

6) En cas de maladie, d'accident, de grossesse ou d'accouchement, et même en cas de suspension du contrat pour une cause de force majeure, l'employeur est tenu de fournir au travailleur et à sa famille, jusqu'à la fin du contrat (art. 178) :
   - Les soins médicaux, dentaires, chirurgicaux, les frais pharmaceutiques et d'hospitalisation ;
   - Les frais de déplacement nécessaires, lorsque le travailleur ou sa famille est dans l'incapacité physique de se déplacer ;
   - Les lunettes, appareils d'orthopédie et de prothèse dentaire, exceptée suivant prescription médicale et tarifs établis par le Ministre ayant la Santé Publique dans ses attributions (art. 178, al.1)

7) Si la maladie ou l'accident sont réputés maladie professionnelle ou accident du travail aux termes de la réglementation de la sécurité sociale, les obligations de l'employeur prévues à l'art. 178 sont limitées à la période non couverte par les prestations de l'Institut National de la Sécurité Sociale (art. 179).

En dehors des obligations citées ci-haut et de celles découlant des dispositions de l'arrêté ministériel, les parties sont déliées de toute obligation l'un envers l'autre pendant toute la durée de la suspension du contrat (art. 59).

3.9. Rupture ou résiliation du contrat de travail

D'abord le contrat de travail cesse de produire ses effets lorsque le travailleur meurt. Ensuite, tout contrat de travail peut être résilié à l'initiative soit de l'employeur soit du travailleur (art. 61). Sauf dérogations éventuelles qui seront déterminées par un arrêté du Ministre ayant le travail et la Prévoyance Sociale dans ses attributions, les licenciements massifs sont interdits (art. 78 al.1).

L'employeur qui envisage de licencier un ou plusieurs membres de son personnel pour des raisons économiques, notamment la diminution de l'activité de l'établissement et la réorganisation intérieure, doit respecter l'ordre des licenciements établi en tenant compte de la qualification professionnelle, de l'ancienneté dans l'établissement et des charges de famille du travailleur (art. 78, al.2).

En vue de recueillir leurs suggestions, l'employeur doit informer par écrit, au moins 15 jours à l'avance, les représentants des travailleurs dans l'entreprise, des mesures qu'il a l'intention de prendre (art. 78, al.3).

Seront licenciés en premier lieu, les travailleurs présentant les moindres aptitudes professionnelles pour les emplois maintenus. En cas d'égalité d'aptitudes professionnelles, les travailleurs les moins anciens, l'ancienneté étant majorée d'un an pour le travailleur marié et d'un an pour chaque enfant à charge aux termes de l'article 7 du Code du Travail (art. 78, al.4).

Le travailleur ainsi licencié conserve pendant un an la période d'embauche dans la même catégorie d'emploi (art. 78, al. 5). Passé ce délai, il continue à bénéficier de la même priorité pendant une seconde année, mais son embauche peut être subordonné à un essai professionnel ou à un stage probatoire dont la durée ne peut excéder celle de la période d'essai prévue aux dispositions de l'article 43 du Code de Travail (art. 78, al.6).

Le travailleur bénéficiant d'une priorité d'embauche est tenu de communiquer à l'employeur tout changement d'adresse survenant après son départ de l'entreprise. En cas de vacance, l'employeur avise l'Intéressé par lettre recommandée avec avis de réception. Il doit se présenter à l'entreprise ou à l'établissement dans un délai maximum de 15 jours (art. 78, al.7).

L'Inspecteur du Travail s'assure la mise en œuvre des licenciements dans le respect de la procédure prescrite et des critères retenus par l'employeur (art. 78, al.8). Tout licenciement économique intervenu en violation des dispositions du Code du Travail est considéré comme abusif (art. 78, al.9).

En dehors de ces dispositions de la loi, la résiliation ou le licenciement est abusif.[27]

3.9.1. Contrat à durée indéterminée

Il ne peut être résilié que « pour un motif valable lié à l'aptitude ou à la conduite du travailleur ou fondé sur les nécessitées du fonctionnement de l'entreprise, de l'établissement ou du service (art. 62 du C.T.C).[28]

Ne constituent notamment pas des motifs valables de licenciements du travailleur :

- L'affiliation syndicale, la non affiliation syndicale ou la participation à des activités syndicales en dehors des heures de travail ;
- Le fait de solliciter, d'exercer un mandat de représentation des travailleurs ;
- Le fait d'avoir déposé une plainte ou d'avoir participé à des procédures engagées ;
- La race, la couleur, le sexe, l'état matrimonial, la religion, l'opinion politique ;
- L'ascendance nationale ou l'origine sociale, le groupe ethnique ;
- L'absence du travail pendant le congé de maternité.

Toute résiliation à l'initiative de l'employeur d'un contrat à durée indéterminée, fondée sur les nécessités du fonctionnement de l'entreprise, de l'établissement ou du service, est soumise aux conditions qui seront définies par un arrêté du Ministre ayant le Travail et la Prévoyance Sociale dans ses attributions (art. 62).

La résiliation sans motif valable du contrat à durée indéterminée donne droit, pour le travailleur, à une réintégration. A défaut de celle-ci, le travailleur a droit à des dommages-intérêts fixés par le Tribunal du Travail… (Art. 63).

Toutefois, le montant de ces dommages-intérêts ne peut être supérieur à 36 mois de sa dernière rémunération (art. 63, al.2).

---

[27] Est considéré comme licenciement abusif, le licenciement d'un ouvrier engagé pour une durée indéterminée effectué pour les motifs qui n'ont aucun lien avec l'aptitude ou la conduite de l'ouvrier ou qui ne sont pas fondés sur les nécessités du fonctionnement de l'entreprise, de l'établissement ou du service.

[28] Entreprise, établissement tels que définis par l'article 7d et 7e du Code du Travail.

La rupture du contrat à durée indéterminée sans préavis ou sans que le préavis ait été intégralement observé comporte l'obligation, pour la partie responsable, de verser à l'autre partie une indemnité dont le montant correspond à la rémunération et aux avantages de toute nature dont aurait bénéficié le travailleur durant le délai de préavis qui n'a pas été effectivement respecté (art. 63, al.3).

Sauf durée plus longue fixée par les parties ou par la Convention collective, la durée du préavis de résiliation ne peut être inférieure à 14 mois ouvrables à dater du lendemain de la notification, lorsque le préavis est donné par l'employeur. Ce délai est augmenté de 7 jours ouvrables par année entière de services continus, comptée de date à date (art. 64, al.1).

La durée du préavis de résiliation donnée par le travailleur est égale à la moitié de celui qu'aurait dû remettre l'employeur s'il avait pris l'initiative de la résiliation. Elle ne peut en aucun cas excéder cette limite (art. 64, al.2).

Pendant la durée du préavis, l'employeur et le travailleur sont tenus au respect de toutes les obligations réciproques qui leur incombent (art. 65). Le travailleur qui reçoit le préavis peut cesser le travail à l'expiration de la moitié du délai de préavis que l'employeur est tenu de lui donner (art. 66, al.1).

L'employeur doit la rémunération et les allocations familiales pendant le temps restant à courir (art. 66, al.2). Sauf les cas prévus à l'article 60, le préavis ne peut être notifié pendant la période de congé consacrant la suspension du contrat (art. 68).

3.9.2. Contrat à durée déterminée

Le contrat à durée déterminée prend fin à l'expiration du terme fixé par les parties contractantes.En général, toute clause prévoyant sa résiliation moyennant préavis est donc nulle de plein droit (art. 69).

Toute rupture du contrat à durée déterminée prononcée en violation de l'article 69 donne lieu à des dommages-intérêts (art. 70). Dans le cas où le contrat est assorti d'une clause d'essai, chacune des parties peut, pour un motif valable lié à l'aptitude ou à la conduite de l'autre, mettre fin au contrat moyennant un préavis de trois jours ouvrables prenant cours le lendemain de la notification (art. 71, al.1).

Toutefois, pendant les trois premiers jours d'essai, le contrat peut être résilié sans préavis, la totalité de la rémunération étant due pour toute journée commencée (art. 71, al.2). Tout contrat de travail peut être résilié immédiatement sans préavis, pour une faute lourde (art. 72, al.1). Une partie est réputée avoir commis une faute lourde lorsque les règles de la bonne foi ne permettent pas d'exiger de l'autre partie qu'elle continue à exécuter le contrat (art. 72).

La faute lourde peut être commise par l'employeur (art. 73) ou par le travailleur (art. 74). Il s'agit d'un manquement grave aux dispositions des obligations contractuelles.

Faute lourde de l'employeur

Sont réputées fautes lourdes, lorsque l'employeur ou son préposé, au terme de l'article 73 :

- Se rend coupable envers le travailleur d'un acte d'improbité, d'harcèlement sexuel ou moral, d'intimidation, de voies de fait ou d'injures graves ou tolère de la part des autres travailleurs de semblables actes ;
- Lui cause intentionnellement un préjudice matériel pendant ou à l'occasion de l'exécution du contrat ;
- En cours d'exécution du contrat, la sécurité ou la santé du travailleur se trouve exposée à des dangers graves qu'il n'a pas pu prévoir au moment où il a contracté ou lorsque son moral est en péril ;
- Persiste à ne pas appliquer les dispositions légales ou réglementaires en vigueur en matière du travail ;
- Opère indûment des réductions ou des retenues sur la rémunération du travailleur.

Lorsque le contrat est rompu à cause de la faute lourde de l'employeur, le travailleur a droit aux dommages-intérêts (art. 75) fixés par le Tribunal du travail, compte tenu de la nature du travail, de l'ancienneté, de l'âge et des droits acquis du travailleur (art. 63). A ces dommages-intérêts, s'ajoutent des indemnités de préavis et celles pour licenciement prévues dans le contrat.

Faute lourde du travailleur

Sont réputées fautes lourdes du travailleur au terme de l'article 74, lorsque le travailleur :

- Se rend coupable d'un acte d'improbité, d'harcèlement sexuel ou moral et d'intimidation, de voies de fait ou d'injures graves à l'égard de l'employeur ou de son personnel ;

- Cause à l'employeur, intentionnellement, un préjudice matériel pendant ou à l'occasion de l'exécution du contrat ;
- Se rend coupable de faits immoraux pendant l'exécution du contrat ;
- Compromet par son imprudence la sécurité d'entreprise ou de l'établissement, du travail ou du personnel ;

L'employeur se réserve le droit de demander réparation du préjudice « directement causé par la faute lourde du travailleur » (art. 75).

De façon générale, la partie qui prend l'initiative de la résiliation du contrat de travail, qu'il soit à durée déterminée ou à durée indéterminée, doit en faire notification écrite à l'autre partie. La notification à l'initiative de l'employeur doit indiquer le motif de la rupture unilatérale du contrat (art. 76).

La quittance pour solde de tout décompte final, délivrée au travailleur au moment où le contrat prend fin, n'implique aucune renonciation à des droits (art. 77).

3.10. Certificat de fin de service (art. 79)

Au terme de l'article 79 du Code du travail congolais, lorsque le contrat prend fin pour quelques causes que ce soit, l'employeur est tenu de délivrer au travailleur un certificat attestant la nature et la durée des services prestés, la date de début et de la fin des prestations ainsi que son numéro d'immatriculation à l'Institut National de Sécurité Sociale. Aucune autre indication ne peut y être ajoutée.

Ce certificat doit être remis, au plus tard, deux jours ouvrables après la fin du contrat. Il est exempt de droit de timbre ou d'enregistrement (frais d'établissement).

3.11. Substitution et transfert d'employeur

Lorsqu'il y a substitution d'employeur, notamment par cession, par succession, par fusion, par transformation de fonds, par mise en société, tous les contrats de travail en cours au jour de la substitution subsistent entre le nouvel employeur et le personnel (art. 80, al.1). Sauf cas de force majeure, la cessation de l'activité de l'entreprise ou de l'établissement ne dispense pas l'employeur de respecter les règles prévues en matière de résiliation des contrats (art. 80, al.2).

Est nulle la clause stipulant que le travailleur s'oblige à passer en cours des contrats au service d'un autre employeur (art. 81).

3.12. Sous-entreprise

Le sous-entrepreneur est la personne physique ou morale qui passe avec un entrepreneur un contrat écrit ou verbal pour l'exécution d'un certain travail ou la fourniture de certains services moyennant un prix forfaitaire ; il engage lui-même la main d'œuvre nécessaire (art. 82).

Quand les travaux sont exécutés dans un lieu autre que les ateliers, magasins ou chantiers de l'entrepreneur, ce dernier est, en cas d'insolvabilité du sous-entrepreneur, responsable du paiement des salaires dûs aux travailleurs. Le travailleur lésé aura, dans ces cas, une action directe contre l'entrepreneur (art. 83).

Le sous-entrepreneur est tenu d'indiquer sa qualité, le nom et l'adresse de l'entrepreneur, par voie d'affiche apposée de façon permanente dans chacun des ateliers, magasins ou chantiers utilisés. L'entrepreneur doit tenir à jour la liste des sous-entrepreneurs avec lesquels il a passé contrat (art. 84).

3.13. Exemple d'un Contrat de travail

Le Code de travail fixe, dans son article 212, les énonciations qui ne doivent pas manquer dans un contrat de travail constaté par écrit. Ces énonciations concernent :

1. le nom de l'employeur ou la raison sociale de l'entreprise ;
2. son numéro d'immatriculation à l'Institut National de Sécurité Sociale (INSS) ;
3. le nom, les prénoms et, le ou les post-noms et sexe du travailleur ;
4. son numéro d'affiliation à l'INSS et, éventuellement, le numéro d'ordre qui lui est attribué par l'employeur ;
5. sa date de naissance ou, à défaut, le millésime de l'année présumée de celle-ci ;
6. le lieu de naissance et la nationalité ;
7. sa situation familiale :
    - nom, prénoms, ou post-noms du conjoint ;
    - nom, prénoms ou post-noms et date de naissance de chaque enfant à charge.
8. la nature et les modalités du travail à fournir ;
9. le montant de la rémunération et des autres avantages convenus ;
10. le ou les lieux d'exécution du contrat ;
11. la durée de l'engagement ;
12. la durée du préavis de licenciement ;
13. la date d'entrée en vigueur du contrat ;
14. le lieu et la date de la conclusion du contrat ;
15. l'aptitude au travail dûment constatée par un médecin.

Pour en savoir plus, il est recommandé de lire les articles suivants du Code du Travail (36 à 85).

Ci-après, un modèle de contrat de travail :

CONTRAT DE TRAVAIL

Entre :

1. L'entreprise ....SPRL dont le siège social est établi à Kinshasa, 4ème et 5ème étages, Building…, Avenue ……. n ° …, B.P. …, immatriculée au registre de commerce de Kinshasa sous le numéro …. ; immatriculée à l'I.N.S.S. sous le numéro ….., représentée par Monsieur ……………………, ……………………......................Ci-après dénommé « Employeur »,, d'une part ;

Et :

2. Monsieur, Madame, Mademoiselle …………………………………………………………........
Matricule …………………………… N° d'affiliation à l'INSS ……………………………………………
Né(e) à …………….. le …………………… de nationalité ……………………………………………
Résidant à ………………………………………………………………………………… …………………
Dont la famille comprend :
Son époux, son épouse : ……………………………………………………………………………….
Né(e) à : ……………………………………, le ……………………………………………………

Ses enfants repris ci-dessous :
Noms et Post-noms des enfants, Sexe, Lieu et date de naissance :
1) ……………………………………, ……, ………………………………
2) ……………………………………, ……, ………………………………
3) ……………………………………, ……, ………………………………
4) ……………………………………, ……, ………………………………
5) ……………………………………, ……, ………………………………
6) ……………………………………, ……, ………………………………
7) ……………………………………, ……, ………………………………
8) ……………………………………, ……, ………………………………
9) ……………………………………, ……, ………………………………
10) …………………………………., ……, ………………………………

Ci – après dénommé (e) « **Travailleur** », d'autre part.

IL A ETE CONVENU CE QUI SUIT

Art.1 : Le travailleur est engagé en qualité de ……………………………………………………..

Art.2 : L'employeur a le droit de lui assigner en tout temps toute autre fonction qu'il jugerait correspondre à ses aptitudes professionnelles.

Art.3 : Le présent contrat est conclu pour une durée indéterminée, prenant cours le …………..

Art.4 : La durée de l'essai est de …………… mois ………. pendant la période d'essai, chacune des parties peut mettre fin au contrat à tout moment moyennant un préavis de trois jours prenant cours le lendemain de la notification (article 71 alinéa 1 du Code du Travail).

Art.5 : Le lieu d'engagement du travailleur est …………………………………………………….

Art.6 : Le lieu d'exécution du contrat est…………………………………………………………..

Art.7 : Le travailleur pourra être affecté ou muté à tout autre lieu de service désigné par l'employeur.

Art.8 : La rémunération mensuelle du travailleur à la signature du présent contratestfixée à ……

Celle-ci comprend :

Le salaire de base : …………………

Les allocations familiales légales : ……………..

L'indemnité de logement :…...................

L'indemnité de transport : ………

Art.9 : Les soins médicaux, dentaires, pharmaceutiques et d'hospitalisation pour le travailleur, sa femme et ses enfants sont à charge de l'employeur dans les conditions et formes prévues par le Code du Travail et/ou la Convention Collective.

Art. 10 : Après une année de services ininterrompus, l'employeur accordera au travailleur un congé annuel. Conformément aux prescrits de l'article 142 de loi n°015/2002 du 16 octobre 2002, il a droit à une allocation de congé égale à la rémunération dont il jouissait au moment de son départ.

Art.11 : La durée du préavis de résiliation du contrat de travail pour les cas prévus à l'article 60 du Code du Travail est de -------- mois prenant cours le lendemain de la notification. Ce délai est augmenté de …… jours ouvrables par année entière de service continus, comptée de date à date.

Art.12 : Chacune des parties peut rompre le contrat sans indemnité ni préavis lorsque l'autre partie se rend coupable d'une faute lourde, telle que définie aux articles 72, 73,74 du Code du Travail.

Art.13 : Pour l'exécution du présent contrat, l'employeur fait élection de domicile à son siège social indiqué au préambule ci-dessus, où toutes communications et notifications pourront valablement être faites.
Art.14 : L'aptitude au travail du travailleur a été constatée par le Docteur ------------------------- demeurant à -----------------------------------suivant certificat délivré en date du ....
Art.15 : Pour tous les cas non prévus par le présent contrat, les parties déclarent s'en référer aux dispositions du Code du Travail et à ses arrêtés d'application.
Art.16 : Le travailleur reconnaît avoir reçu deux jours ouvrables avant la signature qu'il a apposée ci-dessous, un exemplaire du présent contrat dont il déclare avoir parfaite connaissance.

Ainsi fait en quatre exemplaires à ---------------------------- le --------------------------.

Signature du Travailleur **Signature de l'Employeur**

Visa de l'inspecteur du travail

Nous venons de faire un survol du contrat du travail. Comme on a pu l'apercevoir, la signature d'un contrat de travail est un moment important et déterminant pour la vie de l'employeur et du travailleur. Une attention particulière doit être faite pour s'engager l'un et l'autre. C'est exactement comme dans un mariage, le contrat conclu peut être suspendu et/ou résilié, mais les effets en aval sont très fâchés et amertumes. L'une des obligations dans la signature d'un contrat est le paiement du salaire qui fera l'objet du chapitre suivant.

CHAPITRE 4

LE SALAIRE OU LA REMUNERATION

Ce chapitre retrace la notion de salaire, les éléments, les modalités ainsi que le mode de calcul du salaire net. Parmi les acteurs importants dans la fixation de salaire se trouve l'Etat, avec son instrument, le Gouvernement.

Quelques appellations particulières en usage désignant le salaire ou la rémunération pour certaines catégories sociales :

- Dotation/liste civile : Président de la République
- Salaire : Ouvriers
- Appointement : Employés
- Gage : Domestiques
- Solde : Soldats
- Traitement : Fonctionnaires
- Honoraire :Membres des professions libérales
- Cachet : Artistes
- Droit d'auteur :Ecrivains, auteurs compositeurs, Inventeurs
- Emolument :Dirigeants des entreprises (ADG), Ministres
- Dividende : Actionnaire
- Casuel : Curé
- Courtage : Courtier
- Commission : Commis-voyageur ou vendeur

4.1. Notions de salaire

Le salaire représente la rémunération du travailleur lié par contrat ; son paiement est l'obligation essentielle de l'employeur. Ne pas payer le salaire, c'est rompre le contrat. Le salaire peut être envisagé de trois points de vue différents[29].

1) Du point de vue juridique : il constitue la contrepartie de la prestation du travail dans le contrat synallagmatique du travail. Son montant est égal à la valeur attribuée au travail fourni, c'est une obligation.
2) Du point de vue social : le salaire présente un caractère alimentaire, c'est le revenu qui assure la subsistance de la presque totalité des travailleurs ou salariés. D'où la nécessité, pour le travailleur, d'un salaire suffisant, périodique et régulier.

[29] J.GHESTIN et LANGLOIS, *Droit du travail*, Paris, éd.SIREY, 1981, p.189.

Engageant sa personne même dans le contrat du travail, le salarié doit recevoir en échange les moyens de mener une vie convenable. La valeur économique du travail fourni peut justifier les différences de salaire.

3) Du point de vue économique : il faut tenir compte de l'influence des salaires sur les prix. Cette influence est complexe car le salaire est un élément du prix de revient ; mais c'est un facteur important de la demande des biens de consommation. Le salaire est lié au niveau économique d'un pays.

4.2. Définitions

Le salaire ou la rémunération est en somme le prix payé par l'employeur en contre partie du travail fourni par le travailleur ou, d'une façon plus large, c'est « toute somme ou tout avantage accordé à l'occasion du travail dans le cadre de l'entreprise ayant pris le travailleur à charge »[30].

L'article 7.h définit la rémunération comme « la somme représentative de l'ensemble des gains susceptibles d'être évalués en espèces et fixés par accord ou par les dispositions légales et réglementaires qui sont dûs en vertu d'un contrat de travail, par un employeur à un travailleur ».

Elle comprend notamment :

- le salaire ou traitement ;
- les commissions ;
- l'indemnité de vie chère ;
- les primes ;
- la participation aux bénéfices ;
- les sommes versées au titre de gratification ou de mois complémentaires ;
- les sommes versées pour prestations supplémentaires ;
- les allocations familiales pour la partie ne dépassant pas le montant légal ;
- la valeur des avantages en nature ;
- l'allocation de congé ou l'indemnité compensatoire de congé ;
- les sommes payées par l'employeur pendant l'incapacité de travail et pendant la période précédant et suivant l'accouchement (art. 7.h).

Ne sont pas éléments de la rémunération :

- l'indemnité de transport ;
- les soins de santé ;
- l'indemnité de logement ou le logement en nature ;
- les allocations familiales légales ;

[30] G.H. CAMERLYNCK et LYON-CAEN, *Droit du travail*, Paris, Dalloz, 1965, p.179.

- les frais de voyage, ainsi que les avantages accordés exclusivement en vue de faciliter au travailleur l'accomplissement de ses fonctions (art.7.h).

4.3. Les éléments du salaire

Les éléments du salaire tels qu'ils sont énumérés à l'art. 7.h méritent plus de précision. Ces différents éléments peuvent être classés en 4 catégories :

1. Le salaire de base
2. Les indemnités
3. Les primes et les gratifications
4. Les avantages en nature

4.3.1. Le salaire de base

Le salaire principal est calculé suivant différentes modalités dont l'employeur est le seul juge. C'est un taux horaire ou journalier, multiplié par le nombre d'heures ou de journées pendant la période considérée.

Le salaire de base peut être calculé sous trois (3) formes :

a) Il peut être calculé au temps : le salaire au temps est simplement déterminé par la durée de présence au travail ; l'unité de temps peut être soit l'heure, soit la journée, soit le mois.

b) Il peut être calculé en tenant compte de la quantité de marchandises produites (travail aux pièces ou à la tâche).

c) Enfin, il peut être calculé au rendement : ce mode de rémunération combine les deux précédents. Le salaire au rendement est un mode de rémunération dans lequel celle-ci varie en fonction de la quantité de production réalisée par un travailleur ou par une équipe dans un temps donné, selon une formule déterminée, et répondant aux normes de qualité exigée.

Le code du travail prévoit ce mode de rémunération (art. 89.2).

4.3.2. Les indemnités

Elles sont nombreuses et diverses :

Les éléments représentatifs de frais : il s'agit ici de compléments de salaire, qui obéissent au régime général de la créance de salaire.

Exemple :

- Indemnité de voyage et de transport ;
- Indemnité de déplacement, etc.

* Certaines indemnités se substituant au salaire comme par exemple les indemnités de congés payés, elles ne correspondent pas à une période de travail déterminé. Cependant, elles trouvent leur cause juridique dans les services fournis par les travailleurs.
* D'autres indemnités sont accordées pour la perte de l'emploi. Par exemple : l'indemnité de licenciement. Elles sont soit la sanction d'une faute de l'employeur, soit l'exécution de la garantie d'emploi qui pèse sur lui. Elles ne peuvent être prises en compte comme un complément du salaire.

4.3.3. Les primes et les gratifications

Elles se présentent sous les formes les plus diverses, il s'agit le plus souvent de prime de rendement. Mais il existe aussi des primes d'ancienneté, des primes d'assiduité. Certaines primes correspondent également au risque particulier du travail ou à son caractère pénible comme, par exemple, les primes versées aux travailleurs du fond de la mine, ...

4.3.4. Les prestations ou les avantages en nature

Il s'agit d'un salaire, dont l'évaluation est nécessaire chaque fois que ce salaire sert de référence à la détermination des prestations complémentaires ou accessoires. Exemple : logement, fourniture de denrées alimentaires, ...

4.4. Détermination du salaire

La détermination des salaires dépend à la fois de l'autorité du pays et des organisations professionnelles. Soulignons, toutefois, que le rôle primordial revient au Gouvernement de la République en matière de la fixation des salaires.

La fixation du salaire exclut toute discrimination de sexe, d'origine, de qualification. L'art. 86 note que « A conditions égales de travail, de qualification professionnelle et de rendement, le salaire est égal pour tous les travailleurs, quels que soient leur origine, leur sexe et leur âge ».

La rémunération d'un travail à la tâche ou aux pièces doit être calculée de telle sorte qu'elle procure au travailleur, de capacité moyenne et travaillant normalement, un salaire au moins égal à celui du travailleur rémunéré au temps et effectuant un travail analogue.

Aucun salaire n'est dû en cas d'absence, en dehors des cas prévus par la législation ou la réglementation, sauf accord entre parties intéressées (art.86).

La rémunération est fixée par des contrats individuels conclus librement entre travailleurs et employeurs ou par voie de conventions collectives (art.88). Elle doit être stipulée en monnaie ayant cours légal en RDC (art.89). Et son montant est déterminé soit à l'heure, soit à la journée, soit à la semaine ou au mois, soit à la tâche (art.89).

A défaut de preuve d'une rémunération convenue, l'employeur doit la rémunération déterminée par les conventions collectives ou, à défaut dans leur silence, par le décret prévu à l'art.87 du code de travail, ou par les usagers du lieu où le contrat doit être exécuté, compte tenu, notamment, de la nature du travail, de la qualification professionnelle et de l'ancienneté du travailleur dans l'entreprise (art.92).

Enfin, la rémunération est due pour le temps où le travailleur a effectivement fourni ses services ; elle est également due lorsque le travailleur a été mis dans l'impossibilité de travailler du fait de l'employeur ainsi que pour les jours fériés légaux, hormis le cas de lock-out déclenché conformément aux dispositions légales (art.93).

*** Le Salaire Minimum Interprofessionnel Garanti (SMIG)**

D'abord, un décret du Président de la République, pris sur proposition du Ministre ayant le Travail et la Prévoyance Sociale dans ses attributions, après avis du Conseil National du Travail, fixe les salaires minima interprofessionnels garantis ainsi que les taux des allocations familiales minima et de la contre-valeur de logement et, à défaut de conventions collectives ou dans leur silence, les salaires minima par catégorie professionnelle (art.87).

Les salaires minima interprofessionnels seront fixés compte tenu d'une tension salariale selon une échelle barémique unique dont les conditions et les modalités de fixation et d'application seront déterminées par arrêté du Ministre ayant le Travail et la Prévoyance Sociale dans ses attributions, pris après avis du Conseil National du Travail (art.94).

Le Salaire Minimum Interprofessionnel de la première catégorie professionnelle est fixé en fonction des besoins essentiels d'une famille du travailleur comprenant le père, la mère et les enfants à charge dont le nombre est déterminé par le décret prévu à l'art.96 du code du travail (art.95 et 1). Les besoins familiaux essentiels et les articles pris en considération pour calculer ce Salaire Minimum Interprofessionnel de la première catégorie sont déterminés après enquêtes menées périodiquement dans chaque Province et dans la Ville de Kinshasa selon les modalités fixées par arrêté du Ministre ayant le Travail et la Prévoyance Sociale dans ses attributions (art.95, al. 2).

L'ordonnance n° 08/040 du 30 avril 2008 porte fixation du Salaire Minimum Interprofessionnel Garanti, des allocations familiales minima et de la contre-valeur du logement.

Les salaires minima interprofessionnels sont ajoutés en fonction de l'évolution de l'indice des prix à la consommation (art.97). Le décret n° 079/2002 du 3 juillet 2002 détermine les modalités (voir annexe, poste de dépenses des besoins minima : panier de la ménagère « budget-type » d'une famille de cinq personnes).

Postes de dépenses :

a) Alimentation (céréales féculents, sucre, légumineuses, fruits, viandes et volailles, poisson, boisson alcoolisée, produits laitiers, huiles, boisson non alcoolisée, condiments) ;
b) Logement (literie, distribution d'eau et d'énergie électrique, mobilier et accessoires des rangements, ustensiles de ménage, couverts, couteaux et vaisselles, petits appareils ménagers, accessoires des logement) ;
c) Habillement (vêtement pour homme, pour femme et pour des enfants, chaussures, frais de couture, mouchoirs et accessoires vestimentaires) ;
d) Education, loisir, transport de la femme et des enfants et épargne (éducation, uniforme, objets scolaires, livres et manuels scolaires, loisirs, transport de la femme et des enfants).

Au terme de l'art.3 du décret 079/2002 du 3 juillet 2002, on étend par :

- Salaire Minimum Interprofessionnel Garanti, la somme minimale fixée par les pouvoirs publics en deçà de laquelle aucun travailleur ne peut être rémunéré sous peine de sanctions. Le taux journalier du Salaire Minimum Interprofessionnel Garanti (SMIG) est fixé à FC 1.680 (franc congolais mille six cent quatre-vingts) (art.2ème de l'ordonnance n°08/040 du 30 avril 2008), taux du dollar à l'époque 1$US=560 FC.
- Budget type familial ou panier de la ménagère, la moyenne des dépenses dont la valeur correspond à un salaire susceptible d'assurer au travailleur un minimum vital qui lui permet de subvenir à ses besoins essentiels et à ceux des membres de sa famille, compte tenu du niveau des prix sur le marché.
- Besoins essentiels du travailleur, les nécessités liées aux commodités de la vie dont la satisfaction permet les conditions d'existence et de travail conformes à la dignité humaine.

- L'indice des prix, la mesure des variations au cours du temps du niveau général des prix des biens et des services, utilisés ou payés par la population de référence pour sa consommation.[31]

L'art.4 du même décret prend en considération, pour la fixation et l'ajustement du SMIG,*les critères sociaux* : besoins essentiels du travailleur, coût de la vie et ses fluctuations, niveau général de salaires, prestations de la sécurité sociale, niveau de vie comparé à celui d'autres groupes sociaux ; *les critères économiques* : situation économique générale, capacité de paiement des employeurs, productiviste, classification des emplois, indices de prix, érosions monétaires…

4.5. Modalités de paiement du salaire

D'abord, le législateur congolais précise que la rémunération doit être payée en espèces, déduction éventuelle de la contre-valeur des avantages dûs et remis en nature.

Le paiement doit avoir lieu pendant les heures de travail, au temps et au lieu convenu. Le paiement de la rémunération ne peut avoir lieu dans un débit de boissons ni dans un magasin de vente, sauf pour les travailleurs employés dans ces établissements. Il est interdit à l'employeur de restreindre de quelque manière que ce soit la liberté du travailleur de disposer de sa rémunération à son gré (art.98).

Ensuite, le paiement de la rémunération doit être effectué à des intervalles réguliers n'excédant pas un mois. Le paiement doit avoir lieu au plus tard dans les six jours suivant la période à laquelle il se rapporte (art.99).

Lors de la cessation définitive des services effectifs, toute somme restant due en exécution d'un contrat de travail, doit être payée au travailleur et, le cas échéant, aux ayant-droits de ce dernier, au plus tard dans les deux jours ouvrables qui suivent la date de la cessation des services (art.100).

Le paiement de tout ou de la partie de la rémunération en nature est interdit (art.101) sauf dans les cas suivants :

1. Si le travailleur est dans l'impossibilité de se procurer par ses propres moyens un logement suffisant pour lui et sa famille ou s'il est dans l'impossibilité de se ravitailler régulièrement en denrées alimentaires de première nécessité (art.138).

[31]Le taux de 1$ US = 560 Fc est largement dépassé et ne tient pas compte de variations du marché. Au moment où nous achevons la rédaction de cet ouvrage, 1$US = 910 fc (2012). Le prix a flambé sur le marché avec l'application au 1er janvier de la TVA. L'indice des prix n'est pas appliqué. Pourtant, dans certains pays comme la France, la Belgique, l'Afrique du sud, il existe une commission permanente de l'indice des prix.

2. Un arrêté du Ministère ayant le Travail et la Prévoyance Sociale dans ses attributions, pris après avis du Conseil National du Travail fixe les modalités d'octroi du logement, sa valeur maximum ; fixe également les régions et les catégories de travailleurs pour lesquelles la fourniture d'une ration journalière est obligatoire (art.139).

4.6. Paiement en cas de maladie ou d'accident

Lorsque le travailleur est dans l'incapacité de fournir ses services par suite de maladie ou d'accident, il conserve le droit, pendant toute la durée de la suspension du contrat, **aux deux tiers** de la rémunération en espèces et à la totalité des allocations familiales. Le droit aux avantages contractuels en nature subsiste pendant l'incapacité de travail, à moins que le travailleur n'en demande la contre-valeur en espèces. Le logement ne peut, toutefois, être remplacé par sa contre-valeur. Le calcul de la rémunération pendant ce temps est effectué dans les conditions fixées à l'article 66 (art.105).

Si la maladie ou l'accident sont réputés maladie professionnelle ou accident de travail aux termes de la réglementation de la sécurité sociale, le travailleur conserve le droit, pendant six premiers mois de la suspension du contrat, aux deux tiers de la rémunération en espèces et à la totalité des allocations familiales. L'employeur est autorisé à déduire mensuellement les sommes versées au travailleur par l'Institut National de Sécurité Sociale, en introduisant les pièces justificatives qui doivent être acceptées après vérification par cet Institut. Pendant la même période, le droit aux avantages en nature subsiste, à moins que le travailleur n'en demande la contre-valeur en espèces. Le logement ne peut, toutefois, être remplacé par sa contre-valeur (art.106).

Le travailleur perd tous ses avantages lorsque la maladie ou l'accident résulte d'un risque spécial (art.107). Il y a risque spécial lorsque la maladie ou l'accident résulte des dispositions prévues à l'article 108 du code de travail.

4. 7. Les retenues et les réductions sur le salaire

Le législateur congolais s'oppose à toutes retenues sur salaire des travailleurs. L'article 111 dit : « Est nulle toute stipulation attribuant à l'employeur le droit d'infliger des amendes ». Tandis que l'article 112 dispose ceci : « Est nulle de plein de droit toute stipulation attribuant à l'employeur le droit d'infliger des réductions de rémunération à titre de dommages-intérêts ». Le même article 112 autorise les retenues ci-après :

a) Retenue fiscale : taxe professionnelle ;
b) Cotisation due à l'INSS ;
c) Retenues à titre d'avances ;

d) Retenues à titre d'indemnités compensatoires en cas de violation par le travailleur de l'obligation qui lui est faite par l'article 52 ;
e) Retenues en vue de constituer un cautionnement pour garantir l'exécution par le travailleur de l'obligation prévue à l'article 52 ; les retenuesfaites en vertu de ce litera sont, avec mention de leur affectation, placées en dépôt au nom du travailleur et portent intérêt et son profit,...
f) Retenues à titre de prêt ;
g) Saisie-arrêt.

Enfin, l'article 113 indique que le montant du cautionnement ne peut être restitué au travailleur ou versé à l'employeur que de leur commun accord ou sur la production d'un extrait de la décision judiciaire coulée de chose jugée ou rendue exécutoire nonobstant opposition ou appel.

4.8. Calculs d'un salaire net

Avant de déterminer le salaire net d'un salarié, il est important de déterminer d'abord les éléments imposables; c'est-à-dire les éléments sur lesquels l'impôt et la cotisation de l'Institut National de Sécurité Sociale(INSS) doivent être prélevés. Après avoir déduit l'impôt et la cotisation INSS du revenu brut, il sera question d'ajouter tous les éléments non imposables pour trouver le salaire net.

1ère étape : La Détermination du revenu imposable

La détermination du revenu imposable s'opère en déduisant les charges de nature sociale ou professionnelle sur l'assiette de cotisation.

Exemple : L'agent MPUTU a :
Salaire de Base mensuel = 360 USD =>324.000 CDF
Heures Supplémentaires = 24,62 USD => 22.158 CDF
Indemnité de logement = 72 USD => 64.800 CDF
Indemnité de transport =92,44 USD => 83.200 CDF
Allocations familiales = 9,71 USD =>8.736 CDF

NB. : Le taux de change est de 900 CDF pour 1 USD en 2010

Résolution :

a. L'assiette de cotisation = 324.000(Salaire de base) + 22.158(Heures supplémentaires)
   L'assiette de cotisation, communément appelée « Plafond INSS », sera de **346.158 CDF.**

b. La Cotisation INSS (travailleur) = 3,5% du plafond INSS = **12.115,53 CDF.**
c. Revenu Imposable = Plafond INSS – Cotisation INSS = **334.042,47 CDF**

Le taux de l'impôt sera donc appliqué sur les 334.042,47 CDF.

2ème étape : La Détermination des retenues et des réductions sur Salaire

Selon l'article 112 du Code du Travail, il s'agit de :

- **Retenues fiscales : taxe professionnelle**

La taxe professionnelle est calculée selon que le volume du salaire du travailleur se retrouve dans l'une des tranches suivantes :

Tableau barémique des impôts (en Francs Congolais/mois)
Arrêté ministériel N° 087 / CAB / Min / ECO-FIN & BUDG / 2002 du 23 mars 2002

De	A	Taux
0,00	6.000,00	3%
6.001,00	10.500,00	5%
10.501,00	17.400,00	10%
17.401,00	27.500,00	15%
27.501,00	41.500,00	20%
41.501,00	65.700,00	25%
65.701,00	100.000,00	30%
100.001,00	140.500,00	35%
140.501,00	174.300,00	40%
174.301,00	194.300,00	45%
194.301,00	plus	50%

N.B. : Le taux d'impôt à appliquer ne peut excéder 30 %.

Ci-dessous, l'explication du tableau barémique :

De	A	Taux	Différences entre tranches	IMPOTS A PAYER
-	6,000.00	3%	6,000.00	180.00
6,001.00	10,500.00	5%	4,499.00	224.95

10,501.00	17,400.00	10%	6,899.00	689.90
17,401.00	27,500.00	15%	10,099.00	1,514.85
27,501.00	41,500.00	20%	13,999.00	2,799.80
41,501.00	65,700.00	25%	24,199.00	6,049.75
65,701.00	100,000.00	30%	34,299.00	10,289.70
100,001.00	140,500.00	35%	40,499.00	14,174.65
140,501.00	174,300.00	40%	33,799.00	13,519.60
174,301.00	194,300.00	45%	19,999.00	8,999.55
194,301.00	plus	50%		
SOMME			**194,291.00**	**58,342.75**

En divisant la somme d'impôts à payer par celle des différences entre tranches, nous trouvons 0,30, soit 30%. C'est-à-dire, le taux de 30% s'applique à partir d'un salaire supérieur ou égal à 194.291 CDF.

L'impôt(IPR) à payer par MPUTU sera de 334.042,47 CDF x 30% = **100.212,74 CDF.**

- **Cotisation due à l'Institut National de Sécurité Sociale** (INSS) qui est fixée à 3,5 % du plafond INSS pour les travailleurs et 5 % pour l'employeur; (cf. 1ère étape, point b) ;
- **Retenues à titre d'avance et à titre de prêt** ;
- **Indemnités compensatoires** en cas de destruction d'un bien de l'entreprise suite à une mauvaise manipulation ;
- Retenues en vue de constituer un cautionnement pour garantir l'exécution par le travailleur de l'obligation de restituer en bon état le bien de l'entreprise ;
- Saisie-arrêt.

3ème étape : La détermination du revenu brut

Le revenu brut représente le revenu avant déduction des impôts.

Le revenu brut = Salaire de Base mensuel(324.000) + Heures Supplémentaires(22.158) + Indemnité de logement(64.800) + Indemnité de transport(83.200) + Allocations familiales(8.736) = 502.894 CDF.

4ème étape : La détermination du salaire net de l'agent MPUTU

Le salaire net sera égal au revenu brut diminué des retenues. C'est-à-dire :
Salaire net = 502.894 - 100.213(Impôt) - 12.116(cotisation INSS) = 390.565 CDF, soit 434 USD.

4.9. REMUNERATION DES HEURES SUPPLEMENTAIRES

Il ya heure supplémentaire dès que la durée du travail dépasse 8 heures par jour ou 48 heures par semaines. Cependant, en ce qui concerne les dérogations, il n'y a travail supplémentaire qu'à partir du moment où le personnel est occupé en dehors des conditions et au-delà des limites quotidiennes ou autres fixées pour chaque cas.

Tout travail supplémentaire est rémunéré à un montant qui dépasse de 25% au moins celui de la rémunération ordinaire. Pour les heures supplémentaires dépassant plus de deux heures la limite journalière ou hebdomadaire, la majoration est de 50% au moins. Cette majoration est de 100% au moins lorsque le travail supplémentaire est effectué un dimanche ou un jour férié.

Le calcul du supplément de salaire (25% ou 50%) est déterminé par addition des dépassements journaliers, sur la durée d'une semaine. On ne peut cumuler deux majorations pour un même travail.

Exemple n°1 : un travailleur est occupé pendant quatre jours de la semaine, durant dix heures (semaine de cinq jours). Il aura droit à quatre majorations de 25% (dépassement journalier d'une heure) et à deux majorations supplémentaires de 25% (dépassement hebdomadaire de quatre heures dont deux ont déjà bénéficié de 25%).

Exemple n°2 : Un travailleur occupé dix heures pendant quatre jours et huit heures le cinquième jour.

Heures supplémentaires : 4 majorations de 25% (dépassement de la limite journalière) ; 1 majoration supplémentaire de 25%

(dépassement hebdomadaire de trois heures dont deux bénéficient déjà de 25%).

Ce chapitre sur le salaire ou la rémunération nous a permis de comprendre les mécanismes de rémunérations en RDC. Il yalieu de retenirque, malgré les dispositions prévues par la loi, beaucoup reste encore à faire pour le bien-être du travailleur congolais. En effet, nous déplorons le manque d'une politique salariale réelle. Les efforts peuvent être fournis, mais l'absence d'une politique salariale favorise l'institution de plusieurs zones salariales en RDC suivant les milieux géographiques (Ville et campagne, province riche et province pauvre). La mise sur pied d'une politique salariale et l'installation d'une commission permanente de l'indice des prix apportera une avancée significative dans la gestion des ressources humaines en RDC. La bonne gestion des ressources est aussi liée aux bonnes conditions du travail, à savoir : la durée du travail, le repos, les congés, le travail de la femme, le travail des enfants…

Le travail est un droit et un devoir sacrés pour chacun.

CHAPITRE 5

LES CONDITIONS GENERALES DU TRAVAIL

Dans ce chapitre, il est question de définir et d'indiquer lescomposantes des conditions générales du travail pour dégager leur implication dans la productivité et la rentabilité de l'entreprise, de l'établissement, du service…

5.1. Définition

On appelle *conditions générales du travailou réglementation légale du travail*, l'ensemble des conditions prévues par le législateur en matière de durée du travail, de repos, de congé, de travail de nuit, du travail des femmes, des enfants et des personnes avec handicap, du logement et de la ration alimentaire, des voyages et des transports.

5.2. La durée du travail

A côté du salaire, la durée du travail constitue un des éléments importants pour la politique sociale d'un pays. Elle conditionne les durées respectives du labeur et du temps libre et détermine le temps des loisirs et du style de vie du travailleur. Le législateur, en fixant la durée du travail, lutte notamment contre la fatigue au travail. Cette fatigue peut être musculaire, nerveuse ou intellectuelle. Ses manifestations sont multiples : baisse du rendement en quantité ou en qualité, augmentation du nombre des accidents de travail et des cas de maladies professionnelles.

Selon le législateur, la durée du travail pour les deux sexes, quelle que soit la forme dans laquelle est exécuté le travail, ne peut excéder 9 heures par jour et 45 heures par semaine (art. 119). Ces heures ne tiennent pas compte du temps d'aller au travail et du retour à la maison, sauf si celui-ci est inhérent au travail. Les heures effectuées au-delà de la durée légale sont considérées comme heures supplémentaires et donnent droit à une majoration de salaire (art. 119).

Le Ministre du travail et de la prévoyance sociale, après avis du conseil du travail, détermine par branche d'activités économiques et par catégorie professionnelle, s'il y a lieu :

- les modalités d'application de la durée du travail ;
- le nombre d'heures supplémentaires qui peuvent être autorisées au-delà de la durée légale du travail ;

- les dérogations temporaires ou permanentes qui peuvent être admises pour certaines catégories de travaux et les conditions d'utilisation de ces dérogations (cas de sentinelle, de chauffeur, ...).
- les réductions des limites maxima fixées à l'article 119 ci-dessus ;
- les modalités de rémunération des heures supplémentaires.

5.3. Le repos hebdomadaire et les jours fériés légaux

Pour compenser l'effort né de la charge de travail, on inclut dans le temps du travail, un temps de repos pendant lequel l'exécutant ne déploie aucune activité se rapportant à la tâche, et qui est néanmoins rémunérée.

Le repos hebdomadaire est fixé selon les branches d'activités ; pour les uns, c'est à partir de vendredi (semaine anglaise) ; pour les autres, c'est le samedi. L'article 121 dit que le repos doit être accordé autant que possible, en même temps à tout le personnel. Il a lieu,, en principe, le samedi, le dimanche et les jours fériés.

Les jours fériés légaux sont fixés par décret du Président de la République sur proposition du Ministre ayant le Travail et la Prévoyance Sociale dans ses attributions, après avis du Conseil National du Travail (art. 123). Voici les jours fériés légaux reconnus en RDC. L'ordonnance n°14/040 du 14 mai 2014 fixe la liste des jours fériés légaux en RDC comme suit :

- le 1er janvier : Nouvel An ;
- le 4 janvier : Martyrs de l'Indépendance ;
- le 16 janvier : Journée du Héros National LD.Kabila
- le 17 janvier :Journée du Héros National P.E.Lumumba
- le 1er mai : Fête du travail ;
- le 17 mai : Journée de la Forces Armées ;
- le 30 juin : Anniversaire de l'Indépendance ;
- 1er août : Fête des parents ;
- 25 décembre : Noël

Dans le cas où l'un des journées fériées légaux ainsi déterminés coïncide avec un dimanche, le congé relatif à ce jour est pris le jour précédent.

Lorsque le repos hebdomadaire est donné collectivement à l'ensemble du personnel, l'employeur doit afficher à l'avance, aux endroits réservés aux communications au personnel, les jours et les heures du repos collectif (art. 122).

Lorsque le repos n'est pas donné collectivement à l'ensemble du personnel, l'employeur doit afficher, à l'avance, aux endroits réservés à cet effet, les noms des travailleurs soumis au régime particulier et l'indication de ce régime (art. 122,al.2).

5.4. Le travail de nuit ainsi que le travail des femmes, des enfants et des personnes avec handicap

Le travail de nuit, pour les hommes, est celui exécuté entre 19 et 5 heures. Il doit être payé avec majoration sans préjudice des dispositions relatives des heures supplémentaires (art. 124). Les modalités d'application de cette disposition sont déterminées par arrêté du Ministre ayant le Travail et la Prévoyance Sociale dans ses attributions, pris après avis du Conseil National du Travail (art. 124).

Les enfants de moins de 18 ans (les mineurs), les personnes avec handicap, et les femmes ne peuvent pas travailler la nuit dans les établissements industriels, publics ou privés parce qu'ils n'ont pas la capacité civile (art. 125). Le terme *nuit* visé signifie la période allant de 19 heures à 7 heures. Le repos journalier des enfants et des personnes avec handicap entre deux périodes de travail doit avoir une durée de 12 heures consécutives au maximum (art. 126).

Les enfants ne peuvent pas être employés dans une entreprise, même comme apprentis, avant l'âge de 14 ans.

Le travail des femmes, des enfants et des personnes avec handicap

L'emploi abusif de la femme et de l'enfant pendant la nuit ou même pendant la journée est réglementé. Il est non seulement immoral mais aussi antisocial de faire travailler des femmes pendant 12 ou 13 heures, de leur refuser le droit à un congé de maternité, de leur payer une rémunération inférieure à celle des hommes pour un travail égal, de leur faire travailler dans des ateliers ou des usines dont l'atmosphère est viciée par une chaleur excessive, des bruits assourdissants, des odeurs nauséabondes, des substances toxiques, des machines dangereuses.

La place que les droits de la femme occupent dans le concert mondial est allée grandissante, à tel point que l'ONU a proclamé « 1975 » *annéeinternationale* de la femme. Et chaque « 8 mars » est décrété*Journée Internationale des Femmes*. De son côté, l'OIT a lancé un appel aux Etats qui en sont membres afin de prendre des mesures appropriées en faveur de la femme travailleuse.

En Afrique, l'Organisation de l'Unité Syndicale Africaine (OUSA) a adopté une charte sur les droits des femmes travailleuses africaines, à la Conférence Syndicale des Travailleurs d'Afrique tenue à Accra – GHANA,en 1976.

En RDC, l'UNTZA (Union Nationale des Travailleurs du Zaïre) ex-Syndicat unique pendant la 2ème République, à travers son Comité Exécutif, a créé, en mars 1979, un « Bureau des problèmes féminins » en abrégé « BUPROF ».

Le premier symposium du BUPROF tenu à la N'Sele, à Kinshasa, du 3 au 5 décembre 1980, a débattu plusieurs questions parmi lesquelles, il faut noter :

- La discrimination en matière d'engagement, de promotion, de salaire, d'indemnité de logement, d'allocation familiale, l'autorisation maritale en matière d'embauche pour la femme travailleuse;
- Le congé de maternité ;
- Le paiement de deux tiers des salaires,...

5.4.1. S'agissant de l'égalité de traitement entre l'homme et la femme

La législation sociale actuelle est claire en la matière. En effet, au terme des dispositions de l'article 86 du Code du travail[32], il est dit que « à travail égal et rendement égal, l'homme et la femme ont les mêmes droits et les mêmes obligations ». Le principe est qu'il n'y a pas de discrimination basée sur le sexe. Les dispositions du Code du travail s'appliquent à tous les travailleurs et employeurs sans distinction de sexe (art. 1er).

5.4.2. Cas de l'indemnité de logement pour la femme mariée

On peut se poser la question suivante : la femme qui travaille a-t-elle droit à l'indemnité de logement ? Certains disent qu'elle n'y a pas droit parce que la femme mariée est logée par son mari. D'autres, par contre, rétorquent qu'elle en a droit au même titre que tout autre travailleur de l'entreprise car, à travail égal, salaire égal. Nous nous penchons sur cette seconde interprétation.

5.4.3. Capacité de contracter de la femme mariée

Une femme mariée congolaise peut-elle conclure librement un contrat de travail sans l'accord préalable de son mari ? Cela se justifie-t-il et est-ce conforme au principe de la non-discrimination de sexe prévue à l'article 1er du Code du travail ?

La législation d'avant l'indépendance et le Code du travail de 1967 prévoyaient que la femme mariée ne pouvait conclure valablement un

---

32 Voir chapitre IV sur les salaires.

contrat de travail qu'avec l'accord préalable de son mari. Cette disposition a été abolie en 1962 par le décret-loi sur le contrat de louage de services. L'accession du pays à l'indépendance a entraîné, notamment, comme conséquence immédiate la libération de la femme, en général, et celle de la mariée, en particulier.

Une nouvelle disposition des articles 2 et 6 du Code du travail prévoit que « le travail est pour chacun un droit et un devoir ». Donc une femme, qu'elle soit mariée ou célibataire, peut valablement engager ses services. Cette disposition a été insérée dans le Code du travail probablement pour éviter la discrimination qui caractérisait les dispositions de son ancienne édition de travail de 1967 qui maintenait la femme dans une position inférieure vis-à-vis de l'homme en conditionnant son engagement par l'autorisation de son mari.

5.4.4. Aptitude physique : travaux interdits aux femmes et aux enfants

Il y a certains travaux qui sont interdits aux femmes et aux enfants par la législation du travail. L'article 38, alinéa 3 stipule que « une personne médicalement inapte au travail auquel elle est destinée ou affectée ne peut être engagée ou maintenue en service… ». Cette disposition qui reprend les articles 128 et 129 du Code du travail est liée à l'aptitude physique de cette catégorie. Ainsi par exemple, bien que l'homme et la femme soient jugés égaux en droits et en obligations en matière de travail, la femme est jugée physiquement inapte à certains travaux qu'il est interdit de les lui confier.

L'arrêté ministériel du 17 mai 1968 relatif aux conditions du travail des femmes et des enfants cite les travaux interdits aux femmes :

- travaux pouvant excéder leur force ;
- travaux dangereux et insalubres ;
- transport des charges par des femmes enceintes.

En ce qui concerne les travaux qui peuvent dépasser la force des femmes, il s'agit essentiellement du transport des charges :

- porter dans ses mains 20 kg ;
- pousser un wagonnet de 500 kg sur rail ;
- pousser un véhicule à 3 ou 4 roues de 50 kg ;
- pousser une brouette de 35 kg (brouette vide comprise).

Pour ce qui concerne des travaux dangereux ou insalubres, il y a notamment :

- les travaux en rapport avec des machines ou des mécanismes en marche : graissage, contrôle, entretien, réparation ;

- les travaux dans les locaux abritant des machines non recouvertes d'un dispositif protecteur ;
- les travaux souterrains des mines et des carrières ;
- les maniements des scies circulaires et du ruban ;
- la fabrication ou le transport des substances explosives et inflammables ;
- la fabrication des peintures avec des substances toxiques.

Quant aux femmes enceintes dont l'état a été constaté médicalement, il leur est interdit de porter, de pousser ou de traîner une charge quelconque (art. 128).

5.4.5. Durée du travail, des heures supplémentaires et du travail de nuit

L'arrêté ministériel n°68/13 du 17 mai 1968 (art. 3 à 5) n'autorise des dérogations permettant aux femmes de dépasser la durée légale de 8 heures par jour que dans 4 cas :

a) dépassement d'une heure par jour sans majoration de salaire au cas où la durée contractuelle, conventionnelle ou imposée par l'usage ou le règlement d'entreprise est inférieure à 8 heures par jour sans toutefois dépasser 48 heures par semaine ;
b) domestique : la durée de travail peut atteindre 54 heures par semaine et la femme ne sera payée que comme ayant travaillé pendant 8 heures seulement ; cela signifie qu'elle peut travailler 9 heures pendant 6 jours, sans un salaire supplémentaire ;
c) travaux préparatoires ou complémentaires qui doivent être nécessairement exécutés en dehors de la limite assignée au travail général de l'établissement : le dépassement autorisé est d'une heure par jour, heure supplémentaire qui donne lieu à une majoration ;
d) hôpitaux, cliniques, établissements de santé : le dépassement d'une heure pour le personnel paramédical chargé des soins de santé ; il y a une majoration de salaire, car c'est une heure supplémentaire.

5.4.6. Dispositions pour les travaux de nuit des femmes

Les dispositions ci-après sont prises par les législateurs pour les travaux de nuit des femmes :

1) Interdiction d'occuper les femmes pendant la nuit dans les sociétés ou les entreprises industrielles (cf. arrêté ministériel n°68/13 du 17 mai 1968 sur le travail des femmes et des enfants).

Les entreprises industrielles visées ci-dessus sont les suivantes : (art. 13 de l'A.M.) :

- les mines, les carrières et les industries extractives de toute nature ;
- les entreprises dans lesquelles des produits sont manufacturés, modifiés... ;
- les entreprises des bâtiments et du génie civil,...

2) Autorisation d'occuper les femmes pendant la nuit dans les entreprises non industrielles (art. 15 de l'A.M) ;
3) Autorisation d'occuper pendant la nuit les cadres féminins dans les entreprises industrielles et les femmes de toutes les catégories dans les services de santé :
    a) dans les établissements industriels (art. 17 de l'A.Min) les femmes occupant des postes de direction ou de caractère technique impliquant une responsabilité à condition d'en informer au préalable l'inspecteur du travail compétent ;
    b) dans les services d'hygiène, de bien-être (hôpitaux, dispensaires, Croix-Rouge, home de vieillards, etc.) en informant l'inspecteur ;
    c) femmes âgées de moins de 21 ans : les femmes de moins de 21 ans ne peuvent être occupées la nuit. Exemple : une infirmière de 20 ou 19 ans ne peut être employée la nuit.

5.4.7. Le cas d'une femme enceinte

Le Code du travail a prévu des dispositions particulières à ce sujet aux articles 129, 130 et 131. L'arrêté ministériel n° 68/13 du 17 mai 1968 déjà cité, fait aussi allusion à certains travaux interdits aux femmes enceintes. La femme enceinte ne peut pas porter, pousser ou entraîner une charge quelconque. Cette interdiction subsiste pendant les 4 semaines qui suivent la reprise du travail après les couches.

L'article 129 fait allusion à la rupture du contrat par la femme enceinte. En effet, « toute femme enceinte dont l'état a été constaté médicalement peut quitter le travail sans préavis et sans avoir, de ce fait, à payer une indemnité de rupture de contrat... ».

5.4.7.1. Suspension de contrat de 14 semaines consécutives : congé de maternité

La femme enceinte a droit, à l'occasion de son accouchement, à un congé de maternité de 14 semaines consécutives, dont 8 semaines maximum postérieures à la délivrance et 6 avant l'accouchement (art. 130).

5.4.7.2. Repos pour allaitement

Lorsque le congé de maternité prend fin, la femme regagne son poste d'attache au sein de l'entreprise. Dès lors, naît pour elle le droit à deux repos d'une demi-heure par jour pour lui permettre l'allaitement de son bébé (art. 132). Cela suppose que l'enfant est à sa portée, c'est-à-dire non loin de son lieu de travail. Dans le cas où l'enfant est situé à un endroit inaccessible immédiatement, le repos devient inutile.

En pratique, l'entreprise peut autoriser une femme qui allaite un enfant à quitter son travail une heure plutôt. Cette disposition permet d'affirmer que le législateur a tendance à protéger les droits de la femme travailleuse.

5.4.8. Le travail des enfants, des personnes avec handicap et des femmes

Les enfants ne peuvent pas être employés dans une entreprise, même comme apprentis, avant l'âge de 15 ans, sauf dérogation expresse de l'inspecteur du travail du ressort et l'autorité parentale ou tutélaire (art. 133). En aucun cas, l'autorisation expresse de l'inspecteur du travail du ressort et des parents ou tuteurs ne doit être accordée en-dessous de 15 ans.

La loi congolaise réglemente également le travail des personnes avec handicap. Est considéré comme *travailleur avec handicap* toute personne dont les perspectives de trouver et de conserver un emploi convenable ainsi que de progresser professionnellement sont sensiblement réduites à la suite d'un handicap physique ou mental dûment reconnu (art. 134).

Le handicap ne saurait constituer un empêchement pour l'accès d'une personne à l'exercice d'un métier, semi public ou privé, pour autant que son handicap ne soit pas de nature à causer un préjudice ou à gêner le fonctionnement de l'entreprise (art. 135). En effet, cette disposition est prise pour éviter la discrimination qui a toujours caractérisé certains employeurs vis-à-vis des personnes avec handicap. Ceci est conforme avec les dispositions et les recommandations de l'Organisation Internationale du Travail.

La conséquence de cette disposition est que les personnes avec handicap ont le droit de bénéficier, dans les mêmes conditions que les autres travailleurs, d'une formation professionnelle (art. 136).

Cependant, cette disposition précise que l'inspecteur du travail peut requérir l'examen des enfants, des femmes et des personnes avec handicap par un médecin en vue de vérifier si le travail dont ils sont chargés n'excède pas leurs forces. Cette réquisition est de droit à la demande des intéressés (art. 137 alinéa 1).

Enfin, l'enfant, la femme et la personne avec handicap, ne peuvent pas être maintenus dans un emploi reconnus au-dessus de leursforces et doivent être affectés à despostesconvenables. Si cela est impossible, le contrat doit être résilié à l'initiative de l'employeur avec paiement de l'indemnité de préavis (art. 137, alinéa 2).

5.5. Le logement et la ration alimentaire

L'article 138 stipule que « dans le cas où le travailleur permanent, engagé en dehors du lieu d'emploi, ne peut se procurer par ses propres moyens un logement décent pour lui et sa famille, l'employeur est tenu de le lui fournir ». En outre, le quatrième alinéa du même article signale que l'employeur a l'obligation de lui assurer ainsi qu'à sa famille un ravitaillement régulier en denrées alimentaires de première nécessité dans le cas où le travailleur n'est pas à mesure de les obtenir[33].

5.6. Les congés

L'employeur est tenu d'accorder un congé annuel au travailleur et celui-ci ne peut renoncer à ce congé. Car le droit au congé naît à l'expiration d'une année de services comptée de date en date et accomplie chez le même employeur ou chez un employeur substitué (art. 140).

La date du congé est fixée de commun accord. Le travailleur ne peut éventuellement cumuler que la moitié des congés pendant une période de deux ans. Le droit aux soins de santé est reconnu au travailleur pendant le congé (art. 140).

Pendant le congé, le travailleur a droit à une allocation égale à la rémunération dont il jouit au moment du départ en congé. Les allocations familiales sont également dues pendant le congé (art. 142).

Le travailleur doit s'abstenir d'exercer une profession lucrative pendant la durée du congé (art. 143).

Le législateur prévoit les congés de circonstances ci-après (art. 146) :

1. Mariage du travailleur	: 2 jours ouvrables
2. Accouchement de l'épouse	: 2 jours ouvrables
3. Décès du conjoint ou parent allié au 1er degré	: 4 jours ouvrables
4. Mariage d'un enfant	: 1 jour ouvrable
5. Décès d'un parent ou allié au 2ème degré	: 2 jours ouvrables

33 L'article 139 fixe les conditions d'application de cet article 138.

Ces jours peuvent être modifiés par les dispositions des Conventions collectives. Les modifications vont toujours vers la hausse.

Ces congés ne sont pas déductibles du congé minimum légal. Les congés de circonstance ne peuvent pas être fractionnés. Les soins de santé sont dûs pendant les congés de circonstance.

5.7. Les voyages et transports

L'employeur supporte les frais de voyage aller-retour du travailleur et de sa famille (art. 148 et 158). Les voyages et les transports sont effectués par les moyens normaux laissés au choix de l'employeur (art. 155).

L'article 156 fait mention aux charges et aux poids de bagages[34].

5.8. Le règlement d'entreprise

Le règlement d'entreprise est *l'ensemble des dispositions générales sur les conditions de travail diverses non prévues par les textes des lois légaux ou les conventions collectives*, notamment les dispositions d'ordre telles que celles concernant l'horaire du travail, les avantages légaux et extralégaux, la durée du travail, les congés, etc.

Au début, le règlement de l'entreprise était l'œuvre unilatérale de l'employeur. Depuis l'institution, d'une représentation des travailleurs au sein de l'entreprise, le règlement d'entreprise ou le règlement d'ordre intérieur tend de plus en plus à devenir le fruit d'une consultation ou d'accord entre l'employeur et son personnel.

Le Code du travail congolais dispose, dans son article 157, qu' « un règlement d'entreprise est établi par l'employeur dans tout établissement public ou privé, même d'enseignement ou de bienfaisance. Son contenu concerne essentiellement les règles relatives à l'organisation technique du travail, à la discipline, aux prescriptions concernant l'hygiène et la sécurité nécessaires à la bonne marche de l'entreprise, de l'établissement ou du service et aux modalités de paiement des rémunérations… ».

Avant de le mettre en vigueur, le chef d'entreprise ou d'établissement doit communiquer le règlement d'entreprise ou d'établissement pour avis aux représentants des travailleurs, tels que définis au titre du Code du travail, et à l'inspecteur du travail qui peut exiger le retrait ou la modification des dispositions contraires à la législation et à la réglementation en vigueur (art. 157).

Le contenu, les modalités de communication, de dépôt et d'affichage du règlement d'entreprise sont fixés par arrêté du Ministre ayant le Travail et

[34] Voir autres dispositions : articles 147 à 156

la Prévoyance Sociale dans ses attributions pris après avis du Conseil National du Travail (art. 158).

5.8. En résumé : réglementation du travail des femmes

1. Protection du travail

a) Certains travaux sont interdits aux femmes travailleuses : travaux souterrains dans les mines, et les carrières ;
b) L'exécution d'autres travaux dangereux ou insalubres dont la liste dépend de l'exécutif, peut être interdite ou peut être subordonnée à l'observation de certaines mesures de protection ;
c) Les travailleuses ne peuvent effectuer un travail de nuit si ce n'est :
   - Pour faire face à un accident survenu dans l'immédiat ;
   - Pour effectuer des travaux urgents aux machines ou au matériel, ou des travaux indispensables pour éviter une entrave sérieuse à la marche normale d'une entreprise ou d'un service.
d) Des dérogations peuvent être octroyées pour certaines branches d'activités, pour certaines entreprises, pour certains travaux et pour certainescatégories de travailleuses ;
e) L'intervalle entre la cessation et la reprise du travail doit être de onze heures consécutives au moins.

2. Protection de la maternité

a) L'employeur doit donner un congé à la travailleuse, à sa demande, durant la période de six semaines précédant la date de l'accouchement, période déterminée sur base d'un certificat médical ;
b) Un congé de huit semaines est automatiquement octroyé après l'accouchement ; ce congé peut être prolongé au-delà de la huitième semaine, d'une durée égale à la période pendant laquelle elle a continué à travailler à partir de la sixième semaine précédant la date exacte de l'accouchement ;
c) L'employeur ne peut pas faire un acte tendant à mettre fin unilatéralement au contrat ; par exemple,, par notification d'un préavis, entre le moment où il a été informé de la prochaine naissance et la fin du mois qui suit le congé post-natal ;sauf pour des motifs étrangers aux raisons économiques[35] ;

---

(35) En cas de rupture injustifiée, une indemnité forfaitaire correspondant à la rémunération de trois mois sera payée à la travailleuse sans préjudice de l'indemnité normale de congé (Cf.loi belge du 16/03/1971).

d) L'employeur ne peut imposer aucun travail dangereux pour la future mère et l'enfant (tutelle sanitaire des services médicaux, du travail compatible dans l'entreprise) ; en outre, tout travail supplémentaire est interdit.

3. Egalité des rémunérations entre l'homme et la femme (Traité de Rome)

Toute femme travailleuse peut intenter, auprès de la juridiction compétente, une action tendant à faire appliquer le principe de l'égalité des rémunérations entre travailleurs masculins et féminins.

Pour terminer ce chapitre, nous notons que les conditions générales du travail décrites ci-haut doivent être complétées par des dispositions relatives à la santé, à la sécurité et au service médical de l'entreprise pour la réussite du dialogue social entre partenaires sociaux (Etat, employeurs et Travailleurs).

En outre, les mesures d'applications qui doivent être sanctionnées par les arrêtés ministériels après avis du Conseil National du Travail doivent être prises pour consolider la loi n°15/2002 du 16 octobre 2002 portant Code du travail. Sinon, ce sont les mesures d'application de la loi n°67/310 du 9 Août 1967 qui continueraient à produire des effets. Ce qui est une entorse en matière de la législation du travail congolaise.

CHAPITRE 6

LA SANTE, LA SECURITE ET LE SERVICE MEDICAL DE L'ENTREPRISE

Dans ce chapitre, il faudra examiner la santé, la sécurité au travail et le service médical de l'entreprise.Les conditions de santé et de sécurité au travail sont assurées en vue des objectifs ci-après :

1. Prévenir les accidents de travail ;
2. Lutter contre les maladies professionnelles ;
3. Créer les conditions de travail salubres ;
4. Remédier à la fatigue professionnelle excessive ;
5. Adapter le travail à l'homme ;
6. Gérer et lutter contre les grandes endémies de santé communautaire en milieu de travail (art. 159).

6.1. La santé au travail

Les entreprises ou les établissements de toute nature ont l'obligation de s'assurer le concours des services de santé au travail (art. 160).Les services de santé au travail sont assurés par un médecin du travail. Les services de santé ont un rôle essentiellement préventif et ont pour mission d'assurer :

- la surveillance médicale des travailleurs et la surveillance sanitaire des lieux du travail ;
- les secours immédiats et les soins d'urgence aux victimes d'accident ou d'indisposition (art. 161).

6.2. La sécurité au travail

Toute entreprise ou établissement a l'obligation d'organiser un service spécial de sécurité, d'hygiène et d'embellissement des lieux du travail (art. 163).

Le service spécial de sécurité, d'hygiène et d'embellissement des lieux de travail a pour mission d'assurer :

- la surveillance technique des travailleurs et la surveillance sanitaire des lieux du travail ;
- l'animation et la formation générale des travailleurs (art. 164).

Le service spécial de sécurité, d'hygiène et d'embellissement des lieux de travail est assuré par un cadre dénommé *Chef de service de sécurité, d'hygiène et d'embellissement des lieux du travail* (art. 167). Celui-ci est entouré par un comité de sécurité, d'hygiène et d'embellissement des lieux de travail.

Ce comité a pour mission :

- de concevoir, de corriger et d'exécuter la politique de prévention des accidents du travail et des maladies professionnelles ;
- de stimuler et de contrôler le bon fonctionnement des services de sécurité et de santé au travail (art. 168).

6.3. La lutte contre les nuisances

Toute entreprise ou tout établissement doit être tenu dans un constant état de propreté et présenter les conditions d'hygiène et de sécurité nécessaires à la santé du personnel (art. 170). Les conditions d'hygiène et de sécurité sur les lieux du travail sont réglées par arrêté du Ministre ayant le Travail et la Prévoyance Sociale dans ses attributions (art. 171). Ces arrêtés précisent dans quels cas et dans quelles conditions l'inspecteur du travail du ressort devra recourir à la procédure de mise en demeure et aux modalités de recours (art. 171).

La mise en demeure doit être faite par l'Inspecteur du travail du ressort, soit par un écrit rédigé sur place et remis à l'employeur, soit par une lettre recommandée avec avis de réception (art. 172).

Il est interdit de procéder à la vente, à la location, à l'exposition ou à la cession, à tout autre titre, des machines dont les éléments dangereux sont dépourvus de dispositifs de protection appropriés (art. 173).

D'autres dispositions en la matière sont prévues aux articles 174, 175, 176 ***du Code du travail.***

Après avoir analysé le chapitre sur la santé, l'hygiène et la sécurité au travail, il va sans dire que le lieu de travail doit être en état constant de propreté, c'est-à-dire, les conditions ci-après doivent être respectées scrupuleusement par les employeurs et les travailleurs :

- locaux propres, aérés, nettoyés et embellis ;
- installations sanitaires propres avec WC et urinoirs ;
- eau de bonne qualité ;
- éclairage suffisant ;
- installation d'appareils anti-incendie ;
- présence de vestiaires (armoires) et de lavabos à eau courante ;
- présence de masques pour protection et de salopettes pour les travaux insalubres ou salissants ;
- pas de boissons alcoolisées pendant les heures de service.

Le lieu de travail doit être aménagé de manière à garantir la bonne exécution du travail et la sécurité des travailleurs.

6.4. Le Service médical de l'entreprise

Le service médical de l'entreprise, c'est sans aucun doute l'un des services les plus importants pour tout employeur qui désire obtenir de ses travailleurs un meilleur rendement. De ce fait, l'employeur doit supporter, dans les limites de la législation du travail, les soins de santé dispensés au travailleur ainsi qu'aux membres de sa famille habitant effectivement avec lui et n'exerçant pas de profession lucrative. Toute entreprise ou établissement doit assurer un service médical ou sanitaire à ses travailleurs (art. 177).

Les soins de santé sont divers et comprennent, au terme de l'article 178 du Code du travail :

- soins médicaux, dentaires, chirurgicaux, les frais pharmaceutiques et d'hospitalisation ;
- frais de déplacement nécessaires pour se faire soigner ailleurs ;
- les lunettes, les appareils d'orthopédie et de prothèse (excepté la prothèse dentaire) suivant prescription médicale et tarifs établis par le Ministre ayant la Santé Publique dans ses attributions.

Au terme de l'article 177, les arrêtés du Ministre ayant le Travail et la Prévoyance Sociale dans ses attributions, après avis du Conseil National du Travail, déterminent les modalités d'application de cette obligation. Ces arrêtés fixent notamment :

- l'effet, la qualification et les fonctions du personnel médical à employer, compte tenu des conditions locales et du nombre des travailleurs dans l'entreprise ou l'établissement ;
- les conditions dans lesquelles les employeurs peuvent faire assurer le service médical, soit dans une formation médicale étrangère à l'entreprise ou l'établissement, soit par un service commun à plusieurs entreprises, soit par une formation propre à l'entreprise ou l'établissement ;
- les conditions dans lesquelles les employeurs sont tenus d'installer et d'approvisionner des locaux à usage d'infirmerie ou d'hôpital ou des boîtes de secours.

L'article 179 dispose que « si la maladie ou l'accident sont réputés maladie professionnelle ou accident de travail aux termes de la réglementation de la sécurité sociale, les obligations de l'employeur prévues à l'article 178 sont limitées à la période non couverte par les prestations de l'INSS ».

De son côté, l'article 180 limite les pouvoirs de l'employeur pour la prise encharge des soins médicaux :

1. Si la maladie ou l'accident ou l'aggravation d'une maladie ou d'un accident antérieur résulte d'un risque spécial déterminé par l'article 107 du code de travail ;
2. Si le bénéficiaire se soustrait à un traitement médical ou aux règles d'hygiène préventives ou à un contrôle médical ;
3. En cas de déclaration fausse ou de dissimulation de la part des intéressés.

L'article 184 fait mention des membres de la famille du travailleur à charge des soins médicaux.

Le respect des conditions générales du travail constitue un gage de la réussite dans l'exécution d'une activité professionnelle et régulière telle que prévue dans les recommandations de l'OIT.

La formation de la jeunesse féminine est un gage de développement d'une nation africaine (Ph. Dr. tiers)

CHAPITRE 7

L'ADMINISTRATION DU TRAVAIL

Ce chapitre constitue le nœud en matière de la politique sociale dans un pays. Nous verrons que le Ministère du Travail et de la Prévoyance Sociale est un méga Ministère dans la promotion des emplois, de la sécurité sociale et des relationssociales.

7.1. Définitions

L'administration du travail est chargée, sous l'autorité du Ministre ayant le Travail et la Prévoyance Sociale dans ses attributions, d'assurer dans le domaine du travail, de l'emploi, de la formation et de la prévoyance sociale, un rôle de conception et de conseil, de coordination et de contrôle (art. 185).

Elle a, notamment, pour mission :

1) d'élaborer tous les projets des textes législatifs ou réglementaires intéressant les conditions des travailleurs, les rapports professionnels, l'emploi et le placement des travailleurs, la formation et le perfectionnement professionnel et la prévoyance sociale ;
2) de conseiller, de coordonner et de contrôler les services ou les organismes concourant à l'application de la législation et de la réglementation du travail et de la prévoyance sociale ;
3) de réunir et de tenir à jour, les données statistiques relatives aux conditions d'emploi et de travail et aux opérations de prévoyance sociale ;
4) de suivre les relations avec les autres Etats et les organisations internationales en ce qui concerne les questions du travail, de l'emploi, de la promotion et de la prévoyance sociale ;
5) de veiller à l'application de la législation et de la réglementation concernant les matières énoncées à l'alinéa 1 du présent article ;
6) d'éclairer, de ses conseils et de ses recommandations, les employeurs et les travailleurs ;
7) de réaliser, en collaboration avec les autorités et les organismes intéressés, la meilleure organisation possible du marché de l'emploi comme partie intégrante du programme national tendant à assurer et à maintenir le plein emploi ainsi qu'à développer et à utiliser pleinement les ressources productives ;
8) de faire respecter, par tout employeur, personne physique ou morale de droit public ou privé, de nationalité congolaise ou étrangère, l'interdiction formelle d'avoir, dans les effectifs de son personnel, plus de 15% des personnes de nationalité étrangère.

Toute organisation de la société repose sur une administration structurale, compétente et disponible. Les maux qui rongent l'administration publique congolaise n'épargnent pas celle du Ministère de l'Emploi, du Travail et de la Prévoyance Sociale, alors que ce Ministre doit être à la base de l'impulsion du progrès social.

Il y a lieu de relever, notamment, le manque d'équipement de travail, la lenteur dans l'exécution des tâches, le non rajeunissement du personnel et le manque de mise à niveau régulier.

Une définition claire et nette des attributions des services devrait être faite pour mettre les employeurs à l'abri des conflits de compétences. C'est le cas, par exemple, de l'Inspection Générale du Travail dont les attributions sont régulièrement confondues avec celles de l'Inspection Urbaine et des Inspecteurs de ressort.

Les visites d'inspection devraient également obéir à certaines règles administratives en vue de leur enlever le caractère tracassier dont il est qualifié actuellement. En effet, les employeurs sont parfois victimes des contrôles de plusieurs services en matière de l'application de la législation du travail. Il s'agit des services de l'Inspection Judiciaire des Parquets, de l'Agence Nationale des Renseignements, de la Police, de l'Armée, etc.

Tous ces contrôles intempestifs ne favorisent pas la création d'un bon climat des affaires susceptibles d'attirer davantage beaucoup d'investisseurs pour créer des richesses et des emplois en RDC.

7.2. L'Inspection du Travail

Le monde du travail a sa police. L'inspection du travail est chargée du contrôle de l'application du droit du travail ; elle est juge naturel des conflits du travail. Elle collabore avec les représentants élus des travailleurs, les délégués du personnel et les syndicats. Malheureusement, le rôle de ce corps dans le progrès social du pays est négligé. L'inspecteur du travail ne joue pas son rôle moteur en RDC.

Au terme de l'article 187 du Code du Travail, l'Inspecteur du Travail a pour mission de :

1. Assurer l'application des dispositions légales relatives aux conditions du travail et à la protection des travailleurs dans l'exercice de leur profession, telles que les dispositions relatives à la durée du travail, aux salaires, à la sécurité, à l'hygiène et au bien-être, à l'emploi des femmes, des enfants et des personnes avec handicap, aux conflits collectifs, aux litiges individuels du travail, à

l'application des conventions Collectives, à la représentation du personnel et d'autres matières connexes ;

2. Fournir des informations et des conseils techniques aux employeurs et aux travailleurs sur les moyens les plus efficaces d'observer les dispositions légales ;
3. Donner des avis sur les questions relatives à l'établissement ou à la modification des installations d'entreprises et d'organismes soumis à une autorisation administrative ;
4. Prêter, à l'attention de l'autorité compétente, les déficiences ou les abus que révélerait l'application des dispositions légales et qui ne sont pas couverts par celles-ci.

L'exercice des missions de l'Inspecteur du Travail est de la compétence exclusive de l'Inspection Générale du Travail sur toute l'étendue du territoire national.

L'Inspection Générale du Travail comporte :

a) la Direction de l'Inspection Générale du Travail ou service central ;
b) des Inspections provinciales et locales (art. 188).

La Direction de l'Inspection Générale du Travail dirige, coordonne et contrôle l'ensemble des activités qui impliquent l'exercice des missions de l'Inspection du Travail (art. 189).

Elle soumet au Ministre toutes propositions relatives au personnel de l'Inspection Générale du Travail (art. 189). Les tâches dévolues à l'Inspection Générale du Travail sont assurées par des Inspecteurs assistés des contrôleurs du Travail et du personnel nécessaire au bon fonctionnement des services. Le Président de la République fixe, en application du statut du personnel de carrière des services publics de l'Etat, les dispositions spéciales régissant les agents et les cadres de l'Inspection Générale du Travail (art. 190).

Le ressort de l'Inspecteur du Travail attaché à l'Inspecteur Général du travail s'étend sur toute l'étendue du territoire national. Le ressort de l'Inspecteur du Travail attaché en province ou dans la ville de Kinshasa se limite à la juridiction administrative d'attache (art. 191).

L'Inspecteur du Travail attaché à l'Inspection Générale du Travail est compétent pour :

a) Connaître tout litige du travail se rapportant à l'exercice de sa mission telle que définie à l'article 187, notamment :

- les conflits individuels du travail pour lesquels l'une des parties aura été mise dans l'impossibilité matérielle d'initier ou de poursuivre jusqu'à terme la procédure de conciliation devant l'Inspecteur du Travail du ressort ;
- les conflits collectifs du travail affectant plusieurs établissements d'une même entreprise ou affectant plusieurs entreprises d'un ou de plusieurs secteurs d'activités relevant de plus d'un ressort de l'Inspection du Travail ;

b) Effectuer les visites spéciales d'inspection en matière de sécurité technique, de santé au travail, de main-d'œuvre, d'institution de prévoyance sociale, c'est-à-dire les mutuelles et les assistances, les négociationsdes conventions collectives à caractère national et contre-enquêtes.

Cette disposition s'applique, mutatis mutandis, aux inspecteurs attachés aux Inspections du Travail des provinces, des districts ou des territoires dans les limites de leurs juridictions respectives (art. 192).

Avant leur entrée en fonction, les Inspecteurs et les Contrôleurs du Travail prêtent le serment suivant :

« Je jure, devant Dieu et la Nation, fidélité et obéissance à la constitution et aux lois de la République Démocratique du Congo, de remplir fidèlement ma charge et de ne pas révéler, même après avoir quitté, le secret de fabrication ou de commerce, les procédés d'exploitation dont j'aurai pu prendre connaissance dans l'exercice de mes fonctions ».

Ce serment est prêté par écrit devant la Cour d'appel, et copie en est réservée au dossier administratif de l'agent (art. 194).

Pour assurer l'exercice des missions d'Inspection nécessitant des compétences techniques spécifiques, l'Inspecteur du Travail peut faire appel à la collaboration des experts et des techniciens ou des organismes publics ou privés, préalablement agréés par le Ministre ayant le Travail et la Prévoyance Sociale dans ses attributions (art. 195).

Ce concours technique s'exerce sous le contrôle de l'Inspection du Travail qui doit en avoir les compétences techniques éprouvées.Les frais devant financer ce concours sont à charge du Ministère du Travail et de la Prévoyance Sociale (art. 195).

7.3. Autorisation et compétence des Inspecteurs et des Contrôleurs du Travail

7.3.1. Autorisation

Les Inspecteurs et Contrôleurs du Travail, munis de pièces justificatives de leurs fonctions, sont autorisés de :

a) Pénétrer librement, sans avertissement préalable, à toute heure du jour et de la nuit, dans tout établissement assujetti au contrôle de l'Inspection (art. 196) ;
b) Pénétrer le jour dans tous les locaux qu'ils supposent être assujettis au contrôle de l'inspection (art. 196) ;
c) Procéder à tous les examens, les contrôles ou les enquêtes qu'ils jugent nécessaires pour s'assurer que les dispositions légales sont effectivement observées et, notamment (art. 196) :
    1. Interroger, soit seul, soit en présence de témoins, l'employeur ou le personnel de l'entreprise ou de l'établissement sur toutes les matières relatives à l'application des dispositions légales ;
    2. Demander que leur soient communiqués, soit sur les lieux de travail, soit en leur bureau, tous les livres, les registres et les documents dont la tenue est prescrite par la législation en vue d'en vérifier la conformité avec les dispositions légales et d'en prendre copie ou d'en établir les extraits ;
    3. Exiger l'affichage des avis dont l'opposition est prévue par les dispositions légales ;
    4. Prélever et emporter, aux fins d'analyse des échantillons des matières premières et des substances utilisées ou manipulées, pourvu que l'employeur ou son représentant soit averti que des matières ou des substances ont été prélevées et emportées à cette fin (art. 196).

L'article 196 précise qu' « à l'occasion d'une visite d'inspection, l'Inspecteur ou le Contrôleur du Travail devra informer de sa présence l'employeur ou son représentant, à moins qu'il n'estime qu'un tel avis risque de porter préjudice à l'efficacité du contrôle.

7.3.2. *Compétence*

Dans l'accomplissement de leurs fonctions, les Inspecteurs et les Contrôleurs du Travail ont le pouvoir ci-après en vertu de l'article 197 du code de travail :

a) faire appel, en cas de besoin, à la coopération et à l'assistance de toute autorité publique en vue de l'accomplissement de leur mission ;

b) demander à l'employeur de leur fournir les renseignements et les statistiques au sujet des travailleurs ou de leurs conditions de travail ;
c) Constater la violation des dispositions légales par des procès-verbaux, faisant foi jusqu'à preuve du contraire, qu'ils transmettent à l'autorité hiérarchique compétente ;
d) Formuler des observations et prodiguer des conseils tant à l'employeur ou à son représentant qu'aux travailleurs ;
e) Mettre l'employeur ou son représentant en demeure de veiller à l'observance des dispositions légales ;
f) Ordonner ou faire ordonner que des mesures immédiatement exécutoires soient prises lorsqu'ils ont un motif raisonnable de considérer qu'il y a danger imminent et grave pour la santé ou la sécurité des travailleurs.

Dans l'application des dispositions du litera f, l'ampliation du procès-verbal est adressée à l'employeur ou à son représentant et à l'autorité hiérarchique compétente dans le délai maximum de 8 jours à partir de la constatation de l'infraction (art. 197).

L'employeur ou son représentant peut faire appel de cette décision en adressant, dans les 15 jours ouvrables à compter de la réception, par lettre recommandée ou par porteur avec accusé de réception, un recours auprès du Ministre ayant le Travail et la Prévoyance Sociale dans ses attributions contre les mesures exécutoires prises en vertu du litera de l'article 197.

Les Inspecteurs du Travail doivent traiter comme absolument confidentielle la source de toute plainte leur signalant un défaut dans l'installation ou une infraction aux dispositions légales et doivent s'abstenir de révéler à une visite d'inspection comme suite à une plainte (art. 198).

Les moyens sont mis à leur disposition par le Ministre ayant le Travail et la Prévoyance Sociale dans ses attributions (art. 198).

L'Inspection du Travail dispose, en permanence, des moyens en personnel, en matériel, en transport, en bureaux et locaux aménagés de façon appropriée aux besoins du service et accessibles à tous les intéressés (art. 200).

7.4. L'emploi

L'emploi est *toute activité non illicite pouvant procurer à un individu les revenus nécessaires pour satisfaire à ses besoins essentiels* (art. 201).

Le Ministre ayant le Travail et la Prévoyance Sociale dans ses attributions applique la politique nationale de l'emploi au travers de la

Direction de l'emploi et de l'Office National de l'Emploi (ONEM) (art. 202).

4.4.1. La Direction de l'emploi

La Direction de l'emploi a pour mission essentielle de contribuer à la conception, à la définition et à la mise en œuvre de la politique de l'emploi. Elle est chargée,, notamment, de :

- faire la synthèse périodique sur la situation de l'emploi et sur son évolution ;
- préparer des textes réglementant l'emploi, le placement et l'orientation professionnelle ;
- préparer des accords techniques avec des pays étrangers ;
- connaître et réglementer l'emploi du secteur non structuré urbain et rural (art. 203).

Mais cette direction ne joue qu'un rôle de figurant actuellement.

4.4.2. Office National de l'Emploi (ONEM)

Les dispositions des articles 204, 205, 206, 207 du code du travail congolais instituent cet Office, donne la mission et fixe les statuts, l'organisation, le fonctionnement et les modalités d'ouverture de l'Office National de l'Emploi.Le décret n° 081/2002 du 3 juillet 2002 porte création, organisation et fonctionnement de l'Office. L'article 3 du décret donne la mission de l'ONEM ci-après :

- accueillir et informer les travailleurs en quête d'emploi ;
- prospecter les emplois disponibles et réaliser le placement des travailleurs ;
- organiser et faciliter la mobilité professionnelle et géographique de la main-d'œuvre sur le plan tant national qu'international ;
- administrer et gérer le fonds national de l'emploi ;
- rechercher et analyser toutes les informations sur la situation du marché de l'emploi et son évolution probable à la fois dans l'ensemble du pays et dans les différentes branches d'activités économiques professionnelles ou régionales et les mettre à jour et à la disposition des utilisateurs, notamment, le Gouvernement, les planificateurs, les organismes publics, les entreprises, les syndicats ;
- mener les opérations préalables aux formations professionnelles vers lesquelles sont orientés les demandeurs d'emploi et collaborer avec l'Institut National de Préparation Professionnelle (INPP) et d'autres institutions publiques ou privées de formation en vue d'assurer le perfectionnement et la reconversion professionnelle des travailleurs ;

- établir des statistiques relatives au marché de l'emploi ;
- mener des activités de conseil, d'analyse, de description des postes de travail, d'évaluation, de classification et de monographie d'emploi ;
- conseiller le Gouvernement en matière de promotion et de protection de l'emploi.

Tout employeur œuvrant en RDC est tenu d'informer, sans délai, l'Office de toute vacance ou de toute création de poste de travail. Cette déclaration constitue une offre d'emploi (art. 7 dudit décret).

Tout employeur qui se propose d'engager un travailleur expatrié doit, au préalable, déposer l'offre d'emploi à l'Office. Dans le cas où cette offre demeurait insatisfaite dans un délai de 30 jours, l'employeur est autorisé à recourir à une compétence étrangère en soumettant le dossier à la Commission Nationale de l'Emploi des étrangers pour examen (art. 9 dudit décret).

Les structures de l'Office sont :
- Le Conseil d'Administration ;
- Le Comité de Direction ;
- Le Collège des Commissaires aux Comptes (art. 10 dudit décret).

Cet office jeune et dynamique fonctionne à la satisfaction de tous. Il ya lieu de déplorer sa visibilité à travers un organe interne de publication (journal de l'ONEM).

4.4.3. La Commission Nationale de l'Emploi des Etrangers[36]

Il est institué auprès du Ministère du Travail et de la Prévoyance Sociale une « Commission nationale de l'emploi des étrangers ». Elle a comme mission générale de statuer sur la délivrance des cartes de travail pour étrangers. A cet effet, elle statue sur la demande d'engagement et sur le renouvellement des cartes de travail pour étrangers et conseille le Ministre ayant le Travail et la Prévoyance Sociale dans ses attributions sur les mesures susceptibles d'améliorer la législation protégeant la main-d'œuvre nationale contre la concurrence étrangère.

Le Ministre ayant le Travail et la Prévoyance Sociale dans ses attributions fixe par arrêté pris après avis du Conseil National du Travail, les modalités de fonctionnement de la Commission Nationale de l'Emploi des Etrangers.

Il est perçu une taxe sur les opérations relatives à l'octroi de la carte de travail pour étranger. Le taux ainsi que les modalités de perception de

[36] Articles 208, 209, 210, 211 du code du travail congolais.

cette taxe sont fixés par un arrêté signé conjointement par les Ministres ayant respectivement dans leurs attributions le Travail et la Prévoyance Sociale ainsi que les Finances Publiques et le Budget.

4.4.4. Les moyens du contrôle de l'emploi

4.4.4.1. Les documents à fournir pour le contrôle de l'emploi

L'article 212 dispose que le contrat de travail constaté par écrit doit comporter, au minimum, les énonciations ci-après :

« 1. Le nom de l'employeur ou la raison sociale de l'entreprise ;
2. Le n° d'immatriculation de l'employeur à l'INSS ;
3. Le nom, les prénoms et le ou les post noms et le sexe du travailleur ;
4. Le numéro d'affiliation du travailleur à l'INSS et, éventuellement, le n° d'ordre qui lui est attribué par l'employeur ;
5. La date de naissance du travailleur ou, à défaut, le millésime de l'année présumée de celle-ci ;
6. Le lieu de naissance du travailleur et sa nationalité ;
7. La situation familiale du travailleur ;
8. La nature et les modalités du travail à fournir ;
9. Le montant de la rémunération et des autres avantages reconnus ;
10. Le ou les lieux d'exécution du contrat ;
11. La durée de l'engagement ;
12. La durée du préavis de licenciement ;
13. La date d'entrée en vigueur du contrat ;
14. Le lieu et la date de la conclusion du contrat ;
15. L'aptitude au travail dûment constatée par un médecin ».

Tout employeur, autre que celui qui s'occupe exclusivement du personnel domestique, doit tenir un livre de paie dans chacun des sièges d'exploitation de l'entreprise, pour les travailleurs, quelle que soit la nature ou la durée de leur engagement (art. 213).

A l'occasion de son engagement, tout travailleur doit faire l'objet, dans 48 heures, d'une déclaration faite par l'employeur et adressée par ce dernier à l'Inspecteur du Travail et à l'Office National de l'Emploi. Tout travailleur quittant l'employeur, pour quelque cause que ce soit, doit faire l'objet d'une déclaration, établie dans les mêmes conditions, et mentionnant, notamment, la date du départ de l'entreprise (art. 217). Voir d'autres dispositions en la matière : articles 214, 215, 216.

Tout chef d'entreprise ou d'établissement doit faire parvenir, au moins une fois par an, à l'Inspection du Travail et à l'Office National de l'Emploi, une déclaration de la situation de la main-d'œuvre nationale et étrangère qu'il emploie. En outre, il est tenu de fournir chaque année le bilan social de l'entreprise ou de l'établissement (art. 218).

4.4.4.2. Les Secrétariats Sociaux

Des secrétariats sociaux peuvent être constitués en vue de remplir, en qualité de mandataires de leurs affiliés, les formalités imposées aux employeurs par les articles 212, 213, 217, etc. ainsi que par la législation de la sécurité sociale, la réglementation de la taxe professionnelle sur les rémunérations et, plus généralement, la législation du travail (art. 220).

L'ouverture d'un secrétariat social est subordonnée au versement d'une caution et à l'autorisation du Ministre ayant le Travail et la Prévoyance Sociale dans ses attributions, délivrée sur avis de l'Inspecteur du Travail du ressort (art. 221).

En cas de fermeture définitive, la caution sera remboursée (art.221).

Un arrêté du Ministre ayant le travail et la prévoyance sociale dans ses attributions, pris après avis du Conseil national du travail, fixe les modalités d'application des dispositions du Code du travail (art.222).

e) Le Conseil National du Travail (CNT)

C'est l'Organisme Consultatif tripartite du Ministère de l'Emploi, du Travail et de la Prévoyance Sociale. Il est institué auprès du Ministre ayant le Travail et la Prévoyance Sociale dans ses attributions un organisme consultatif dénommé « Conseil national du travail ». Le Conseil National du Travail est présidé par le Ministre ayant le Travail et la Prévoyance Sociale dans ses attributions ou par son représentant. Il comprend un nombre égal de représentants de l'Etat, des travailleurs et des employeurs. Son secrétariat est assuré par le Ministère du Travail et de la Prévoyance Sociale (art. 223).

L'article 224 détermine les sièges attribués aux représentants de chacun des groupes. Les représentants de l'Etat sont issus des Ministères suivants :

- Ministère du Travail et de la Prévoyance Sociale ;
- Ministère des Finances et du Budget ;
- Ministère de l'Economie Nationale ;
- Ministère de la Fonction Publique ;
- Ministère de l'Education Nationale ;
- Ministère du Plan ;
- Ministère de la Justice et Garde des Sceaux ;
- Ministère des Affaires Sociales et Familles ;
- Ministère de la Santé Publique ;

- Ministère de la Jeunesse, Sports et Loisirs ;
- Ministère des Droits Humains ;
- Ministère de l'Agriculture, Pêche et Elevage.

Les représentants des travailleurs et des employeurs sont désignés par les organisations professionnelles reconnues les plus représentatives sur le plan national par le Ministère du Travail et de la Prévoyance Sociale (art. 224). Les représentants de l'Etat issus des Ministères ainsi que les représentants des travailleurs et des employeurs sont désignés par arrêté du Ministre ayant le Travail et la Prévoyance Sociale dans ses attributions (art. 224).

Le caractère représentatif d'une organisation professionnelle de travailleurs est déterminé par le nombre des suffrages recueillis aux élections des représentants des travailleurs dans l'entreprise tel que prévu aux articles 255 à 266 du Code du travail (art.224). Le caractère représentatif d'une organisation professionnelle d'employeurs est déterminé par le nombre des travailleurs occupés dans les entreprises qui en sont membres (art. 224).

L'avis du Conseil National du Travail est requis sur tous les projets de lois, décret-loi et arrêtés ministériels lorsqu'ils ont pour objet de modifier ou de créer des obligations ou des droits pour les travailleurs et les employeurs en matière du travail ou de la sécurité sociale (art.225).

Le Conseil national du travail a également pour mission générale de :

a) étudier toutes les questions concernant le travail, la main-d'œuvre et la prévoyance sociale ;

b) étudier les éléments pouvant servir de base à la détermination du salaire minimum interprofessionnel garanti et ses incidences économiques ;

c) émettre des avis et formuler des propositions et résolutions sur la réglementation à intervenir en ces matières (art.225).

D'autres dispositions relatives au Conseil National du Travail sont prévues par les articles 226, 227, 228, 229 du Code du travail.

7.5. Le Ministre de l'Emploi, du Travail et de la Prévoyance Sociale

Le Ministère de l'Emploi, du Travail et de la Prévoyance Sociale a pour mission principale, entre autres, de définir et de mettre en œuvre les politiques gouvernementales en matière de l'emploi, du travail, de la formation professionnelle, des salaires et de la prévoyance sociale.*

* Vous trouverez en annexe II la liste des différents Ministres de l'Emploi, du Travail et de la Prévoyance Sociale qui se sont succédé de 1960 à 2012 et les différentes dénominations connues par ce Ministre.

Les politiques de l'emploi étant définies comme *l'ensemble des mesures économiques et politiques cohérentes visant le plein emploi*, ont comme conséquences :

a) la création des nouvelles opportunités de l'emploi ;
b) la résorption du sans emploi rural et urbain ;
c) la protection des emplois existants et de la main-d'œuvre nationale face à la concurrence étrangère ;
d) l'acquisition et l'amélioration des qualifications exigées par la profession et l'utilisation rationnelle des ressources humaines ;
e) l'élévation du niveau de vie des travailleurs ruraux et urbains.
f) La protection et la prévoyance sociale des Congolais.

Pour réaliser sa mission, le Ministère de l'Emploi, du Travail et de la Prévoyance Sociale fonctionne à travers des organes et structures ci-après qui sont chargés de mener des actions diversifiées dans les domaines de l'emploi, du travail et de la prévoyance sociale :

- Le Conseil National du Travail (CNT) ;
- Le Secrétariat général à l'emploi et au travail ;
- Le Secrétariat général à la prévoyance sociale ;
- L'Inspection générale du travail ;
- Le Cadre Permanent du Dialogue Social (CPDS) ;
- L'Institut national de sécurité sociale (INSS) ;
- L'Institut National de Préparation Professionnelle (INPP) ;
- L'Office National de l'Emploi (ONEM) ;
- Le Bureau National pour l'Ethique Professionnelle (BUNEP). Ce dernier est chargé, sur l'ensemble du territoire national, de la sensibilisation des partenaires sociaux à l'éthique professionnelle et de la publication des documents y afférents.
- Procer, Pro-yen, PAO, CMD, etc,...[*]

Le Ministère a véritablement révolutionné certaines actions avec la tenue du premier Forum National sur l'Emploi en septembre 2007.
En 2012, le Ministre BAHATI a fait adopter le code de la sécurité sociale et le système des mutuelles de santé (voir en annexe).

L'EMPLOI DES JEUNES EN RDC

En RDC, le Ministère de l'Emploi, du Travail et de la Prévoyance Sociale s'occupe de l'emploi des jeunes à travers un programme qu'il a créé au terme d'un Arrêté Ministériel n°12/CAB.MIN/ETPS/FKK/KM/151/2010

---

[*]Procer = Programme de création des emplois
Pro-yen = Programme pour les emplois des jeunes
CMD = Centre Multidisciplinaire et de Documentation
PAO = Programme National d'Appui aux Organismes publics et privés pour la Promotion de l'Emploi et de la Mobilisation des Ressources pour la Réduction de la Pauvreté.

du 18 février 2010 complétant et modifiant l'arrêté n°12/CAB.MIN/ETPS/FKK/RM/46/2009 du 21 avril 2009 lequel modifiait l'arrêté n°12/ETPS/081/2008, du 19 septembre 2008 portant Création, Organisation et Fonctionnement du Programme National pour l'Emploi des Jeunes, « PRO-YEN ».27

Le PRO-YEN tire sa source de la Conférence Mondiale sur les Objectifs du Millénaire pour le Développement (ODM) tenue à New York en 2005.

Le PRO-YEN a, pour mission, la promotion de l'emploi des jeunes en RDC enfin de lutter sensiblement contre la pauvreté et la misère qui dominent cette couche sociale de la population. A ce titre, le PRO-YEN a pour tâches de :

- proposer au Gouvernement des orientations à prendre pour la meilleure insertion professionnelle des jeunes ;
- participer et veiller au côté d'autres partenaires dans la mise en œuvre du Plan d'action pour l'Emploi des Jeunes ;
- encadrer les jeunes à travers les groupes consultatifs pour l'emploi des jeunes dans l'élaboration de leurs projets porteurs d'emplois et créateurs de revenus ;
- contribuer activement dans l'amélioration de l'employabilité des jeunes urbains et ruraux pour l'acquisition de la qualification professionnelle adéquate recherchée par le marché de l'emploi ;
- soumettre à l'Etat, un budget annuel pour sa mission ;
- faire le plaidoyer auprès des partenaires pour la mobilisation d'autres ressources financières et matérielles pouvant contribuer à l'insertion professionnelle des jeunes dans la création des emplois et de leurs PME et PMI.

Plusieurs réalisations ont été faites par PRO-YEN, parmi lesquelles, on peut épingler quelques unes :

- Sensibilisation et conscientisation de 5.132 jeunes leaders des associations sur les stratégies de création de leurs petites et moyennes entreprises (auto-emploi) ;
- Elaboration d'un plan stratégique des activités concrètes des créations de 14.332.580 emplois pour les jeunes de 2013 à 2020 ;
- Plaidoyer auprès des autorités en vue de la prise en compte du volet emploi des jeunes dans le programme gouvernemental ;

[27] YEN signifie YouthEmployment Network, c'est-à-dire Réseau Mondial pour l'Emploi des Jeunes.

- Elaboration des projets documents dans les secteurs porteurs d'emplois ;
- Sensibilisation de 460 Coordonnateurs et Chefs des promotions des Universités et les Instituts supérieurs de la Ville de Kinshasa sur la création de mutuel de santé pour les Etudiants ;
- Appui de trois associations des jeunes dans la création de trois grands ateliers de couture dans les Communes de Ngaba, de Kasavubu et de Bandalungwa ;
- Formation de 700 jeunes leaders dans la conception, l'élaboration, le suivi et l'évaluation des projets de développement porteurs d'emplois et de revenus à Notre Dame de Fatima ;
- Transmission au Fonds National des Micros Finances (FNM) de 500 projets des associations des jeunes formés par le Programme National pour l'Emploi des Jeunes dans la conception, l'élaboration, le suivi et l'évaluation des projets de développement créateurs d'emplois et porteurs de revenus ;
- Appui à l'Association des Jeunes Kabilistes en matériels de couture.

En conclusion du chapitre, il va sans dire que l'administration du travail, dans l'évolution actuelle de la situation des travailleurs, nécessite une attention particulière du Gouvernement de la République. C'est ici que revêt l'importance du dialogue social en matière des litiges individuels et des conflits collectifs du travail. Tous les services dépendant du Ministre du Travail et de la Prévoyance Sociale doivent actionner les stratégies ou les mécanismes pour la bonne marche des activités professionnelles. Dans ce cadre, pourquoi ne pas rendre efficace, autonome et indépendant le corps des inspecteurs de travail pour le renforcement de sa capacité ? A l'instar des inspecteurs judiciaires, des inspecteursde l'EPSP et autres, pourquoi n'est pas rendre obligatoire la formation professionnelle et spécifique à ce corps ? Nous pensons à la création d'un Institut Supérieur du Corps des Inspecteurs du Travail au sein du Ministère du Travail et de la Prévoyance Sociale qui en assumera le contrôle technique sur l'ensemble de la République Démocratique du Congo.

Activités de pêche par les riverains en RDC, travail non contrôlé par l'administration publique.

CHAPITRE 8

LA FORMATION ET LE PERFECTIONNEMENT PROFESSIONNELS

8.1. Notions

Un des atouts importants de la législation du travail en RDC, c'est l'obligation faite aux organisations professionnelles des employeurs d'organiser la formation et le perfectionnement professionnels dans leurs entreprises. La législation du travail fait obligation aux employeurs d'assurer la formation en cours d'emploi de leurs travailleurs. De ce fait, tout employeur public ou privé a l'obligation d'assurer la formation, le perfectionnement ou l'adaptation professionnelle des travailleurs qu'il emploie (art. 8 du Code du Travail). Devant des mutations socioprofessionnelles du monde du travail, la formation et le perfectionnement professionnels doivent faire école dans la révolution de la modernité.

Actuellement, ce sont les entreprises qui assurent la formation et le perfectionnement professionnels des travailleurs. On peut citer quelques organismes publics et privés qui s'occupent de la formation et du perfectionnement professionnels en R.D.C. Il s'agit de l'Institut National de Préparation Professionnelles (INPP) pour le compte de l'Etat, du CEPETEDE, de l'INADES, du CEPROMAD, des Universités et Instituts Supérieurs, du CENACOF, des ONGD, des Eglises, du CADICEC, des entreprises comme REGIDESO, ONATRA, GECAMINES, SNEL, RVM, RVA, SNCC, etc.28

Le Ministère du Travail et de la Prévoyance Sociale assure l'exécution de la politique de la formation et du perfectionnement professionnels. Il élabore, avec le concours de l'INPP, des organisations professionnelles et, le cas échéant, des centres de formation agréés, le programme de préparation professionnelle visant à promouvoir et à faciliter :

- La création d'emplois ;
- L'amélioration de la productivité et le développement économique ;
- La mobilité professionnelle ;
- L'insertion professionnelle des jeunes ;
- La réinsertion des accidentés du travail (art. 10) et,

28 La plupart de ces entreprises ont changé la dénomination suite à la réforme des entreprises opérée en 2010.

- L'encadrement des jeunes désœuvrés (les kuluna, par exemple).
-

8.2. Institut National de Préparation Professionnelle (INPP)

L'Etat avait créé l'INPP et lui avait confié la mission de former, de recycler et de réinsérer les travailleurs des entreprises en République Démocratique du Congo.L'INPP, par association des intérêts et des responsabilités de l'Etat, des employeurs et des travailleurs, est chargé de collaborer à la promotion, à la création et à la mise en application des moyens existants, ou nouveaux, nécessaires pour la qualification professionnelle de la population active nationale et à la coordination de leur fonctionnement (art. 12).

Son action est, notamment, destinée au perfectionnement et à la promotion professionnelle des travailleurs dans l'emploi, dans la formation rapide de nouveaux travailleurs adultes, dans l'apprentissage de l'emploi, dans la préparation professionnelle des bénéficiaires d'une culture générale de base, et dans l'adaptation professionnelle de ceux ayant reçu une formation technique ou professionnelle de type scolaire (art. 12).

Son action tendra également à faciliter la conversion de la qualification professionnelle des travailleurs devant changer de profession ou de métier et la réadaptation professionnelle des travailleurs frappés d'incapacité professionnelle (art. 12).

L'INPP est chargé, en outre, au terme de l'article 13 du Code du travail, de :

- créer et maintenir la coopération entre tous les organismes s'occupant de la formation technique et professionnelle, notamment en établissant et en distribuant toutes les formations utiles sur les possibilités de formation pour chaque profession ;
- collaborer à la désignation des professions pour lesquelles des normes de qualification sont considérées comme nécessaires ou souhaitables, à l'établissement de ces normes, à la détermination de la nature et du degré des qualifications professionnelles et à l'organisation des examens destinés à les sanctionner ;

- coopérer, avec les services publics et les organisations professionnelles intéressées, à l'établissement d'une classification professionnelle et à la détermination des qualifications professionnelles pour chaque niveau d'emploi, pour chaque métier ou pour chaque profession ;
- apporter le fruit de son expérience à la Direction de l'Emploi et à l'Office National de l'Emploi sur les problèmes d'études des tendances du marché de l'emploi, de l'évaluation des besoins

actuels et futurs des travailleurs des différents niveaux de la classification professionnelle et du placement des travailleurs ;

- promouvoir le système adéquat d'orientation et de sélection professionnelle et de participer à son fonctionnement ;
- collaborer avec le Ministère de l'Education Nationale et avec toutes les organisations professionnelles ou culturelles intéressées aux activités de préparation professionnelle.

D'autres dispositions en la matière sont les articles 14, 15, 16 et 17 du Code du travail.

L'INPP tire les ressources pour son fonctionnement des cotisations payées par les entreprises, fixées actuellement entre 1% et 3% suivant l'effectif du personnel de l'entreprise, calculées sur la masse salariale payée aux travailleurs. Les subventions de l'Etat congolais prévues par les textes réglementaires pour couvrir 50% du budget de fonctionnement n'ont plus été libérées depuis plusieurs années. Par ailleurs, les entreprises constatent que l'INPP n'assure pas convenablement la formation qu'elles attendent de lui, si bien que la plupart d'entre elles, organisent elles-mêmes la formation de leurs travailleurs. En général, est observée une inadéquation entre la demande et l'offre de formation en RDC et une faible capacité d'action de l'INPP. Pour remédier à cette situation, il y a lieu de :

- susciter la réforme de l'Enseignement Secondaire, Supérieur et Universitaire aux fins d'adapter ses programmes de formation aux besoins du développement du pays ;
- mettre en place un système de formation susceptible de développer un nombre suffisant de personnes et des compétences requises pour répondre aux exigences du marché du travail ;
- éviter la formation générale de type classique universitaire pour s'adonner à la pratique ;
- veiller sur l'adéquation entre les compétences et les connaissances des apprenants, d'une part,,, et les besoins de l'emploi et du marché du travail, d'autre part ;
- concourir réellement à la formation professionnelle (maçonnerie, menuiserie, mécanique…) pour la formation des cadres moyens intermédiaires ;
- assainir la gestion et renforcer les capacités d'intervention de l'INPP ;
- impliquer significativement les employeurs dans la gestion de l'INPP à l'occasion de la mise en place des mandataires des entreprises publiques.

Le rôle de la formation professionnelle est à souligner dans la mesure où celle-ci doit assurer la mise à niveau des capacités des travailleurs pour le développement national.L'INPP doit donc être le socle du développement socio-économique du pays partant de la révolution de la modernité technique exigée par la mondialisation et la globalisation. Cette importance doit être ressentie et soutenue par toute la communauté nationale et internationale. Le souci est celui de l'éclosion de la formation d'une classe moyenne aux métiers,, au lieu de soutenir une politique de la formation livresque, comme c'est le cas actuellement dans les institutions de formations supérieures et universitaires, où la pyramide de la population non active est ressentie parmi les personnes dont l'âge varie entre 25 et 40 ans, où les cadres formés dans les institutions de type classique sont dans le chômage au lieu d'être des créateurs des emplois nouveaux et productifs.

La préparation professionnelle a de la place dans le développement durable en Afrique

CHAPITRE 9

LES RELATIONS PROFESSIONNELLES ET HUMAINES

Ce chapitre aborde les questions liées aux relations professionnelles dont la formation du syndicalisme en RDC et son implication dans la gestion des entreprises.

9.1. Notions liminaires

Les relations professionnelles sont des relations sociales ou collectives ou syndicales qui contiennent généralement, à des nuances près, le même contenu. On peut donc ranger sous l'expression « relations professionnelles », tout ce qui tend à déterminer, par voie légale ou contractuelle, les modes d'existence et de relations des parties en présence. Ces relations représentent un enjeu capital dans la lutte sociale, puisqu'elles fixent les limites aux droits des acteurs respectifs.

Quant aux « relations humaines », il faut noter que cette notion est liée au concept de « participation » ou comme moyen permettant aux subordonnés de prendre part au processus de prise de décision en stimulant la créativité et l'enthousiasme de l'individu. A propos, pendant longtemps, le droit du travail ne prenait en compte que les relations individuelles qui existaient entre la personne physique et la personne morale. Mais, vers la moitié du 19ème siècle, on s'est aperçu que le droit du travail n'était pas seulement le droit qui régissait les relations individuelles, mais aussi celui qui réglementait toutes les autres relations professionnelles.

Définissons d'abord le syndicat, son impact, sa mission et ses différentes dimensions avant d'aller plus loin.

9.2. Ce qu'il faut retenir sur le syndicat

A) Définitions

Le syndicat, c'est l'organisation au sein de laquelle les travailleurs jugent et discutent ensemble :

- de leurs intérêts professionnels ;
- de l'action syndicale à mener ;
- du sens de cette action ;
- des valeurs, des perspectives qui doivent l'animer.

Il regroupe les travailleurs :

- d'une même branche d'activité ;

- d'une même industrie ;
- d'une même profession tant du secteur privé que du secteur public.

Le syndicat existe légalement ; il est autorisé et consacré par la loi ; ce qui lui donne droit à une personnalité civile, à la représentation, etc.

On parle aussi du syndicat patronal. Celui qui regroupe les employeurs ; par exemple, la Fédération Nationale des Entreprises du Congo (FEC), l'Association Nationale des Entreprises du portefeuille de l'Etat (ANEP). On y reviendra plus loin.

B) Mission permanente du syndicat

La promotion de l'homme : émanciper le travailleur de toutes les contraintes, de toutes les suggestions :

- le rendre pleinement conscient, pleinement responsable, libre de choisir ;
- lui créer des conditions plus favorables à son émancipation totale, par les conventions collectives et toutes les dispositions qu'elles renfermeraient en faveur du travailleur.
-

C) Les moyens d'action

Le syndicat se doit de :

1. Posséder la capacité de réfléchir, de juger, de décider personnellement. Il faut de la volonté et du courage pour faire front à l'apathie et à l'indifférence. Il faut éveiller la classe ouvrière avec responsabilité.

2. Posséder la capacité d'organiser l'apprentissage du raisonnement, de la logique et d'organiser un bon appareil syndical.

A côté de cela, il faut :

a) une action collective organisée,

b) savoir exploiter :

- l'intuition
- le réflexe
- l'innovation du militant ou du délégué ; cela aide, de temps en temps,à faire face aux imprévus.

3. Posséder la capacité de :

- former ;
- faire accéder à la culture.

Au dirigeant syndicaliste, il faut une certaine culture consistant en un ensemble de connaissances permettant la formation de l'intelligence et du jugement pour l'action.

Quid de la culture syndicale ?

1°) C'est posséder les éléments d'informations ;
2°) Une méthode de réflexion permettant de comprendre une situation et d'agir sur elle.

Le dirigeant syndicaliste doit :

- lire les informations objectives ;
- connaître l'histoire du mouvement ouvrier et les caractères permanents du syndicalisme ;
- se former de manière à se permettre une connaissance, une compétence et, de là, sa personnalité ;
- développer au maximum ses capacités de tous ordres ;
- éviter la démagogie.

4. Posséder la capacité d'agir.

L'action syndicale a été la base des diverses améliorations obtenues depuis le début de l'ère industrielle.

Pour que cette action continue à payer, elle doit être :

- une action de masse ;
- une action cohérente.

N.B. : Une action désunie ne profite qu'aux adversaires du travailleur. Ainsi, faudra-t-il que le syndicat sache étudier, évaluer et adapter les méthodes de son action à la réalité chaque fois que ses adversaires changent de tactiques.

D) Les caractères permanents du syndicat

Pour que l'on parle du « Syndicalisme », le syndicat se doit de conserver et même de présenter un certain nombre de caractères qui sont et/ou doivent lui être permanents. Cela en foi des événements, des courants politiques ou économiques qui sont susceptibles de lui imposer des nouveaux aspects, voire ajouter des nouvelles fonctions ou modifier les formes de son action.

Le syndicat est :

1) Un groupement permanent sous deux formes :

a) professionnel avec l'action centrée au niveau de l'entreprise ;
b) interprofessionnel avec l'action dépassant le niveau de l'entreprise (problèmes de l'enseignement, du logement, de

l'alphabétisation, de la paix mondiale, problèmes des prix, retraite...)

2) Un groupement indépendant

Le syndicat doit être indépendant :

a) Du patronat :

Il ne servira à rien que le patronat influence, d'une manière ou d'une autre, le syndicat dans ses différentes actions ;

b) *Des partis politiques :* Ceci ne veut pas dire que le syndicat ignore ou reste indifférent aux problèmes politiques surtout qu'ils peuvent avoir des prolongements de tout ordre sur la vie du travailleur.

Le syndicat doit lutter pour le respect de la démocratie ; il y va de sa propre vie ; si le syndicat, pour ce qui précède, est tenu de mener des actions et de connaître des problèmes politiques, cela ne doit en aucune façon le mener à se mettre sous les responsabilités d'un parti politique quelconque. La subordination du syndicat à un parti politique est incompatible avec le caractère du syndicalisme pur.

c) de l'Etat :

C'est la condition même de la libre expression des dirigeants du syndicat à tous les échelons. Ceci n'empêche pas le syndicat de s'associer à la gérance de la chose publique, à la direction de l'économie.

L'indépendance absolue vis-à-vis de l'Etat permet de défendre effectivement les intérêts permanents du travailleur.

Ce qui n'empêche qu'il représente le travailleur dans un certain nombre d'organismes officiels mais alors cela n'ayant pour but essentiel que la défense des intérêts du travailleur au sein de ceux-ci, par exemple au Conseil Economique et social, dans un Conseil d'administration...

3) *Un représentant des intérêts de la classe ouvrière*

- les élections libres des dirigeants syndicalistes à tous leséchelons ;
- la liberté d'expression orale ou écrite dansl'intérêt du travailleur ;
- la libre représentation des intérêts du travailleur par ceux qu'il a élus ;
- la liberté d'action en faveur de ceux que le travailleur a délégués.

4) Un soutien, un animateur

- pour tous ses mandants dans de différents organismes ;
- pour tous ses mandants dans les entreprises ;

- pour tous ses militants qui, collectivement, participent à l'œuvre d'émancipation du travailleur.

N'est-ce pas là un principe même de toute démocratie ?

5) Un éducateur

Puisque la classe ouvrière est amenée à prendre des responsabilités dans le fonctionnement de certains organismes économiques ou sociaux, puisqu'elle ne peut y arriver que par le canal du syndicat qui alors devra compter sur des militants compétents, porte-parole de cette masse ouvrière qui devient de plus en plus nombreuse et consciente, le syndicat est tenu de former la classe ouvrière en l'éduquant.

6) Solidaire

La solidarité syndicale ne connaît pas de frontière. Elle doit être agissante sur tous les plans et à tous les niveaux. Elle doit jouer d'une façon constante et consciente.

7) Un ferment de transformation

Il doit devenir une garantie de rénovation constante et de progrès. Il doit agir, sans cesse, afin de mieux réaliser l'émancipation du travailleur, en lui faisant prendre conscience de sa valeur d'homme, en faisant confiance en ses responsabilités d'action et de prise de responsabilité. Il doit jouer le rôle de « levain dans la pâte » au sein de la masse ouvrière.

E) Les dimensions du syndicalisme

Le syndicat qui, jusqu'à un certain temps, n'a eu qu'à se préoccuper, au moins apparemment, des problèmes dits professionnels, au sein duquel le travailleur n'a eu qu'une restrictive du syndicalisme, est tenu aujourd'hui de sortir de ce cadre de manière à être présent dans toutes les dimensions :

1. sociales et professionnelles ;
2. économiques ;
3. politiques ;
4. internationales ;
5. culturelles.

Le syndicat doit s'intéresser à tous les domaines de la vie sociale. Examinons chaque dimension.

1. *Dimensions sociales et professionnelles*

Dans ces dimensions,un syndicat doit donner une importance aux textes traitant de:

- Code du travail ;
- conventions collectives ;
- sécurité sociale ;
- allocations familiales ;

- régimes de retraite, de pension, etc.

En effet, imaginez-vous les millions de travailleurs avec des salaires insuffisants, des personnes avec handicap physique, des vieux travailleurs, des horaires encore abusifs, des jeunes sans emploi, etc. ! Ce travail est d'ailleurs, loin d'être terminé. Il y a encore, en fait, beaucoup à faire, notamment dans les aspects ci-après :

- Logement : lié au salaire, au rythme des constructions, au budget de l'Etat ;
- Retraite : lié au marché d'emploi, à la démographie, à une conception de la société, aux rapports du capital et du travail ;
- Conditions de travail : liées à l'économie, à l'autoconsommation, à la formation professionnelle ;
- Facteurs psychologiques : liés à la démocratie, aux relations humaines, à la gestion et au profit des entreprises.

Le travailleur est intéressé par tous ces aspects cités ci-haut, et qui sont liés les uns aux autres. Le syndicat a tout intérêt de s'en occuper, surtout que ces problèmes ne sont pas seulement des faits sociaux ou professionnels, mais des faits ayant également des incidences économiques et culturelles. Il y a ainsi lieu de parler d'une compénétration de problèmes, d'un amas confus de choses.

2. *Dimensions économiques*

Si le syndicat veut résoudre les problèmes fondamentaux qui sont posés au travailleur, il doit considérer bien des dimensions économiques. Notons que l'économie détermine le social, ainsi faut-il que le syndicat s'attaque d'abord aux causes des faits. Il doit ainsi ancrer sa réflexion dans :

- la décentralisation industrielle et l'aménagement des régions ; ces deux aspects,en effet, sont liés à la politique gouvernementale, à la disponibilité de la main-d'œuvre et sa qualification ;
- l'impôt direct sur les revenus car ce problème est lié : au pouvoir d'achat, à l'acceptation ou au refus des autres classes sociales, à la pression exercée, etc., à la distribution des produits consommables ;
- la distribution des produits consommables, puisqu'elle est liée au salaire, à l'organisation des marchés, aux marges des profits, etc.

3. Dimensions politiques

En rapport avec ce qui précède, nous reprendrons une décision gouvernementale sur le budget par exemple.

Tout de suite, nous pouvons arriver à 36 problèmes qui ont des liens avec telle décision. Réfléchissez sur le problème de l'impôt ou de l'enseignement par exemple. Prenez le problème de la paix, ne pensez-vous pas qu'il ait des implications politiques ou qu'il soit lié aux attentes internationales. Et le travailleur n'y est-il pas intéressé ?

4. Dimensions internationales

Si des sociétés industrielles ont des relations internationales, n'est-il pas normal que les organisations syndicales des travailleurs aient elles aussi des relations internationales ? Surtout qu'il ne faut pas perdre de vue que les dimensions politiques rejoignent les dimensions internationales ? Plusieurs syndicats des travailleurs sont des internationales ou y sont leurs émanations.

N'est-ce pas que la vie politique conditionne pour une grande part, la vie d'humanité. Ainsi dans le cadre de solidarité ouvrière internationale, tout SYNDICAT se doit de veiller et prêter toute son attention sur l'exercice des libertés, il va, nous l'avons déjà dit de sa survie tout d'abord mais c'est aussi pour accroître la compétence des conseils économiques par exemple. Enfin, dimensions politiques, dimensions internationales, c'est tout ce qui intéresse la vie des hommes, leur vie en commun.

5. Dimensions culturelles

La culture, nous l'avons déjà dit, c'est, entre autres, une méthode de réflexion, permettant de comprendre une situation et d'agir sur elle. Si la culture est une nécessité à l'individu quel qu'il soit, le syndicat qui en a pour une de ses dimensions ne doit-il pas se soucier de l'être et de l'avoir du travailleur ?

N'est-ce pas que par la culture, on peut arriver à affirmer sa personnalité. D'où au syndicat la nécessité et l'importance de penser aux problèmes :

- de l'école ;
- du congé-éducation pour les adultes ;
- de la culture, en général, qui doit être résolue par la création des maisons de la culture, des maisons des jeunes,des foyers des jeunes travailleurs…

En conclusion, le syndicat doit instruire le travailleur pour lui permettre de vivre.

Enfin, toutes ces dimensions du syndicalisme ne constituent-elles pas des tâches tant nationales qu'internationales d'un syndicat ? Et le syndicat congolais n'a-t-il pas un rôle à jouer pour le bien-être du travailleur et du paysan congolais d'abord, celui des travailleurs et des paysans africains et du monde en suite, avant qu'il ne s'occupe de celui des travailleurs des pays industrialisés ?

9.3. Syndicalisme en RDC

L'article 230 du Code du travail congolais stipule que « les travailleurs et les employeurs ont le droit de se constituer en organisations ayant exclusivement pour objet l'étude, la défense et le développement de leurs intérêts professionnels ainsi que le progrès social, économique et moral de leurs membres ».Cette disposition du Code du travail évoque la constitution des syndicats des travailleurs et des employeurs en République Démocratique du Congo.

a) Historique du syndicalisme en RDC

Comme la politique, le syndicalisme a été également importé de l'Occident en Afrique et, en particulier, en RDC. Le syndicalisme a même précédé la politique.

Nicolas FATAKI écrit que de « revendication qui n'existait pas dans la société africaine traditionnelle, par contre, l'esprit d'association et la défense des droits acquis dont sont animés les syndicats sont deux éléments de cette communauté, favorables à l'éclosion du syndicalisme africain[37]. »

1. *Existence des syndicats pour les Blancs*

Les syndicats furent autorisés au Congo Belge, mais pour les seuls Blancs, surtout ceux des entreprises industrielles et minières du Katanga[38].Il y avait même une action effective allant jusqu'au débrayage telle la grève générale des Blancs au Katanga, en 1941. Il y avait d'ailleurs, déjà à cette époque, une vingtaine de syndicats dont nous les deux suivants :

- l'Union Générale des Associations Professionnelles du Congo ;
- la Fédération Syndicale du Katanga « FSK ».

Ces deux syndicats fusionnèrent en une seule, la Confédération Générale des Syndicats (CGS). Celle-ci fut d'inspiration socialiste et s'affilia à la Fédération Syndicale Mondiale (F.S.M).

Plus tard, enfin vint s'ajouter à ces syndicats, l'Association des Fonctionnaires et Agents de la Colonie (AFAC).

Mais tous ces syndicats, y compris la CGS et surtout l'AFAC, s'opposèrent à la création des syndicats pour les Noirs. Ils s'opposèrent même au projet de statut unique pour tous les agents coloniaux la colonie envisageait l'élaboration à la demande des Noirs.

---

[37] FATAKI, *Le rôle des syndicats dans la constitution de l'Etat en Afrique francophone*, Libre Africain, Bruxelles, 1966, p.1.

[38] GASSANA MUHIRWA, *Le syndicalisme et ses incidences sociopolitiques en Afrique, le cas de l'UNTZA*, Kinshasa, éd. PUZ, 1982, p.45.

C'est ainsi qu'il y aura, plus tard, deux syndicats parallèles pour les agents de la colonie : l'AFAC pour les Blancs et l'APIC (Association du Personnel Indigène de la Colonie) pour les Noirs. En effet, une opposition farouche sera dressée systématiquement à toute velléité d'égalité de droits[39].

Cependant, en l'absence de syndicats autorisés, les Noirs eurent des actions syndicales. Ainsi, le 4 décembre 1941, les Noirs imitent les Blancs à Elisabethville. Ils demandent 50 centimes par jour. La réaction du Maître Blanc fit, parmi les négociateurs, 60 morts et de nombreux blessés. Mais, le lendemain, à la reprise du travail, l'UMHK augmenta les salaires des Noirs de 1,50 Fr. par jour.

En novembre 1944, Matadi fut atteint, à son tour, par ce mouvement revendicatif et les dockers occupèrent les quais, brûlèrent des dépôts et paralysèrent le port Il y eut des morts et les blessés également. Tous ces troubles incitèrent le Gouvernement colonial à créer le syndicat pour Noirs[40].

2. *Création des syndicats pour Noirs*

Mais de la répression du colonisateur, naquirentà Léopoldville,des syndicats clandestins. Cet état de fait força la main du Gouvernement colonial qui, pour légaliser ces mouvements, autorisa les syndicats noirs par l'ordonnance n° 128/AIMO du 10 mai 1946. Mais, ce document officiel avait beaucoup de restrictions : à titre d'exemples, les syndicats mixtes étaient interdits ; ainsi y eut-t-il l'A.F.A.C, d'une part, et l'A.P.I.C, d'autre part.
Le recrutement était limité suite aux brimades et aux contraintes des employeurs ou de l'administration coloniale pouvant assister à toutes les réunions syndicales et opposer son veto à leurs décisions[41].

Les syndicats belges profitèrentde l'autorisation accordée aux Noirs, en 1946, et dépêchèrent leurs apôtres au Congo, le plus vite possible, pour y fonder des filiales et des succursales. Ainsi, la Confédération des Syndicats Chrétiens (C.S.C), y créera l'Union des Travailleurs Chrétiens (U.T.C). C'est ainsi qu'en 1945 déjà, Henri PAUWELS, ancien Ministre et Président de la Confédération des Syndicats Chrétiens (C.S.C) effectua du 24 décembre 1945 au 17 février 1946, un périple d'étude pour installer au Congo Belge une section syndicale.
En 1946, PAUWELS, H. a écrit « La C.S.C décida de constituer une section congolaise : deux dirigeants syndicaux chrétiens sûrs, éprouvés sont déjà partis au Congo et un troisième suivra bientôt. Chacun d'eux sera muni des instructions nécessaires et à la C.S.C même, un service colonial sera

[39]Ibidem, p.45
[40]GASSANA M., *Op.cit*, p.45.
[41] Ibidem

institué. Ce service et la section congolaise de la CSC travailleront en parfaite collaboration et leur travail, on n'en peut douter, sera fructueux. Ainsi, la CSC, partout où il se doit, poursuivra son œuvre civilisatrice »[42].

La Fédération Générale des Travailleurs Belges (F.G.T.B) d'obédience socialiste, y créera la Fédération Générale des Travailleurs Congolais (F.G.T.K).

La Confédération Générale des Syndicats Libres (C.G.S.L) y essaimera, sous la même dénomination. Mais elle eut peu de succès. L'APIC y regroupera les agents congolais de l'administration coloniale opposée à l'A.F.A.C.Il y aura de nombreux autres syndicats et, vers les années 1948, la colonie comptera déjà 51 syndicats pour Noirs. En 1960, il y en aura 72, mais ne totalisant que 9.000 syndiqués (à cause des brimades) regroupés au sein des 4 centrales principales, nous avons cité : UTC (André BO-BOLIKO, Joseph NGALULA, Joseph ILEO) ; FGTK (Cyrille ADOULA, Laurent MUSENGESI, Raphaël BINTOU et Alphonse NGUVULU) ; CGSL (Patrice Emery LUMUMBA, Alphonse Roger KITHIMA) et APIC (Arthur PINZI). Il y aura même déjà un embryon de syndicalisme estudiantin : l'Union Nationale des Etudiants du Congo et Ruanda-Urundi (UNECRU).

En 1959, les dirigeants congolais seront installés à la tête des filiales syndicales belges pour mieux les préparer à la Direction autonome que présageait l'approche de l'indépendance.

b) *Les syndicats après 1960*

Le mouvement syndical instauré par les colonisateurs continuera son action et ses oppositions après l'indépendance. Mais, même s'il y naîtra d'autres syndicats comme les syndicats estudiantins, il y aura cependant rapprochement, particulièrement entre les trois centrales déjà citées. D'autre part, l'APIC ne suivra pas : ses adhérents vont intégrer les trois autres centrales.

b.1. Sous la 1ère République : le pluralisme syndical

- *D'obédience chrétienne*

La Conférence Syndicale Chrétienne du Congo, créée en 1946 et devenue UTC (Union des Travailleurs du Congo) avait une audience plus grande que les autres et était mieux organisée. Parmi ses cadres, nous pouvons citer André BO-BOLIKO, Jean-Marie KITITWA, Joseph MBENZA et Paul MUHONA.

Issue de la C.S.C. (Confédération des Syndicats Chrétiens), elle était l'un des plus anciens syndicats congolais et l'un de ceux qui se sont vite africanisés ; c'est le 6 avril 1960 que la C.S.C changea de dénomination et

---

42 PAUWELS, H., *Le syndicalisme et la colonie*, éd.CSC, Bruxelles, 1946, pp.1-4

deviendra désormais U.T.C affiliée à la C.I.S.C (Confédération Internationale des Syndicats Chrétiens) à la Confédération Africaine et à l'U.P.T.C (Union Panafricaine des Travailleurs Croyants). L'U.T.C connaît une expansion assez considérable à l'intérieur de la République. Ses effectifs s'élevaient à 65.369 et 200.000 sympathisants. Son leader principal était André BO-BOLIKO, actuellement Sénateur (2012).

- *D'obédience socialiste*

La F.G.T.B.C vient en deuxième position. Elle est aussi la F.G.T.K. Parmi ses cadres, on peut citer Raphaël BINTOU, Alphonse NGUVULU, Cyrille ADOULA et Rémy SIWA. La Fédération Générale des Travailleurs Congolais (F.G.T.K), était la ''Fédération des Travailleurs Belges du Congo-Belge et Ruanda-Urundi'' (F.G.T.B.C.B.R.U). Deux mois avant l'indépendance du Congo (10 avril 1960), elle devint, à son tour, un syndicat purement congolais. Deuxième syndicat national au point de vue importance et du point de vue nombre, la F.G.T.K connaissait, en 1960, une structure bicéphale. Il existait en son sein deux têtes pratiquement indépendantes l'une de l'autre. La F.G.T.K Katanga, Kasaï et Kivu ayant, comme responsable, M. Raphaël BINTOU et la F.G.T.K Léopoldville, Stanleyville,Coquilathville dont le chef étaitRémy SIWA.

Affiliée à la C.I.S.L (Confédération Internationale des Syndicats Libres) et à la C.S.A (Confédération Syndicale Africaine), la F.T.G.T.K comptait au mois de février 1964, 70.000 membres sans distinction de sympathisants.

- Sans idéologie précise, l'A.P.I.C, créée dès 1946 pour contrebalancer l'A.F.A.C, était réservée au personnel noir de l'Administration Publique et avait une audience nationale. Parmi ses cadres, nous trouvons : Arthur PINZI, Damien KANDOLO et Pascal LUANGI. ''L'Association des Patriotes Indépendants du Congo'' (A.P.I.C), ancienne association du personnel indigène de la colonie, était, en 1960, la seule organisation congolaise, c'est-à-dire conçue par les autochtones, eux-mêmes.
- De tendance libérale, la C.S.L.C n'a été fondée qu'en 1961, à la suite particulièrement de la fusion de certains syndicats comme la S.N.T.C. et des éléments de l'APIC. Parmi ses dirigeants, nous citerons Alphonse Roger KITHIMA, Albert MAVUNGU et Maximilien LIONGO. Elle est née de la volonté d'un groupe de syndicats (FGTK, APIC, SNTC et SYNECO) de répondre à une nécessité impérieuse de l'Unité syndicale[43]. Ajoutons que la CSLC fut fortement appuyée par les syndicats américains. Elle s'affilia, peu après, à la C.S.A. (Conférence Syndicale Africaine). Ce syndicat eut très peu de prise sur la classe ouvrière proprement dite, mais déclara avoir 100.000 membres. Ce qui, à ne pas en douter, est exagéré.

---

[43] LOBHO, J.P., *Les tendances du syndicalisme congolais, cas de la CSLC*, Université Lovanium Kinshasa, 1967, pp.21-23.

De toutes les organisations décrites ci-dessus, quatre seulement avaient une réelle importance et une activité intense : l'U.T.C, la F.G.T.K, l'A.P.I.C et la C.S.L.S.

b. 2. Sous la IIème République : l'Unité syndicale

C'est en présence du Général Mobutu, alors devenu Président de la République, que le sénateur André BO-BOLIKO, Président national de l'U.N.T.C ouvrit le 6ème congrès de son organisation le 7/12/1965, c'est-à-dire quelques jours après le 24 novembre 1965, date d'accession du Général Mobutu à la magistrature suprême.

Au cours d'un séminaire tenu à Kinshasa, du 3 au 21/12/1966, le Corps des Volontaires de la République (C.V.R) prit une résolution qui préconisait un syndicat unique : « tout comme les partis politiques défaillants, les syndicats ne le sont pas moins ». Cette résolution souleva un véritable émoi : l'U.T.C, C.S.L.S et la F.G.T.K, opposèrent un tollé général. Cette résolution souleva un véritable déluge de protestation et d'indignation dans les milieux syndicaux, qui exprimaient leur désapprobation en rejetant le principe d'un syndicat unique imposé d'en haut et qui ne pouvait qu'être aisément assimilé à un simple « fonctionnariat ». Une sommation du Général Mobutu en faveur de l'unité syndicale mit les syndicalistes au pas, au moment même où ils n'en trouvaient pas l'opportunité.

Ainsi, le 9/03/1967, dans une charte signée devant le Président Mobutu, l'intersyndicale devint ''Conseil National des Syndicats du Congo'' (C.N.S.C). Et, en date du 5/05/1967, le C.N.S.C fusionna à nouveau avec le S.U.C (Syndicat Unifié du Congo) qui groupait les autres organisations qui n'ayant pas fait partie de l'intersyndicale jusqu'alors. Et il reçut mission de préparer l'unité dans les 18 mois,temps nécessaire qu'avait estimé le C.N.S.C. Ce délai est considéré comme inutilement trop long par le Président de la République. Il faut le ramener à 2 ou 3 mois seulement.

Ainsi fut convoqué un congrès pour l'unification. Le 21/06/1967, en présence du Général Mobutu, Président de la République, s'ouvrit au Zoo, le congrès de l'Unité Syndicale qui aboutit, le 23/06/1967, à la création de l'UNTC dont André BO-BOLIKO deviendra le président etRaphaël BINTOU, le vice-président.

De leur côté, les différents syndicats estudiantins regroupés dans l'Union Générale des Etudiants (UGEC) notamment : l'''Association Générale des Etudiants de l'Université Officielle du Congo'' (A.G.E.U.O.C) et l' ''Association Générale des Etudiants de l'Université Libre du Congo'' (A.G.E.U.L.C) seront intégrés dans la ''Jeunesse du Mouvement Populaire de la Révolution'' (J.M.P.R) au mois d'août 1967[44].

---

[44] Congo 1967, éd. CRISP et INEP, Bruxelles, Kinshasa, 1963, p.183.

Notons, enfin, l'existence de la Fédération des Employeurs du Congo (F.E.C) avant 1971 qui, après cette date, deviendra l'ANEZA (Association Nationale des Entreprises du Zaïre) avec le changement du nom du pays, République du Congo en République du Zaïre, en 1971.

Nous n'avons pas pu citer les syndicats d'après l'indépendance, par exemple, ceux des enseignants auxquels avaient appartenu Frédéric KIBASA MALIBA, Joseph MBENZA TUBI, Cyprien RWAKABUBA, etc. Retenons seulement qu'ils faisaient partie de l'U.N.E.C.O (Union Nationale des Enseignants Congolais) qui avait été créée le 11 décembre 1963 à Léopoldville par la fusion d'une partie de la C.E.C (Centrale des Enseignants Congolais, affilié à l'U.T.C) et du SYNECO (Syndicat des Enseignants Congolais affilié à la C.S.L.C).

Ces deux centrales agissaient déjà de concert en 1962 sous la forme de l'Intersyndicale des enseignants[45]. Rappelons également que les 400 délégués qui participent au Congrès de l'unification avaient été répartis comme suit :

- U.T.C : 180
- C.S.L.S : 110
- F.G.T.K: 80
- S.U.C : 30

400

L'UNTZA (Union Nationale des Travailleurs au Zaïre) fonctionnera, bon gré, malgré, sous l'influence du MPR (Mouvement Populaire de la Révolution) et regroupera tous les travailleurs du Zaïre : salariés et indépendants, ouvriers et paysans... L'UNTZA, syndicat intégré et inféodé au MPR, a très bien joué son rôle politique. Car, sous cette bannière, elle n'a plus été une force de contestation, mais un organe de la politique gouvernementale. Elle a constitué un organe de communication entre les masses et l'Etat.

Ce rôle, l'UNTZA l'a accompli avec brio : jamais dans son histoire, elle n'a contredit le pouvoir ni menacé, ou déposé juridiquement un préavis de grève. Aussi a-t-elle reçu les hautes félicitations du Président-Fondateur du MPR qui l'a instituée son enfant chéri. Et l'UNTZA, ses dirigeants, tout au moins, en ont reçu les prébendes et les sinécures : nous voulons dire les nominations et promotions non seulement politiques, mais aussi économiques. Les nombreuses entreprises zaïrianisées leur furent attribuées. Nombre de syndicalistes se sont retrouvés à la tête ou au Conseil d'Administration des entreprises radicalisées ou d'économie mixte.

---

45 Les plus amples informations peuvent être lues dans l'ouvrage déjà cité de GASSANA MUHIRWA, op.cit., pp. 45-55.

Pour MANWANA MUNGONGO, l'UNTZA n'a déployé aucune action syndicale précise pour se conformer aux dispositions fondamentales faisant du travailleur exploité et du paysan dupé un participant libre à l'œuvre commune de production afin d'assurer à chacun, en fonction de son travail et de ses besoins, la part du produit qui lui revient[46].

3) Du 24 avril 1990 au 16 mai 1997

Avec le processus de démocratisation déclenché à la suite de la consultation populaire par le Président MOBUTU, les activités syndicales seront libéralisées. Plusieurs syndicats (+ de 400) seront créés en vue de participer à la Conférence Nationale Souveraine (CNS) de 1991 à 1992. A la suite des élections sociales en 1995, plusieurs syndicats ont été éliminés sur la liste. Le pluralisme syndical sera consacré jusqu'au 16 mai 1997. La presque totalité des syndicats de l'époque avaient été constitués pour participer aux échéances politiques…

4) Du 17 mai 1997 en 2012

C'est la prise du pouvoir par l'AFDL de Laurent Désiré KABILA, le pluralisme syndical va continuer. Avec les élections sociales, certains syndicats vont s'éliminer. En effet, aux termes de l'article 230, le code du travail promulgué par le décret-loi n° 015/2002 du 16 octobre 2002, consacra le pluralisme syndical en RDC. Dans ce contexte, le Ministère du Travail et de la Prévoyance Sociale enregistra les différentes organisations professionnelles des employeurs et des travailleurs.
La prise du pouvoir, en janvier 2001, par Joseph KABILA KABANGE, aura plusieurs modifications, notamment, avec le dynamisme d'une dame de fer, Marie-Ange LUKIANA MUFWANKOLO, alors Ministre du Travail et de la Prévoyance Sociale. Celle-ci fit réellement transformer le monde du travail,elle introduit véritable *révolution de modernité* en organisant, pour la toute première fois en RDC, les vraies élections sociales dans les entreprises et, le 1er forum sur l'emploi tenu au mois de septembre 2007.

En 2012, le Ministère connaîtra plusieurs évolutions positives avec le dynamisme du Ministre BAHATI LUKWEBO dans plusieurs domaines du travail plus précisément en matière de la sécurité sociale avec l'adoption du Code de la sécurité sociale et le système des mutuelles de santé, ainsi que l'organisation de plusieurs rencontres avec les syndicalistes en matière des horaires du travail et de la politique nationale sur l'emploi en R.D.C.

A. Les syndicats des employeurs

---

46 MANWANA MUNGONGO, « L'UNTZa de 1967 à 1978 », in Zaïre-Afrique, n° 129, Kinshasa, nov. 1978, p.535.

Il y a quatre syndicats des employeurs reconnus en RDC : ANEP (Association Nationale des Entreprises du Portefeuille), FEC (Fédération des Entreprises du Congo), COPEMECO (Confédération des Petites et Moyennes Entreprises du Congo) et FE.NA.PEC (Fédération Nationale des Petites et Moyennes Entreprises). Nous présentons la FEC et l'ANEP d'une manière synthétique.

a) La Fédération des Entreprises du Congo (F.E.C), en sigle

C'est la fille ainée de la syndicalisation pour employeurs depuis les années 70. C'est le Patronat National jouant le rôle de Chambre de Commerce, d'Industrie, des Métiers et d'Agriculture. La FEC est un syndicat patronal, une organisation professionnelle des employeurs regroupant en son sein des entreprises privées et d'économie mixte œuvrant sur toute l'étendue de la RDC et embarrassant toutes les activités dans tous les secteurs.

1°) Brève histoire de la FEC

La Fédération des Entreprises du Congo (FEC), ancienne Association Nationale des Entreprises du Zaïre (ANEZA), est née en 1972 de la fusion de trois organisations professionnelles, à savoir :

- la Fédération des associations provinciales des entreprises du Zaïre (FERZA) qui naquit d'une autre fusion entre l'association des intérêts coloniaux belges (AICB), fondée en 1916 et l'association des intérêts industriels du Congo (AIIC) ;
- La Fédération Nationale des chambres du commerce, de l'industrie et de l'agriculture (FNCCIA) fondée en 1912 ;
- L'Association pour la promotion et la défense des intérêts du commerçant congolais (APRODECO).

A côté de ces principales organisations interprofessionnelles, fonctionnaient des unions professionnelles qui se chargeaient de trouver des solutions aux problèmes exclusifs de leurs secteurs d'activités, notamment :

- la Fédération des Intérêts du Tabac au Congo (FITAC) ;
- l'Association Congolaise des Banques (ACB), laquelle continue à opérer jusqu'à ce jour, mais dont les membres sont individuellement affiliés à la FEC ;
- l'Union de Production du Bois au Zaïre (UPBZ).

Cette fusion a été concrétisée par l'ordonnance-loi n° 72-028 du 27 juillet 1972 portant création de l'ex-ANEZA ainsi que l'ordonnance n° 72-236 du 14 septembre 1979 portant approbation et modification des statuts.

Actuellement, la FEC constitue l'organisation patronale la plus représentative du secteur privé en R.D.C. Elle se caractérise par son indépendance vis-à-vis des pouvoirs publics pour qui elle est un partenaire privilégié.

Parmi les personnalités ayant marqué l'histoire de la FEC, nous citons :

Présidents

1	M. TUMBA TUKADI	de 1972 à 1975
2.	M. Gilbert TSHIONGO TSHIBINKUBULA wa	de 1975 à 1979
3.	NTUMBA	de 1979 à 1981
4.	M. Pierre THIRAN	de 1981 à 1997
5.	M. Jeannot BEMBA SALONA	de 1997 à 1998
6.	M. José ENDUNDU BONONGE	de 1998 à 1999
7.	M. William DAMSEAUX	de 1999 à 2005
8.	M. Pascal KINDUELO LUMBU	de 2005 à ce
	M. Albert YUMA	jour

Administrateurs-Délégués

1	M. CESAR	de 1972 à 1974
2.	M. SILUVANGI	de 1974 (3 mois)
3.	M. MUNGA wa NYASA	de 1974 à 1985
4.	M. NDONGALA TADI LEWA	de 1985 à 1988
5.	M. MANKENDA VOKA	de 1988 à 1990
6.	M. LUBOYA DIYOKA	de 1990 à 1998
7.	M. Athanase MATENDA KYELU	de 1998 à 2004
8.	M. Jean BAMANISA SAIDI	de 2005 à 2011
9.	M. KALALA	de 2011 à 2012

Secrétaires Généraux

1	M. Van LEEUM	de 1972 à 1977
2.	M. Jean Marie MISSONI	de 1977 à 1980
3.	M. Pierre THIRAN	de 1980 à 1990
4.	M. MASUDI MUNGILIMA	de 1990 à 1995
5.	M. Athanase MATENDA KYELU	de 1995 à 1998
6.	M. Joseph MUKUNIA KABWE	de 1998 à 2003
7.	M. Maurice THAMBWE KITENGE	de 2003 à 2005

A sa création, en 1972, par une ordonnance-loi, l'Association Nationale des Entreprises du Zaïre, ANEZA, en sigle, est actuellement la F.E.C. Elle est une association sans but lucratif. Une étude élaborée et détaillée est en cours ; elle est menée par une équipe de chercheurs sous la direction de la Chaire de Sociologie de l'Université de Kinshasa.

2°) Missions et organes de la FEC

La FEC a pour missions de :

- assurer les fonctions de chambre de commerce, d'industrie, d'agriculture, d'artisanat et d'organisation professionnelle des employeurs ;
- promouvoir les intérêts des entreprises de différents secteurs de l'activité économique, sociale et scientifique en harmonie avec le bien commun. A cette fin, elle est chargée, entre autres, de :
  - ✓ assurer la défense des intérêts des entreprises ;
  - ✓ coopérer à l'élaboration et à la mise en œuvre du programme de développement économique et social du pays ;
  - ✓ susciter et consolider des rapports harmonieux entre les pouvoirs publics et la communauté des entreprises ;
  - ✓ œuvrer à l'établissement d'un climat favorable entre l'entreprise, ses travailleurs et les organisations syndicales de ces derniers.
- représenter les entreprises auprès des pouvoirs publics, des organismes nationaux, étrangers et internationaux, les activités industrielles, agricoles, commerciales, sociales ainsi que les employeurs ;
- conseiller les entreprises dans l'interprétation des dispositions légales et réglementaires tant nationales qu'étrangères, collecter et diffuser celles-ci parmi les membres, trancher les différends entre les membres portés à son entourage.

Pour réaliser son objectif social, la fédération dispose des organes à compétence générale, territoriale, nationale spéciale, technique et de gestion administrative. Parmi les organes, citons : l'Assemblée Générale, le Conseil d'Administration, le Comité de direction, les Commissaires aux comptes, l'Assemblée provinciale et le Conseil provincial.

Entant que syndicat patronal, la FEC assiste ses membres lors des négociations des conventions collectives ; elle intervient en cas d'abus des intérêts des membres ; elle apporte son assistance en cas de conflits sociaux ; elle participe aux travaux de la commission nationale du travail pour les étrangers au METPS ; elle représente le secteur privé national dans les négociations avec les différents Ministères.

Actuellement, plusieurs entreprises privées et d'économie mixte y ont adhéré. C'est la plus grande association des employeurs aussi bien sur le plan numérique que sur le plan du poids des affaires. Son président actuel, Albert YUMA, est un homme revêtu d'une grande expérience managériale. Il est secondé par l'Administrateur délégué Mr. KALALA qui a des qualités intellectuelles remarquables dans ses interventions lors des rencontres des affaires avec les partenaires.*

3°) Impact de la FEC sur l'économie du pays

Regroupant les entreprises de toutes tailles et de tous les secteurs sur l'ensemble du pays, la FEC revêt une importance économique indéniable. Elle participe aux travaux de concertation économique et socioprofessionnelle avec les pouvoirs publics et d'autres partenaires tant nationaux qu'internationaux, ceci au niveau national et dans les provinces. La FEC est régulièrement consultée par la Banque Centrale du Congo sur les questions monétaires et de charge.

4°) Relations avec les organisations internationales

La FEC entretient des relations avec :

- la Chambre de Commerce internationale (CCI)
- la Fédération Africaine des Chambres de Commerce ;
- l'Organisation Internationale des Employeurs (OIE) ;
- la Confédération Panafricaine des Employeurs (CPE) ;
- l'Association des Chambres de Commerce et d'Industrie de la SADAC (ASCCI) ;
- l'Organisation Internationale du Travail (OIT) ;
- la Banque Mondiale (BM) ;
- le Fonds Monétaire International (FMI) ;
- la Banque Africaine de Développement (BAD) ;
- l'Organisation des Nations unies pour l'Alimentation et l'Agriculture (FAO) ;
- etc…

b) L'Association Nationale des Etablissements, Services publics et Entreprises du Portefeuille de l'Etat(ANEP), en sigle

Nous passons en revue les points ci-après pour saisir la portée de l'ANEP entant que syndicat patronal des entreprises publiques :

1. Création et statut juridique,
2. Objet et mission,
3. Organes,
4. Relations avec les institutions de la République,
5. Relations avec les partenaires extérieurs,
6. Membres de l'ANEP,

* Une recherche particulière est en train d'être menée sur la FEC et fera l'objet d'une publication à part de la chaine de Sociologie du travail sous direction du Prof. MULUMA

7. Quelques questions majeures affectant les intérêts des membres de l'ANEP.

1. Création et statut juridique

L' ''Association Nationale des Entreprises des Etablissements, Services Publics et Entreprises du Portefeuille de l'État'' est une organisation interprofessionnelle d'employeurs de secteur public, créée en date du 06 mai 1998. Elle est une Association Sans But Lucratif « ASBL », à vocation économique et sociale. Elle est apolitique.

Elle a été enregistrée comme Syndicat d'Employeurs en République Démocratique du Congo par l'Arrêté ministériel n° 12/CAB/MTPS/004/98 du 08 mai 1998 du Ministre du Travail et de la Prévoyance Sociale.Elle a obtenu la personnalité juridique par Arrêté ministériel n° 372/CAB/MIN/J & GS/2003 du 28 avril 2003 du Ministre de la Justice et Garde des Sceaux.

Deux raisons majeures ont milité en faveur de la création de l'ANEP en mai 1998, à savoir :

- L'inefficacité de la FEC (ancienne ANEZA) en matière de défense des intérêts des entreprises publiques ;
- La nécessité de rompre avec un patronat monolithique, appartenant à une certaine époque révolue.

A propos de l'inefficacité de la FEC, on se rappellera qu'à l'époque,il y avait déjà au sein de l'ANEZA une structure informelle regroupant les entreprises publiques, sous l'appellation d'« **Association Nationale des Entreprises Publiques** ».

Dans le contexte à dominance libérale, les organes de l'ANEZA ne se préoccupaient guère des intérêts des entreprises de l'État. Ils les négligeaient intentionnellement en faveur des entreprises privées. C'est à juste titre que les voix se sont levées pour tirer les conséquences de l'instauration du pluralisme syndical en RDC en 1990, afin que la FEC, restée encore monolithique jusqu'en 1997, puisse éclater.

Dans un tel contexte, les entreprises publiques qui étaient pourtant des grandes contributrices de l'ANEZA, ne servaient, en fait, que des marchepieds des intérêts privés.

Aussi, l'ANEP, la COPEMECO et la FENAPEC ont-ils quitté le patronat monolithique incarné par la FEC et ont-ils créé leurs propres Syndicats Patronaux.

En vue de permettre à l'Association de s'adapter à la nouvelle configuration de ses membres transformés en Sociétés Commerciales, Etablissements Publics et Services Publics, et sur décision de son Assemblée Généraletenue en date du 21 avril 2011, l'ANEP est devenue

Association Nationale des Etablissements, Services Publics et Entreprises du Portefeuille.

2. Objet et mission

Objet

L'ANEP a pour objet le regroupement des Entreprises du Portefeuille (toute société dans laquelle l'État ou toute autre personne morale de Droit Public détenant la totalité du capital social ou une participation), et des Etablissements et Services Publics en vue de la défense et du développement de leurs intérêts professionnels ainsi que de leur progrès économique.

A cet effet, elle s'engage notamment à :

a)Soutenir tous les programmes visant l'amélioration des conditions économiques des Entreprises du Portefeuille, des Etablissements et Services Publics et à conscientiser davantage les Dirigeants d'Entreprises sur des questions d'intégration des Entreprises entre elles et avec les tiers pour le développement de la Nation Congolaise ;

b) Servir d'organe de représentation et de liaison entre les membres et les Pouvoirs Publics ainsi qu'avec les autres Organisations Professionnelles d'Employeurs Nationales, Etrangères et Internationales ;

c)Assurer la défense des intérêts des membres ;

d) Promouvoir la mise en place d'un cadre de concertation entre les membres en vue d'échange d'expérience en matière de Gestion d'Entreprises ;

e)Assurer le renforcement des capacités des entreprises membres par la Formation et l'Information ;

f) Assurer les fonctions de Chambres de Commerce, d'Industrie et d'Agriculture.

3. Organes

L'ANEP comprend les Organes suivants :

- l'Assemblée Générale ;
- le Conseil d'Administration ;
- le Secrétariat Exécutif ;
- le Comité Provincial ;
- le Secrétariat Provincial.

4. Relations avec les institutions de la République

a) Avec le Gouvernement

En tant que Syndicat Patronal de Droit Public, l'ANEP entretient de bonnes relations avec tous les Ministères du Gouvernement, en général, et avec les Ministères du Portefeuille et de l'Emploi, du Travail et de la Prévoyance Sociale, en particulier.

En conformité avec sa fonction consulaire, l'ANEP entreprend plusieurs actions en faveur aussi bien des Mandataires des Entreprises membres que de l'État-propriétaire. A cet effet, elle saisit les Pouvoirs Publics au sujet des préoccupations de ses membres par contacts directs (audiences, déjeuner-débats) et par des Mémo, Notes techniques et correspondances administratives.

b) Avec les autres Organismes Nationaux

L'ANEP représente ses membres auprès des organismes suivants :

- Conseil National du Travail (**CNT**) ;
- Comité Technique de suivi des Réformes Economiques/Comité Economique ; et
- Financier du Gouvernement (**CTR/ECOFIN**) ;
- Commission Nationale de l'Emploi pour Etranger (**CNEE**) ;
- Cadre Permanent de Concertation Economique (**CPCE**).

5. Relations avec les partenaires extérieurs

L'ANEP représente ses membres auprès des Organismes internationaux suivants :

- Organisation Internationale du Travail (**OIT**) ;
- Organisation Internationale des Employeurs (**OIE**) ;
- Conseil Panafricain des Employeurs (**CPE**) ;
- Marché Commun de l'Afrique de l'Est et de l'Afrique Australe (**COMESA**) ;
- Communauté Economique des Etats de l'Afrique Centrale (**CEEAC**) ;
- Communauté Economique des Etats de l'Afrique du Sud et Australe (**SADC**)

A ce titre, elle a participé activement à diverses rencontres internationales, notamment, au Forum International des Entreprises de l'OIE (1999) et aux 88è (2000), 89è (2001), 90è (2002), 91è (2003), 92è (2004), 93è (2005), 94è (2006) et 95è (2007) sessions de la Conférence Internationale de l'Organisation Internationale du Travail (OIT) à Genève.

6. Membres de l'ANEP

L'ANEP a trois catégories des membres, à savoir : les entreprises publiques, les établissements publics et les services publics.

Les Entreprises du Portefeuille (toute société dans laquelle l'État ou toute autre personne morale de Droit Public détient la totalité du capital social ou une participation).
Parmi ces entreprises, l'ANEP a 20 Entreprises Publiques transformées en sociétés commerciales et en sociétés d'économie mixte par le COPIREP *.

Dans la 1ère catégorie (20 Entreprises transformées en Sociétés Commerciales), nous avons les trois tableaux ci-après :

* COPIREP : Comité de Pilotage pour la réforme des Entreprises Publiques crée en 2003. Cette structure financée jadis par les institutions de Breton Woods dépend des Ministres du Plan et du Portefeuille.

1. Les entreprises transformées en sociétés commerciales (20 au total) :

N°	DENOMINATIONS	SIGLES
	1. Secteur Mines	
01	- Générales des Carrières et des Mines	GECAMINES
02	- Société de Développement Industriel et Minier au Congo	SODIMICO
03	- Office des Mines d'Or de Kilo-Moto	OKIMO
04	- Entreprise Minière de Kisenge Manganèse	EMK-Mn
	2. Secteur Energie	
05	- Régie de Distribution d'Eau	REGIDESO
06	- Société Nationale d'Electricité	SNEL
07	- Congolaise des Hydrocarbures	COHYDRO
	3. Secteur Industrie	
08	- Société Sidérurgique de Maluku	SOSIDER
09	- Société Africaine d'Explosifs	AFRIDEX
	4. Secteur Transport	
10	- Société Nationale de Chemins de Fer au Congo	SNCC
11	- Office National des Transports (SCTP)	ONATRA
12	- Régie des Voies Aériennes	RVA
13	- Régie des Voies Maritimes	RVM
14	- Lignes Aériennes Congolaises	LAC
15	- Compagnie Maritime du Congo	CMDC
16	- Chemins de Fer des Uélés	CFU
	5. Secteur des Télécommunications	
17	- Office Congolais des Postes et Télécommunications	OCPT
	6. Secteur Financier	
18	- Caisse d'Epargne du Congo	CADECO
19	- Société Nationale d'Assurance	SONAS
	7. Secteur Service	
20	- Hôtel Karavia	KARAVIA

2. Les Etablissements Publics (20 au total)

N°	DENOMINATION	SIGLE
	1. Secteur Agriculture	
01	- Office National du Café	ONC
	2. Secteur Transport	
02	- Régie des Voies Fluviales	RVF
03	- Office de Gestion du Fret Maritime	OGEFREM
04	- City – Train	CITYTRAIN
	3. Secteur de Communication	
05	- Agence Congolaise de Presse	ACP
06	- Radio Télévision Nationale Congolaise	RTNC
	4. Secteur Financier	
07	- Fonds de Promotion de l'Industrie	FPI
08	- Institut National de Sécurité Sociale	INSS
	5. Secteur des Constructions	
09	- Office des Routes	OR
10	- Office des Voiries et Drainage	OVD
	6. Secteur des Services	
11	- Office National du Tourisme	ONT
12	- Office de Promotion de Petites et Moyennes Entreprises du Congo	OPEC
	7. Secteur du Commerce	
13	- Foire Internationale de Kinshasa	FIKIN
14	- Office Congolais de Contrôle	OCC
	8. Secteur de la Recherche	
15	- Institut National des Statistiques	INS
16	- Institut National d'Etudes et Recherches Agronomiques	INERA
	9. Secteur de la Conservation de la Nature	ICCN
	- Institut Congolais pour la Conservation de la	IJZBC
17	Nature	IMNC
	- Institut des Jardins Zoologiques et Botaniques	
18	du Congo	
	- Institut des Musées Nationaux du Congo	INPP
19		

20	**10. Secteur de la Formation** - Institut National de Préparation Professionnelle	

3. Les Services Publics (5 au total)

N°	DENOMINATIONS	SIGLES
	1. Secteur Agriculture	
01	- Institut National de Développement de l'Elevage	ONDE
	2. Secteur Mines	
02	- Centre d'Expertise, d'Evaluation et de Certification des Substances Minérales Précieuses et Semi-Précieuses	CEEC
	3. Secteur Financier	
03	- Office de Gestion de la Dette Publique	OGEDEP
04	- Office des Douanes et Accises	OFIDA
	4. Secteur des Services	
05	- Régie Nationale d'Approvisionnement et d'Industrie	RENAPI

N.B. Beaucoup d'entreprises ont changé la dénomination suite à la réforme

7. Questions majeures affectant les intérêts des entreprises du portefeuille de l'État

Au cours des travaux des Etats Généraux des Entreprises du Portefeuille qui se sont déroulés du 18 au 26 décembre 2000, les problèmes communs à toutes les entreprises du Portefeuille, handicapant leur développement, ont été identifiés.

Il s'agit, notamment, de :

- La vétusté et l'obsolescence de l'outil de production et/ou d'exploitation ;
- La relative faiblesse des investissements de modernisation ;
- La baisse du niveau d'activités ;
- Le déficit de trésorerie quasi chronique ;
- La désarticulation du système bancaire national ;

- Le non paiement ou le paiement tardif par l'État des biens et des services qui sont fournis ;
- La non libération par le Gouvernement des subventions d'équipement et d'exploitation prévues au Budget de l'État ;
- L'instabilité des Mandataires.

Les résolutions pertinentes prises au cours de ce forum en rapport avec les problèmes sus évoqués ont été adressées au Gouvernement.

Les deux cas présentés des organisations professionnelles des employeurs suffisent. D'autres, comme la COPEMECO et la FENAPEC, seront traités ultérieurement dans un ouvrage en élaboration avec l'équipe des chercheurs de la Chaire de sociologie du travail de l'Université de Kinshasasous la direction du Professeur Docteur Albert MULUMA MUNANGA.

c) Les syndicats des travailleurs

Nous citons quelques syndicats des travailleurs enregistrés au Ministère de l'Emploi, du Travail et de la Prévoyance Sociale, en 2004, à titre purement illustratif.

a) Confédérations (10)

Par exemple :

- CDT (Confédération Démocratique du Travail) ;
- CGCFO (Confédération Générale des syndicats indépendants au Congo Force Ouvrière) ;
- FGTCO (Fédération Générale du Travail du Congo) ;
- TFS (Fédération des Travailleurs Solidaires (sic !)

b) Unions (11)

Par exemple :

- UNTC (Union Nationale des Travailleurs du Congo) ;
- UTAC (Union des Travailleurs et Agents de la Communication) ;
- UCSL (Union Congolaise de Syndicats Libérale).

c) Centrales (5)

Par exemple :

- CSC (Centrale Syndicale du Congo) ;
- CGTCO (Centrale Générale du Travail du Congo) ;
- CESIS (Centrale Syndicale Islamique).

d) Syndicats interprofessionnels (76)

Par exemple :

- SGT (Syndicat Général des Travailleurs) ;
- STL (Syndicat des Travailleurs Libres) ;
- FNT (Force Nationale du Travail) ;

- SYNECO (Syndicat National des Enseignants du Congo) ;
- OTUC (Organisation des Travailleurs Unis du Congo) ;
- ORTC (Organisation Républicaine du Travail) ;
- SYECO (Syndicat des Enseignants du Congo) ;
- SYSOPA (Syndicat de Solidarité Ouvrière et Paysanne) ;
- COOSEP (Coopération des Syndicats des Entreprises Publiques et privées du Congo) ;
- CSL (Convention des Syndicats Libres) ;
- SOLIDARITE (Solidarité syndicale des travailleurs et cadres du Congo) ;
- SYNAFET (Syndicat National des Agents, des Fonctionnaires de l'Etat et des paraétatiques) ;
- CCT (Conscience des Travailleurs) ;
- SYNCASS (Syndicat National des Agents et Cadres des Services de Santé) ;
- FTC (Fédération des Travailleurs du Congo).

e) Syndicats professionnels (45)

Par exemple :

- STBB (Syndicat des Travailleurs des Bois et Bâtiments) ;
- STHC (Syndicat d'Habillement textile et Cuir) ;
- ASECO (Association Syndicale des Ecrivains du Congo) ;
- STT (Syndicat des Travailleurs de Transport) ;
- SIFBA (Syndicat des Institutions Financières, Bancaires et Assurances) ;
- SYPEC (Syndicat du Pétrole, Energie et Chimie) ;
- STPM (Syndicat des Travailleurs des Ports Maritimes) ;
- SYNAMED (Syndicat National des Médecins) ;
- SYCOR (Syndicat des Conseillers d'Orientation) ;
- SIF (Syndicat des Inspecteurs des Finances de l'école nationale des finances) ;
- SYNAPHAC (Syndicat National des Pharmaciens du Congo) ;
- SYNAMAC (Syndicat National des Manutentions du Congo).

f) Syndicats d'entreprises (23)

Par exemple :

- SYNATREG (Syndicat National des Travailleurs de la REGIDESO) ;
- SYNABAC (Syndicat National Autonome de la Banque Centrale du Congo) ;
- SYGEMI (Syndicat Général de la MIBA) ;
- SATO (Syndicat des Agents et Travailleurs de l'ONATRA) ;
- SYTRSKI (Syndicat des Travailleurs de la Société textile de Kisangani) ;
- SYNEC (Syndicat National des Agents Express City) ;
- SYCECO (Syndicat des Cadres de l'Education) ;
- SYNADOR (Syndicat National des Agents de l'Office des Routes) ;
- SYNACAS (Syndicat National des Agents et Cadres de la SONAS) ;
- SYTAB (Syndicat des Travailleurs et Agents de la BELTEXCO).

NB. : La liste des syndicats conformes à la loi n°015/2002 sont en annexen°IV et n°V.

(g) Les associations mutualistes

Voici quelques associations mutualistes existantes et reconnues au Ministère de l'Emploi, du Travail et de la Prévoyance Sociale (METPS) :

- CASOP (caisse de Solidarité Ouvrière et Paysanne) ;
- ASMUT (Coopérative d'Assurance-maladie Mutualiste) ;
- GEMM (Générale des Mutuelles Médicales) ;
- MAC (Mutuelle des Aiglons au Congo) ;
- MAM (Mutuelle d'Assurance Maladie) ;
- MUSECKIN (Mutuelle des Enseignants Catholiques de Kinshasa) ;
- UMC (Union des Mutualités Chrétiennes du Congo).

Parmi les leaders syndicaux connus à partir de 1990, nous pouvons citer quelques uns:

- GeorgesKOMBO TONGBA BOOKE
- KATALAY MULELI SANGOL (dcd) ;
- BINTU-a-TSHABOLA (dcd) ;
- KIKONGI DI MWISA ;
- Benjamin MUKULUNGU (SYECO) ;
- InockBAVELA (dcd le 12/02/2003) ;
- TSHIPANGILA (CDT) (dcd en 2002) ;
- BWENSA di MALOSA (OTUC) ;
- Stève MBIKAY (SOLIDARITE) ;

- DUNIA, etc…

Stève MBIKAY a créé son parti politique en 2008 pour dire qu'il n'y a pas un grand pas entre le syndicat et le parti politique.

Nous reproduisons en annexe la liste des syndicats actualisés au Ministère de l'Emploi, du Travail et de la Prévoyance Sociale en 2008 et les résultats des élections pour le mandat 2010-2013 organisées entre 2008 et 2011.

d) Organisation de travailleurs et d'employeurs par le législateur congolais

Voir les dispositions du Code du travail ci-après pour en connaître plus : articles 230, 231, 232, 233, 234, 235, 236, 237, 238, 239, 240, 241, 242, 243, 244, 245, 246, 247, 248, 249, 250, 251, 252, 253, 254.

Les organisations de travailleurs et d'employeurs ont le droit d'élaborer leurs statuts et règlements administratifs, d'élire librement leurs représentants, d'organiser leur gestion et leurs activités et de formuler leur programme d'action (art. 232).

Tout travailleur ou employeur, sans distinction aucune, a le droit de s'affilier à une organisation professionnelle de son choix ou de s'en désaffilier (art. 233 alinéa 1).

Il est interdit à tout employeur de :

a. Subordonner l'emploi d'un travailleur à son affiliation ou à sa non affiliation à une organisation professionnelle quelconque ou à une organisation professionnelle (art. 234 al. a).
b. Licencier un travailleur ou de lui porter préjudice par tous les autres moyens, en raison de son affiliation à une organisation professionnelle et de sa participation à des activités syndicales (art. 234, al. b).

Les organisations de travailleurs ou d'employeurs doivent s'abstenir de tous actes d'ingérence les unes à l'égard des autres dans leur formation, leur dans fonctionnement et dans leur administration (art. 235).

On entend par syndicat toute organisation professionnelle constituée en vue de l'objet définitif à l'art. 230 (art. 237). Les syndicats ont l'obligation de se faire enregistrer au Ministère du Travail et de la Prévoyance Sociale où est tenu en permanence le registre des syndicats de travailleurs et d'employeurs (art. 238). Toute demande d'enregistrement émanant d'un syndicat est adressée au Ministre du Travail et de la Prévoyance Sociale (art. 239 al.1). La demande mentionne l'identité complète des membres chargés de l'administration et de la direction du syndicat. Elle est signée par chacun d'eux (art. 239, al.2) ; il y est joint des exemplaires des statuts de l'organisation requérante dont le nombre est fixé par le Ministre ayant le Travail et la Prévoyance Sociale dans ses attributions (art. 239, al.3).

L'article 240 précise que les statuts du syndicat requérant doivent mentionner : la dénomination et le siège du syndicat, son objet, les conditions d'affiliation, de démission et d'exclusion des membres, le mode de nomination, les pouvoirs et la durée du mandat des membres, les règles relatives à la gestion financière, le mode de vérification des comptes, l'agenda des réunions de l'AG, les sanctions, la procédure de modification des statuts, la procédure de règlements des conflits internes.

Les personnes chargées de l'administration et de la direction d'un syndicat doivent posséder la nationalité congolaise et être âgées de 21 ans au moins (art. 241). L'article 241, al.2, précise les conditions dans lesquelles on désigne les membres de l'administration et de l'action d'un syndicat requérant.

Lorsque l'enregistrement est accordé, le Ministre ayant le Travail et la Prévoyance Sociale dans ses attributions adresse immédiatement au syndicat requérant la décision d'enregistrement (art. 244). Dans les 3 jours de la réception de la décision, le syndicat adresse un exemplaire des statuts au Procureur de la République près le Tribunal de Grande Instance dans le ressort où est établi le siège du syndicat (art. 244, al.2).

Le registre des syndicats tenu au Ministère du Travail et de la Prévoyance Sociale doit contenir, pour chaque syndicat, les renseignements suivants : la dénomination et le siège, son objet, les noms et les adresses des personnes responsables, le numéro d'ordre et la date d'enregistrement (art. 245).

Un syndicat peut être radié du registre, par arrêté du Ministre, en cas de dissolution volontaire décidée conformément aux règles prévues par ses statuts. Dans ce cas, le syndicat est tenu d'en informer le Ministre dans les 30 jours (art. 247).

Tout syndicat enregistré et ayant une personnalité civile, a le droit d'acquérir, conformément au droit commun, à titre gratuit ou onéreux, des biens meubles ou immeubles (art. 249). Les syndicats enregistrés peuvent librement se concerter pour promouvoir et défendre les intérêts des travailleurs et des employeurs. Ils peuvent se constituer en union, en confédération ou en fédération.

Leurs statuts doivent déterminer les règles selon lesquelles les syndicats membres de l'union, de la confédération ou de la fédération sont représentés dans les Assemblées Générales (art. 250).

Tout syndicat peut être dissout de plein droit :

- si l'objet en vue duquel il a été constitué est atteint ;
- si les deux tiers des membres réunis en Assemblée Générale votent la dissolution (art. 251).

Les organisations de travailleurs et d'employeurs ne sont pas sujettes à dissolution ou à suspension par voie d'administration (art. 252).

e) La représentation des travailleurs dans l'entreprise

La représentation des travailleurs dans les entreprises ou les établissements de toute nature est assurée par une délégation élue (art. 255).

Un arrêté du Ministre ayant le Travail et la Prévoyance Sociale dans ses attributions, pris après avis du Conseil national du travail, fixe (art. 255, a.2) :

1. Le nombre des travailleurs à partir duquel et les catégories d'entreprises ou d'établissements dans lesquels l'institution d'une délégation est obligatoire ;
2. Le nombre des délégués et leur répartition sur le plan professionnel ;
3. Les conditions d'électoral et d'éligibilité des travailleurs et les modalités de l'élection qui a lieu au scrutin direct ou secret de liste, à deux tours ;
4. Les moyens mis à la disposition des délégués ;
5. Les conditions dans lesquelles la délégation est reçue par l'employeur ou son représentant ;
6. La composition du bureau de la délégation syndicale.

Le mandat des délégués est de trois ans renouvelables (art. 257). Le délégué perd sa qualité :

a) s'il cesse de remplir les conditions d'éligibilité ;
b) s'il démissionne ou perd son emploi ;
c) s'il se fait désavouer par les travailleurs de l'entreprise membres de son syndicat pour une faute lourde commise dans l'exercice de son mandat syndical. Dans ce cas, le syndicat informe l'employeur qui prend acte de cette mesure et l'inspecteur du travail du ressort (art. 257).

Toutefois, la perte du mandat du délégué syndical ne devient effective qu'après constat, par l'inspecteur du travail, de la conformité de la mesure au règlement intérieur de la délégation syndicale, dans le premier cas, et aux statuts du syndicat concerné, dans le second cas. L'inspecteur du travail notifie sa décision au syndicat concerné dans les 30 jours de la réception de la requête de ce dernier (art. 257).

Lorsque la vacance partielle ou totale concerne particulièrement le syndicat représentatif, le syndicat concerné procède à la cooptation suivant la liste présentée aux élections. Il signe un procès-verbal avec l'employeur qui l'envoie à l'inspecteur du travail du ressort pour l'information (art. 257).

En cas de vacance du mandat avant l'expiration du terme, par démission, décès ou pour toute autre cause, le suppléant achève le mandat de celui qu'il remplace.

Le suppléant remplace le titulaire lorsque celui-ci est absent ou empêché (art. 257). En cas de vacance partielle ou totale avant l'expiration du mandat, le syndicat concerné procède à la cooptation suivant la liste présentée aux élections (art. 257).

Tout licenciement d'un délégué titulaire ou suppléant envisagé par l'employeur ou son représentant ainsi que toute mutation faisant perdre la qualité de délégué sont soumis à la condition suspensive de leur approbation par l'inspecteur du travail du ressort (art. 258). Si le motif évoqué par l'employeur est une faute lourde, il peut prononcer la suspension des fonctions de l'intéressé dans les conditions prévues à l'art. 72 du Code du travail. Dans tous les cas, le licenciement ne devient effectif qu'après décision de l'inspecteur du travail (art. 258).

f) La compétence de la délégation syndicale

La compétence de la délégation syndicale s'étend à l'ensemble des conditions de travail dans l'entreprise ou l'établissement. L'employeur est tenu de consulter la délégation (art. 259) sur :

- les horaires du travail ;
- les critères généraux en matière d'embauchage, de licenciement et de transfert des travailleurs ;
- les systèmes de rémunération et de prime en vigueur ;
- l'élaboration des modifications du règlement d'entreprise (art. 259).

La délégation participe au règlement des problèmes que pose le maintien de la discipline au travail (art.260), à la gestion des œuvres sociales créées par l'employeur en faveur de son personnel et, notamment, des économats prévus aux articles 115 à 118 (art.261). Elle est associée à l'élaboration et à la mise en application des programmes collectifs de formation professionnelle (art. 261).

La délégation s'occupe des mesures d'application propres à assurer la sécurité technique, l'hygiène et la salubrité sur les lieux du travail ainsi qu'à sauvegarder la santé de toute personne dans l'entreprise ou l'établissement (art. 262). A ce titre, elle peut, notamment :

- proposer toutes mesures de nature à assurer l'application sur les lieux de travail des dispositions légales et réglementaires concernant la sécurité et la salubrité au travail ;
- proposer toutes mesures qu'elle juge nécessaires pour remédier aux causes de danger ou d'insalubrité constatées ou signalées ;
- prodiguer aux travailleurs des conseils nécessaires pour l'application des mesures d'hygiène et de sécurité ;
- promouvoir le développement de l'esprit de prévention des travailleurs contre les accidents du travail et les maladies professionnelles (art. 262).

L'employeur est tenu d'informer, au moins semestriellement, la délégation sur les données concernant la marche et la situation économique et sociale de l'entreprise ou l'établissement, notamment, sur le chiffre d'affaires ou une donnée équivalente, l'indice général de la productivité, le bénéfice global, l'évolution du niveau des prix à la vente, les grandes lignes du programme de développement, les perspectives d'avenir (art. 263).

Au terme de l'article 264 du Code du travail, il est reconnu, en outre, à chaque délégué, en dehors des réunions, la compétence de :

- présenter à l'employeur toutes les déclarations individuelles qui n'auraient pas été directement satisfaites concernant les conditions dutravail et la protection des travailleurs, l'application des conventions collectives et de la classification professionnelle ;

- veiller à l'application des prescriptions relatives à l'hygiène et à la sécurité des travailleurs et de proposer toutes les mesures utiles à ce sujet ;
- veiller à la discipline au travail ;
- saisir l'inspection du travail de toute plainte ou toute réclamation concernant les prescriptions légales ou réglementaires dont elle est chargée d'assurer l'application et que la délégation n'a pu régler.

Les délégués pourront être reçus par l'inspecteur du travail chaque fois qu'il effectuera une visite d'inspection dans l'entreprise ou l'établissement (art. 264).

Le nombre d'heures minimum dont doivent disposer les représentants des travailleurs pour l'accomplissement de leurs fonctions est fixé à quinze par mois. Ces heures sont considérées et rémunérées comme temps de travail. Les fonctions auxquelles elles sont accordées, sont déterminées par l'arrêté prévu à l'article 255 du Code du travail (art. 265).

Dans l'entreprise où il n'existe pas de délégation syndicale, le travailleur a la faculté de présenter, lui-même, ses réclamations à l'employeur ou à son représentant ou à l'inspecteur du travail. Il peut, le cas échéant, se faire assister par le syndicat de son affiliation et ce, en présence de l'Inspecteur du travail (art. 266).

g) L'éducation ouvrière

Toute organisation syndicale dûment enregistrée peut organiser sur le territoire de la République, en faveur de ses membres et de ses délégués syndicaux, du personnel, des titulaires et des suppléants, des stages ou des sessions de formation exclusivement consacrées à l'éducation ouvrière (art. 267).

Les membres et les délégués syndicaux, titulaires ou suppléants, appelés à participer aux stages ou aux sessions prévus à l'article 267 ont droit à un congé d'éducation ouvrière de douze jours par an, non compris les délais de route (art. 268).

Le congé d'éducation ouvrière est pris en une ou deux fois (art. 269). La demande de congé doit être présentée par écrit à l'employeur pour avis, par l'organisation syndicale responsable du stage ou de la session, au moins trente jours avant la date fixée pour son ouverture. Elle doit mentionner les noms des membres et des délégués syndicaux intéressés ainsi que la date et la durée de l'absence sollicitée (art. 270).

L'organisation syndicale responsable du stage ou de la session délivre, au terme de cours, à chacun des membres et des délégués participants, une attestation constatant son assiduité et énumérant les matières dispensées. Chaque membre et chaque délégué sont tenus de remettre ladite attestation à leur employeur dans les 2 jours suivant la reprise du travail. A défaut de respecter cette obligation, le congé accordé ne sera pas rémunéré (art. 271).

h) Les conventions collectives de travail

La convention collective de travail (CCT) est un accord conclu entre une ou plusieurs organisations de travailleurs et une ou plusieurs organisations d'employeurs ou un ou plusieurs employeurs, déterminant les relations individuelles et collectives entre employeurs et travailleurs au sein d'entreprises ou d'une branche d'activités et réglant les droits et les obligations des parties contractantes.

Au terme de l'article 272 du Code du travail congolais, la convention collective est *un accord écrit relatif aux conditions et aux relations de travail conclu entre*, d'une part, un ou plusieurs employeurs, une ou plusieurs organisations professionnelles des employeurs et, d'autre part, une ou plusieurs organisations professionnelles des travailleurs.

Les employeurs, même s'ils ne sont pas représentés par un syndicat, peuvent signer valablement une convention. Il n'en est pas ainsi des travailleurs qui ne peuvent, eux, conclure valablement une telle convention que s'ils sont représentés par leur syndicat. L'expérience prouve que, devant leur employeur qui a le pouvoir de commander et de se faire obéir, les travailleurs renoncent, par crainte de sanctions, à des revendications même légitimes. C'est pourquoi, l'intervention du syndicat place les travailleurs sur un même pied d'égalité que les employeurs[47].

Les conventions collectives du travail contiennent, d'une part, des dispositions normatives ou réglementaires et,d'autre part,des dispositions obligatoires. Les dispositions normatives s'appliquent à des personnes qui n'ont pas nécessairement participé à la négociation (les travailleurs, les entreprises) ; elles peuvent être individuelles ou collectives. Les dispositions individuelles, par exemple, s'intègrent dans les contrats de louage de travail individuel : conditions de travail, salaire, durée de prestations, paiement de primes. Tandis que les dispositions collectives organisent les relations au sein des entreprises : délégation syndicale, règlement de conflits de travail, sécurité et hygiène dans l'entreprise, etc…

La convention peut mentionner des dispositions plus favorables aux travailleurs que celles de la légalisation et de la réglementation en vigueur ; mais ne peut déroger aux dispositions d'ordre public (art. 274). La convention collective détermine son champ d'application professionnel et territorial (art. 275).

---

[47] Lire « Egalité des parties » in MANWANA MUNGONGO, « L'UNTZa et la politique des conventions collectives », in Zaïre Afrique, n°105, mai 1976, pp.263-264.

Elle est conclue pour une durée déterminée ou indéterminée. A défaut de la durée de la convention, celle-ci est réputée indéterminée (art. 276).

Les articles 277 et 278 précisent la durée indéterminée d'une convention collective.

1° Les éléments d'une convention collective

L'article 279 précise ceci :

Toute convention collective doit être rédigée en langue officielle. Elle comporte obligatoirement :

- le lieu et la date de sa conclusion ;
- les noms et la qualité des contractants et des signataires ;
- son champ d'application professionnel et territorial ;
- son objet ;
- sa date d'entrée en vigueur ;
- la procédure de conciliation et d'arbitrage à observer pour le règlement des conflits collectifs entre employeurs et travailleurs liés par la convention ;
- les règles applicables en cas d'incapacité temporaire et involontaire de l'employeur d'assurer aux travailleurs les conditions normales à la suite notamment des difficultés d'approvisionnement ou d'évacuation des produits finis ;
- les modalités de perception et de versement, par les travailleurs, des cotisations syndicales à l'organisation professionnelle intéressée.

Elle peut comporter, sans que cette énumération soit limitative, des dispositions concernant :

- le libre exercice du droit syndical ;
- les salaires applicables par catégories professionnelles ;
- les conditions d'embauchage et de licenciement des travailleurs ;
- la durée de la période d'essai et celle du préavis ;
- les congés payés ;
- les modalités d'exécution des heures supplémentaires et leurs taux ;
- les indemnités de déplacement ;
- les primes d'ancienneté et d'assiduité ;
- les conditions générales de la rémunération au rendement lorsqu'un tel mode de rémunération est reconnu possible ;
- la majoration de salaires pour travaux pénibles, dangereux ou insalubres ;

- l'organisation et le fonctionnement de l'apprentissage et de la formation professionnelle dans le cadre de la branche d'activité considérée ;
- l'organisation, la gestion et le financement des services sociaux et médico-sociaux ;
- les modalités de paiement éventuel d'une indemnité forfaitaire en cas de force majeure débouchant sur une résiliation du contrat de travail ;
- en général, toutes dispositions ayant pour objet de régler les rapports entre employeurs et travailleurs d'une branche d'activité déterminée.

Dans toute entreprise à laquelle la convention s'applique, l'employeur doit, dès son entrée en vigueur, afficher la convention et, le cas échéant, sa traduction en langue usuelle de la région en un endroit réservé à cet effet, très visible et facilement accessible aux travailleurs (art. 281). Toute organisation professionnelle ayant conclu une convention collective veillera à ce que ses membres visés par celle-ci puissent, dès que possible, avoir connaissance de son texte et de la note explicative jointe à la convention, si les parties en établissent une (art. 281).

Toute convention peut être révisée dans les formes et les conditions qu'elle prévoit (art. 282). Les articles 279, 280 et 281 ci-dessus sont applicables en cas de révision d'une convention collective. La publication de l'acte de révision au « Journal officiel » est obligatoire. Elle se fait sans frais (art. 282).

A la demande d'un syndicat représentatif des travailleurs ou des employeurs intéressés, ou de sa propre initiative, le Ministre ayant le Travail et la Prévoyance Sociale dans ses attributions peut instituer une commission paritaire destinée à régler par voie de convention collective, les rapports entre un ou plusieurs syndicats d'employeurs et un ou plusieurs syndicats de travailleurs d'une ou plusieurs branches d'activités déterminées (art. 284). Les représentants des travailleurs et des employeurs sont désignés par les syndicats et les organisations intéressés (art. 284, al.3).

Lorsqu'une convention collective a été publiée au « Journal officiel », le Ministre ayant le Travail et la Prévoyance Sociale dans ses attributions peut, à la demande d'une des parties et après avis de la commission paritaire prévue à l'article 284, décider l'extension de toutes ou de certaines dispositions à tous les employeurs compris dans le même secteur professionnel et territorial. Il peut décider, dans les mêmes conditions, l'abrogation d'une extension (art. 287).

L'article 289 dispose que « la convention collective » a force obligatoire pour :

1. Tous les contractants ;
2. Les personnes physiques ou morales qu'ils représentent ;

3. Les personnes physiques ou morales qui sont ou deviennent membres des organisations professionnelles contractantes.

L'alinéa 2 de cet article souligne que les dispositions d'une convention collective sont applicables à tous les travailleurs des catégories intéressées, employés dans la ou les entreprises visées par la convention, sauf disposition contraire de celle-ci.

La convention collective étendue a force obligatoire pour les employeurs et les travailleurs auxquels elle est étendue (art. 290).

Les dispositions de la convention collective sont applicables nonobstant les dispositions contraires des contrats individuels de travail et des règlements d'entreprise ou toutes autres dispositions contraires convenues entre employeurs et travailleurs. Ces dispositions sont réputées remplacées par les dispositions de la convention collective (art. 291).

Ne sont pas réputées contraires aux dispositions de la convention collective, celles qui sont considérées comme plus favorables pour les travailleurs qui en sont bénéficiaires (art. 291, al.2).

L'article 292 prévoit que les dispositions de la convention collective ne peuvent restreindre les avantages résultant pour les travailleurs des conventions collectives dont le champ d'application est plus large.

Dans le cas de substitution d'employeur, le nouvel employeur est subrogé aux droits et aux obligations de l'employeur précédent. La convention collective conserve force obligatoire pour les organisations professionnelles résultant de la scission d'une organisation qui est partie à la convention (art. 293).

Les employeurs, les organisations professionnelles d'employeurs et de travailleurs, ainsi que ceux qui les représentent, parties à une convention collective, sont tenus d'exécuter de bonne foi les engagements qui en résultent et de s'abstenir de tout ce qui est de nature à en compromettre la loyale exécution (art. 294).

L'alinéa 2 du même article précise que les organisations professionnelles d'employeurs et de travailleurs sont, en outre, tenues de veiller au respect par leurs membres des stipulations de la convention collective. Elles en sont garantes dans la mesure où la convention la détermine.

La violation des obligations convenues donne droit aux parties à une action en dommages-intérêts dont les modalités et les limites peuvent être stipulées dans la convention (art. 295).

2° Importance de la convention collective en droit du travail

La signature d'une convention collective par les organisations professionnelles d'employeurs et de travailleurs procure plusieurs avantages. En effet, les employeurs, même s'ils ne sont pas représentés par un syndicat, peuvent valablement signer une convention. Il n'en est pas ainsi des travailleurs qui ne peuvent, eux, conclure valablement une telle convention que s'ils sont représentés par leur syndicat.

Comme il a été souligné avant, l'expérience prouve que, devant leur employeur qui a le pouvoir de commander et de se faire obéir, les travailleurs renoncent, par crainte de sanctions, à des revendications, même légitimes. C'est pourquoi, l'intervention du syndicat place les travailleurs sur un même pied d'égalité que les employeurs.

La pratique des conventions collectives est l'une des exigences essentielles de la *démocratie sociale*. Le grand avantage que présente un accord collectif réside dans le fait qu'il précise, compte tenu des particularités de chaque profession, entreprise ou région, les obligations et les droits des travailleurs et des employeurs. Le Code du travail ne fixe que des avantages minima en dessous desquels il est interdit de conclure des contrats de travail. Les avantages réels concrets ne sont normalement fixés que par des contrats individuels et par des conventions collectives.

La convention collective a force de loi. C'est pour cette raison que son texte doit être déposé au greffe du Tribunal de grande instance. Tous les employeurs et tous les travailleurs régis par une convention collective sont tenus de la respecter sous peine de dommages-intérêts ou d'autres sanctions diverses prévues à cet effet.

La conclusion d'une convention collective est un travail laborieux, peu connu de non-initiés, mais très bénéfique pour les travailleurs qui y obtiennent toujours quelques avantages supplémentaires à ceux fixés par la législation qui ne sont qu'un minimum.

3° Convention collective interprofessionnelle nationale du travail du02 mars 1968, révisée le 26 avril 1971

Cette convention a été signée entre l'ex-UNTZA et la FEC (Fédération des Entreprises Congolaises), ex ANEZA (Association Nationale des Entreprises Zaïroises). Cette signature répondait à une politique arrêtée par l'UNTZA en matière des conventions collectives. Selon cette politique, la première phase du mécanisme des conventions collectives, consisterait en la signature d'une Convention Cadre Interprofessionnelle Nationale. Au cours de la deuxième phase, les efforts du syndicat seraient orientés vers la signature des Conventions collectives professionnelles au niveau national ; tandis que les 3ème et 4ème phases seraient celles de la conclusion des

Conventions collectives interprofessionnelles régionales et des Conventions collectives d'entreprises.

En appliquant cette politique, la Convention collective du 02 mars 1968 fut signée, la première convention qui avait comme champ d'application toutes les professions considérées au niveau national et prévoyant des avantages et obligations à caractère général. Les conventions signées ultérieurement devaient nécessairement s'inspirer des dispositions de cette convention appelée « Convention-cadre » et préciser leur contenu, compte tenu des particularités de chaque profession et de chaque région. Il importe de noter que tous les employeurs affiliés à l'ANEZA étaient régis par cette convention. Par conséquent, ils étaient tous tenus de respecter l'esprit et le contenu.

En vertu de son caractère de Convention-cadre, l'accord collectif du 2 mars 1968 constitue, en quelque sorte, « un pacte social » aux termes duquel les parties acceptent le principe de la conclusion des Conventions collectives.

Le contenu d'une convention collective laisse entrevoir plusieurs points. Ces points déterminent comment se traitent le contrat de travail, la durée de la période d'essai, les sanctions disciplinaires, le préavis, les salaires, les heures supplémentaires, la classification professionnelle, les augmentations salariales pour ancienneté, le logement, la gratification, les congés, les transports, l'équipement du travail, les cas d'accident de travail et des maladies professionnelles.

En matière de salaire, outre que la Convention-cadre prévoit (art. 20), le principe de la rémunération globale fixée compte tenu du travailleur, elle précise qu'une commission mixte interprofessionnelle nationale aura à examiner chaque année la situation des salaires et des prix.

Pour ce qui est des heures supplémentaires, il est prévu, selon l'article 21, une majoration de 30% pour les deux premières heures effectuées au-delà de la durée légale, 60% pour les heures suivantes et 100% pour les jours fériés et de repos.

Quant à l'augmentation de salaire pour l'ancienneté, l'article 23 prévoit un minimum de 1,5% pour la première année et de 30% en 20 ans.

4° Convention collective interprofessionnelle nationale du travail du décembre 2005

Cette convention a été signée entre les organisations professionnelles d'employeurs représentées par : 1) la Fédération des Entreprises du Congo (FEC) ; 2) l'Association Nationale des

Entreprises du Portefeuille (ANEP) ; 3) la Fédération Nationale des Petites et Moyennes Entreprises Congolaises (FENAPEC) ; 4) la Confédération des Petites et Moyennes Entreprises du Congo (COPEMECO) ; d'une part, et les organisations professionnelles des travailleurs représentées par : 1) l'Union Nationale des Travailleurs du Congo (UNTC) ; 2) la Confédération Syndicale du Congo (CSC), 3) la Confédération Démocratique du Congo (CDT) ; 4) la Solidarité ; 5) l'Organisation des Travailleurs Unis du Congo (OTUC) ; 6) le Syndicat des Travailleurs Libres (STL) ; 7) la Conscience des Travailleurs et Paysans (CTP) ; 8) l'Union Nationale des Travailleuses et Travailleurs du Transport, des Mines, de l'Energie, de l'Alimentation et de l'Agriculture (UTEA) ; 9) la Fédération Générale du Travail du Kongo (FGTK) ; 10) la Force Syndicale du Congo (FOSYCO) ; 11) le Syndicat Libre du Congo (SLC) ; 12) la Garantie Sociale des Travailleurs (GST) ; d'autre part.

Le but de cette convention est de régir les rapports de travail entre les employeurs et les travailleurs (art 1).

Cette convention s'applique aux entreprises appartenant aux branches des activités définies par la classification internationale des branches d'activités économiques ci-après : agriculture, sylviculture, chasse et pêche, industries, extractives, industries manufacturières, bâtiments et travaux publics, électricité, gaz, eau et services sanitaires, commerce, banque, assurance, affairesimmobilières, transport, entrepôts et communication, services et autres activités non désignées sur toute l'étendue de la RDC.

La durée de la convention est indéterminée (art.5). Plusieurs dispositions sont incluses dans ladite convention ; nous citons : l'entrée en vigueur, les avantages acquis, la dénonciation, la révision, la grève et le lock-out, l'adhésion, la participation des organisations professionnelles, les commissions mixtes, les effets de la convention, l'information sur la marche et la situation économique de l'entreprise, les obligations et les avantages réciproques, le contrat de travail et la période d'essai, la classification des emplois, la rémunération, le salaire, les avantages conventionnels, le préavis, les congés, les heures supplémentaires, l'ancienneté, les allocations familiales ou extra-légales, le logement, la gratification, le pécule de congé, le transport, le comité de la lutte contre le VIH/SIDA en milieu du travail, les sanctions disciplinaires, le droit de la femme au travail, les cotisations syndicales, le cadre permanent de concertation, la procédure de conciliation et la médiation, etc…

Ce survol sur les relations professionnelles et humaines en droit du travail congolais nous permet d'aborder une question y afférente, celle liée aux litiges individuels, aux conflits collectifs du travail ainsi qu'à la résolution des conflits relatifs au monde du travail, en général, et en RDC en particulier.

CHAPITRE 10

LES DIFFERENDS INDIVIDUELS ET LES CONFLITS COLLECTIFS DU TRAVAIL

Un différend oppose un salarié à un employeur, tandis qu'un conflit collectif, lui, oppose un ensemble de salariés à un employeur et se manifeste, généralement, par un mouvement collectif dont on cherche à priori soit à réduire les effets, soit à diminuer la durée en supprimant la cause.

Pour ce qui concerne les différends individuels, l'accent est mis sur les juridictions de travail, alors que pour les conflits, on fait appel à la grève. Les litiges individuels et les conflits collectifs du travail sont soumis aux procédures instituées par le Code du travail (art. 297).

10.1. La conciliation préalable des litiges individuels

Les litiges individuels doivent faire l'objet de la procédure de conciliation. Celle-ci consiste à régler les litiges individuels entre partenaires sociaux sous l'initiative de l'une des parties, devant l'inspecteur du travail du ressort (art. 298). En pratique, l'inspecteur du travail procède à un échange de vues sur l'objet du litige et vérifie si les parties sont disposées à se réconcilier sur base des normes fixées par la législation, la réglementation ou la convention collective ou le contrat individuel de travail (art. 300).

Ces échanges de vue font l'objet d'un Procès-Verbal établi par l'inspecteur du travail, constatant l'accord ou la non conciliation (art. 300). Les parties sont libres de se faire assister ou représenter. Le PV est signé par l'inspecteur du travail et les parties. Celles-ci en reçoivent ampliation.

En cas de conciliation, la partie la plus diligente fait apposer la formule exécutoire sur le PV auprès du Président du Tribunal de Travail compétent, ce dernier est celui dans le ressort duquel le PV de conciliation est signé. L'exécution est poursuivie comme un jugement du Tribunal de Travail (art. 301).

En cas d'échec total ou partiel de la tentative de conciliation prévue à l'article 300, le litige peut être soumis au Tribunal de Travail (Cf. loi n°016/2002 du 16 octobre 2002 portant création, organisation et fonctionnement des Tribunaux de Travail comme le démontre l'examen du point 10.4 de ce chapitre).

Une dernière précision, enfin, est qu'une mesure individuelle prise par l'employeur à l'égard d'un salarié peut provoquer un conflit collectif si les raisons de cette mesure mettent en question un intérêt de groupe, par exemple : la mauvaise interprétation d'une convention collective ou le renvoi d'un délégué syndical pour des motifs qui se rattachent à l'exercice de ses fonctions.

10.2. La conciliation préalable des conflits collectifs de travail

Le conflit collectif oppose un ensemble de salariés à un employeur et il se manifeste, généralement,, par un mouvement collectif dont on cherche à priori soit à réduire les effets, soit à diminuer la durée en supprimant la cause.

Les travailleurs étant, d'une part, économiquement faibles pour pouvoir exercer entièrement leur liberté contractuelle vis-à-vis de l'employeur et, d'autre part, la solidarité des travailleurs étant incertaine, quand se multiplient les accords qui règlent leur sort les conflits collectifs et les conventions collectives se présentent comme premiers moyens pour remédier à cette situation. Ces moyens peuvent faire contrepoids à l'employeur. Toutefois, les conflits collectifs ou l'action de quelques personnes mettent à l'épreuve des cadres juridiques du contrat de travail, et quand cette action va jusqu'à la grève, elle fait une violence manifeste au contrat lui-même puisque l'arrêt contesté du travail rejette précisément les obligations antérieurement conclues.

Généralement, lorsqu'on parle de conflit collectif, on pense à la grève. Il faut, cependant, noter que tout conflit collectif n'est pas une grève et ne mène toujours pas à la grève. Il peut y avoir un conflit opposant les travailleurs d'une entreprise à leur employeur sans qu'il y ait cessation de travail. La grève n'est qu'une manifestation visible du conflit parmi tant d'autres[48]. Un conflit de travail peut s'aggraver et prendre deux formes plus agressives : la grève et le lock-out.

Les conflits collectifs de travail ne sont recevables devant les Tribunaux de Travail que s'ils ont été préalablement soumis à la procédure de conciliation et de médiation, selon le cas, à l'initiative respectivement de l'une des parties devant l'inspecteur du travail ou du ministre ayant le Travail et la Prévoyance Sociale dans ses attributions ou du Gouverneur de province de la commission de médiation (art. 304).

En cas de non conciliation, de conciliation partielle ou de recommandation frappée d'opposition, la demande est formulée devant le Tribunal de Travail par l'une des parties dans le délai de 10 jours ouvrables à compter de l'expiration du préavis de grève ou du lock-out à l'autre partie (art. 305).

A défaut de procédure conventionnelle de règlement, la procédure légale de conciliation et de médiation des conflits est fixée conformément aux articles 307 à 315 du Code du travail (art. 306).

[48] Lire LAROQUE, P., Les grands problèmes contemporains, Fascicule II, 1966-1967, p.220.

Le conflit collectif du travail est notifié par la partie la plus diligente à l'inspecteur du travail du ressort (art. 307). Toutefois, l'inspecteur du travail peut entamer la procédure de conciliation lorsqu'il a connaissance d'un conflit qui ne lui a pas été notifié[49].

10.3. La médiation des conflits collectifs de travail

En cas de non conciliation totale ou partielle, le conflit est obligatoirement soumis à la procédure légale de médiation, telle que définie aux articles 310 à 315 du Code du travail. Les conflits collectifs non réglés en conciliation par l'inspecteur du travail sont soumis à une commission de médiation instituée spécialement à cet effet (art. 310). La commission se compose du président du Tribunal de Paix dans le ressort duquel est né le conflit ou d'un magistrat désigné par ses soins, d'un assesseur employeur et d'un assesseur travailleur. Elle est présidée par le Président du Tribunal de Paix ou le magistrat désigné par ses soins (art. 310).

Les assesseurs sont désignés sur proposition des organisations professionnelles les plus représentatives par :

- le Gouverneur de province dans le cas visé au deuxième alinéa de l'article 309 ;
- le Ministre ayant le Travail et la Prévoyance Sociale dans ses attributions dans le cas visé au 3ème alinéa du même article.

Les assesseurs doivent être étrangers à l'établissement ou aux établissements affectés par le conflit.

La désignation des assesseurs et la transmission du dossier du conflit au président de la commission de médiation interviennent dans les quatre jours ouvrables dès la réception, par l'autorité compétente, du PV de non conciliation (art. 310).

La commission de médiation se réunit dans les 3 jours ouvrables de la saisine. Elle ne peut se prononcer sur d'autres objets que ceux déterminés par le PV de non conciliation ou ceux qui, résultant d'événements postérieurs à ce PV, sont la conséquence directe du conflit en cours (art. 311).

La commission se prononce en droit dans les conflits relatifs à l'interprétation et à l'exécution des actes législatifs ou les réglementaires ou d'une convention collective. Elle se prononce en équité sur tous les autres conflits (art. 311).

Elle jouit de plus larges pouvoirs pour s'informer de la situation économique des entreprises ou des établissements et de la situation des travailleurs intéressés par ce conflit (art. 311).

Elle peut procéder à toute enquête, appuyer des entreprises ou des établissements et des organisations professionnelles et requérir des parties la production de tous les documents ou des renseignements. Les

[49] Voir les articles 307 et 308.

membres de la commission sont tenus au secret professionnel. Toutes les séances de la commission se tiennent à huis clos. La commission est tenue de terminer son instruction dans les 10 jours ouvrables à dater de la première séance (art. 311)

En cas d'accord, un procès-verbal est dressé par le président de la commission. Il est signé par les membres de la commission et par les parties ou leurs représentants. Une copie certifiée conforme du procès-verbal est délivrée gratuitement à l'inspecteur du travail, aux parties ou à leurs représentants (art. 312).

En cas de non conciliation, la commission formule des recommandations motivées qui sont immédiatement notifiées aux parties (art. 313). A l'expiration d'un délai de 7 jours francs à compter de la notification aux parties et si aucune des parties n'a manifesté d'opposition, les recommandations acquièrent force exécutoire dans les conditions fixées à l'article 314 du Code du travail.

La cessation collective du travail ou la participation à cette cessation collective du travail ne peut avoir lieu qu'à l'occasion d'un conflit collectif du travail et une fois que les moyens de règlement du conflit, conventionnels ou légaux, ont été régulièrement épuisés (art. 315).

Lorsqu'une cessation collective de travail est déclenchée à l'issue d'une procédure conventionnelle ou de la procédure légale de règlement, sont interdites toutes menaces, toutes représailles et toutes mesures vexatoires à l'égard des travailleurs qui se proposent d'y participer ou qui y ont pris part (art. 315).

10.4. Des Tribunaux du Travail

La loi n° 016/2002 du 16 octobre 2002 portant création, organisation et fonctionnement est à la base des Tribunaux du Travail.

Les Tribunaux du Travail sont régis par les dispositions des articles 316 à 334 du Code du travail congolais promulgué par la loi n° 015/2002 du 16 octobre 2002.

a) De la compétence des tribunaux du travail

Les Tribunaux du Travail connaissent des litiges individuels survenus entre le travailleur et l'employeur dans/ou à l'occasion du contrat du travail, des conventions collectives ou de la législation et de la réglementation du travail et de la prévoyance sociale (art. 15 de la loi n° 016/2002).

Les Tribunaux du Travail connaissent aussi des conflits collectifs de travail, à savoir, les conflits survenus entre un ou plusieurs employeurs, d'une part, et un certain nombre de membres de leur personnel, d'autre part, au sujet des conditions de travail lorsqu'ils sont de nature à compromettre la bonne marche de l'entreprise ou la paix sociale (art. 16 de la loi n° 016/2002). Lorsqu'un conflit de travail affecte un ou plusieurs établissements situés dans plusieurs districts d'une même province, le Tribunal du Travail compétent est celui du chef-lieude la province.

Lorsqu'un conflit collectif de travail affecte plusieurs établissements d'une même entreprise ou plusieurs entreprises situées dans plusieurs provinces, le Tribunal de Travail compétent est celui de Kinshasa/Gombe (art. 18, loi n° 6/2002).

Les Tribunaux du Travail connaissent de l'exécution de toutes les décisions rendues en matière de travail (art. 21, loi n° 016/2002).

b) La procédure devant les Tribunaux du Travail (Cf. art. 25 à 28)

Les litiges individuels de travail ne sont recevables devant les tribunaux du travail que s'ils ont été préalablement soumis à la procédure de conciliation à l'initiative de l'une des parties devant l'inspecteur du travail du ressort (art. 25, loi n° 16/2002).

Le Tribunal du Travail est saisi par une requête écrite ou verbale du demandeur ou de son conseil. La requête écrite déposée entre les mains du greffier qui en accuse réception ou adressée au greffier par lettre recommandée à la poste contre récépissé. Elle est datée et signée par son auteur. La requête verbale est actée par le greffier et signée conjointement par ce dernier et le déclarant (art. 26, loi n° 016/2002).

Les conflits collectifs de travail ne sont recevables devant les Tribunaux du Travail que s'ils n'ont pas été préalablement soumis à la procédure de conciliation prévue aux articles 303 à 308 du Code du travail et à la procédure de médiation prévue aux articles 309 à 313 du même code (art. 27, loi n° 016/2002).

En cas de non conciliation, de conciliation partielle ou de recommandation frappée d'oppositions, le tribunal du travail est saisi par l'une des parties dans le délai de 10 jours à dater de l'expiration de préavis de grève ou de lock-out notifié à l'autre partie. Dépassé ce délai, l'inspecteur du ressort saisi le tribunal. La saisine du Tribunal de Travail suspend la grève ou le lock-out (art. 28, loi n° 016/2002).

Conformément aux lettres n° CAB/PM/CJFAD/JNK/2013/7737 du 28 novembre 2013 et n° CAB/PM/SOC/LTT/2014/9206 du 11 février 2014 du Premier Ministre relatives à la dérogation pour l'installation des Tribunaux du Travail, il est créé trois (3) Tribunaux du Travail sur l'ensemble de la RDC ci-après :

- Tribunal du Travail de Kinshasa/Gombe ;
- Tribunal du Travail de Kinshasa/Matete ;
- Tribunal du Travail de Lubumbashi.

L'arrêté ministériel n° 045/CAB/MIN/ETPS/MBL/JCM/dog/2014 du 20 mars 2014 porte désignation des juges assesseurs et des juges suppléants des tribunaux précités. C'est déjà un signe de bonne volonté pour avancer dans le domaine de la législation du travail en RDC en matière des Tribunaux du Travail qui ont fait défaut depuis l'accession du pays à l'indépendance.

10.5. La grève

On peut définir la grève comme une cessation collective et concertée du travail par le personnel d'une entreprise en vue d'obtenir une amélioration des conditions de travail ou de rémunération.

Aux termes de l'article 303 du Code du travail congolais, le conflit collectif est défini comme *tout conflit survenu entre un ou plusieurs employeurs, d'une part, et un certain nombre de membres de leur personnel, d'autre part, portant sur les conditions de travail, lorsqu'il est de nature à compromettre la bonne marche de l'entreprise ou la paix sociale*.

Tandis que la grève, en tant que moment aigu et spectaculaire de la manifestation du conflit collectif, est une « coalition ayant pour objet la cessation du travail »[50]. Elle est donc, une cessation collective et concertée du travail, un phénomène de masse. La grève est destinée, d'abord et exclusivement,, à faire pression sur le patronat puis, en un deuxième lieu, elle est destinée à alerter les pouvoirs publics et, enfin, en troisième lieu, elle est appelée à sensibiliser l'opinion publique nationale aux problèmes qui agitent la classe ouvrière… Il est aisé de constater que la notion de grève ainsi définie implique une action collective. Par ailleurs, la Constitution congolaise reconnaît le droit de grève aux travailleurs. Elle reconnaît aussi un autre droit qui lui est préalable et complémentaire : le droit à la liberté de cotisation pour défendre leurs droits par action syndicale.

Donc, la grève est considérée actuellement comme une modalité de la défense des intérêts professionnels[51]. Ainsi, l'exercice du droit de grève fait partie des libertés fondamentales dont jouissent les citoyens. Elle fait partie des droits fondamentaux de l'homme.

Ce droit présuppose que la cessation collective du travail soit faite conformément aux dispositions légales. L'inexécution du contrat de travail pendant la grève étant licite, l'employeur ne peut se prévaloir de cette inexécution pour renvoyer les travailleurs grévistes et rompre ainsi le contrat.

La suspension du contrat en cas de grève ou de lock-out proclamée par le Code du travail à son article 57, paragraphe 6, trouve son fondement dans cette conception du droit de grève.

Par ailleurs, le Code du travail congolais épouse en cela une conception communément acceptée par les législations de plusieurs pays (Allemagne, France, Belgique) selon laquelle l'affirmation solennelle du droit de grève par le constituant ne peut logiquement pas se concilier avec la

---

[50] Voir le commentaire sur la grève, in THERY, R., La grève et le contrat de travail, in *Etudes de Droit Contemporain*, Travaux et recherche de l'institut de droit comparé de l'Université de Paris, SIREY, 1959, n°3, p.235.

[51] THERY, R., Op.cit., p.236

rupture du contrat de travail par l'employeur en réponse à l'exercice de ce droit.

On sait, d'autre part, que l'exercice d'un droit constitutionnel ne peut être considéré comme une faute commise en violation d'un contrat ; il ne peut davantage signifier l'abandon définitif de l'emploi.

En d'autres termes, le travailleur qui fait grève use d'une prérogative qui lui est conférée par la loi et invoque, de ce fait, une cause de suspension du contrat de travail.

1) Eléments constitutifs de la notion de grève

Le Code du travail qui a, effectivement, admis la grève, a aussi imposé des restrictions que nous résumons en quatre points suivants :

a) L'élément collectif est nécessaire du côté des travailleurs. Le conflit intéresse l'ensemble ou une partie des salariés de l'entreprise. Si le litige concerne une mesure individuelle, il s'agit d'un litige individuel, à moins que ce litige mette en cause des principes comme la liberté syndicale, par exemple. Un conflit collectif peut donc naître d'une mesure individuelle dans la mesure où celle-ci fait apparaître un intérêt collectif ;

b) Le conflit doit opposer l'employeur aux seuls membres de son personnel. Si aucun litige n'existe entre eux, la grève de solidarité, par exemple, est illégale puisque le code n'autorise la formation d'une coalition ayant pour objet la cessation collective de travail ou la participation à une telle coalition qu'à l'occasion d'un conflit collectif ;

c) L'objet du conflit ne peut concerner que les conditions de travail dans les entreprises en cause. Les revendications d'un groupe des travailleurs qui n'ont pas de relations avec le travail proprement dit (questions politiques, fiscales, religieuses) sont donc étrangères à la notion de conflit collectif du travail prévue par le Code du travail.

d) Le conflit ne doit pas être de la compétence des Tribunaux du Travail. Ceux-ci connaissent les litiges individuels survenant entre les travailleurs et les employeurs, dans ou à l'occasion de l'application du contrat de travail ou d'apprentissage, des conventions collectives et, en général, de la législation et de la réglementation du travail et de la prévoyance sociale.

2) Typologie des grèves[52]

Il y a plusieurs formes de grèves connues dans le monde parmi lesquelles nous citons:

a) Grèves offensives et grèves défensives

Les *grèves offensives* ont pour but de remettre en question les conditions existantes pour l'obtention de nouveaux avantages et ayant des objectifs précis et immédiats d'obtenir les avantages nouveaux : salaires, primes, congés, heures supplémentaires, élargissement des droits, etc.

Les *grèves défensives* sont destinées à imposer le respect des clauses existantes. Elles peuvent revêtir un caractère distributif, pour la défense du niveau des rémunérations ou des avantages acquis.

b) Grèves généralisées et grèves localisées

On considère comme *grèves généralisées* toute cessation collective d'activités résultant d'un mot d'ordre extérieur à l'entreprise ou à l'établissement, et pouvant affecter ces derniers non seulement au niveau national (dans un ou plusieurs secteurs d'activités) mais également au niveau régional ou local (également dans un ou plusieurs secteurs d'activités).

La *grève localisée* est toute cessation d'activités résultant d'un mot d'ordre propre à l'entreprise ou à l'établissement et qui, à l'origine, n'est pas appelé à connaître d'extensions futures. On l'appelle parfois *conflit localisé* ou « *miniaturisé* » puisque ne débouchant pas sur des actions à caractère national.

c) Grèves catégorielles et de solidarité

La *grève catégorielle* consiste en toute cessation collective à appuyer les revendications d'une partie de l'entreprise. On s'associe à l'action pour appuyer les autres, par exemple la mise en cause des cotations de poste d'une catégorie de travailleurs peut entraîner la revendication de toute l'entreprise.

La *grève de solidarité* ou *sympathique* consiste en toute cessation collective d'activités engagée par les salariés d'une entreprise ou d'un secteur afin de soutenir le conflit engagé par d'autres salariés dans une autre firme ou une autre branche (grève de solidarité interprofessionnelle), sans que les ouvriers qui se mettent en grève par sympathie aient nécessairement un conflit avec leur entreprise (solidarité).
Exemple : opposition contre le licenciement ou la mutation de l'un ou des plusieurs de leurs.

---

[52] WEISS DIMITRI, *Les relations du travail : Employeur-personnel-syndicat-Etat*, Paris, éd. Dunod, 1981, pp.43-74.

d) Grèves tournantes

Ce sont des arrêts de travail affectant par échelonnements successifs ou par roulement concerté les divers secteurs et les diverses catégories professionnelles d'un même établissement ou service ou des différents établissements ou services d'une même entreprise ou d'un même organisme. Ce sont des *grèves catégorielles* ou *sectorielles* à exécution successive. Celles-ci n'affectent pas tous les travailleurs d'une entreprise en même temps.

e)Grèves spontanées ou grèves syndicales (ou planifiées)

Les *grèves spontanées* sont celles qui résultent d'un mouvement collectif spontané et imprévisible sans avoir été concerté à l'avance. Elles surgissent sans qu'une initiative quelconque ait été prise par la représentation syndicale et, assez souvent, à l'encontre de ses avis (grève sauvage). Ce sont des grèves régulières chargées de spontanéisme et imparfaitement contrôlées par les appareils syndicaux ; elles sont également appelées, à tort ou à raison, grève à l'italienne.

Les *grèves syndicales* ou *planifiées* sont des grèves réfléchies, préparées, voulues et décidées à l'avance par le syndicat ; ce dernier voit le raisonnement stratégique à prendre.

f) Grèves sauvages

Ce sont celles qui sont déclenchées au mépris des syndicats puisqu'en l'absence de consigne des organisations syndicales et parfois, contre elles et des dispositions des conventions collectives régissant les travailleurs intéressés. Elles sont quasiment spontanées.

g) Grèves « bouchon»

Ce sont des grèves fondées sur la responsabilité d'actions ; elles sont limitées parfois à quelques dizaines d'ouvriers paralysant l'appareil productif. Grève qui est le fait du personnel d'exécution.

h) Grèves non classiques

Contraire des grèves classiques au cours desquelles les travailleurs cessent leurs activités, quittent machines et bâtiments, abandonnant, par conséquent, le poste de travail et restent en dehors de l'entreprise. Parmi ces grèves, il y a les *grèves perlées* ou les *grèves de rendement* pendant lesquelles les salariés restent à leur poste de travail sans pour autant cesser leurs activités ; ils en réduisent seulement l'efficacité parce qu'on peut appeler un ralentissement concerté et collectif du rythme de travail, en diminuant la cadence de production (freinage). Il y a aussi le *sabotage* ou *grève avec exécution volontaire défectueuse* qui vise à entraver ou à freiner la production en endommageant la machine ou l'équipement afin d'exercer une pression économique sur l'employeur ou lui causer préjudice. Il y a trois types de sabotage ouvrier : par *destruction de machines* ou de *produits* (incendies, vols, saccages, refus d'assurer les services de sécurité) ; par *arrêt de production* (grève et techniques de sabotage de la production sans destruction) ; enfin par *ralentissementde l'activité* (freinage, grève du zèle, absentéisme, turn-over, travail sans goût, refus de travail industriel,...).

Il y a enfin, les *grèves du zèle*. Celles-ci aboutissent pratiquement au même résultat que les *grèves perlées*. En effet, les salariés restent à leur poste de travail mais appliquant à la lettre les prescriptions réglementaires, ce qui amène des pertes de temps considérables.

i) Grèves surprises

Ce sont celles qui sont brusquement déclenchées par les travailleurs, sans qu'ils aient saisi les employeurs de leurs revendications, sans qu'ils aient au préalable engagé des pourparlers en vue de les faire aboutir ou qu'ils aient recours à une procédure de conciliation.

j) Grèves avec occupation des lieux de travail

C'est un moyen de pression par l'accaparement permanent de tout ou une partie des lieux de travail. C'est un élément matériel doublé d'un élément psychologique qui réside dans la volonté des grévistes d'exercer par leur présence dans le théâtre des conflits, une pression à la fois sur l'employeur et sur les travailleurs qui ne sont pas mis en grève.

k) Grèves à finalités politiques

Si les grèves à caractère purement professionnel ont pour but d'obtenir une amélioration des salaires et des conditions de travail, ou tout au moins de s'opposer à leur dégradation, les *grèves politiques* ont pour but d'obtenir un résultat précis, soit dans le domaine national, soit dans celui de la politique internationale. Les grèves politiques sont, généralement, celles qui sont conçues comme un moyen de démonstration ou de protestation non centré à l'action des employeurs, mais contre celle du Gouvernement. On peut parler de grèves politiques non seulement en raison de leurs buts, mais aussi en tenant compte de leurs interlocuteurs, en l'occurrence, l'Etat.

3) Conditions d'exercice du droit de la grève et lock-out

Rappelons que la grève et le lock-out suspendent le contrat et que le droit de grève reconnu aux travailleurs n'est pas un droit absolu, il comporte des limites. Toutefois, la grève peut, dans certaines circonstances, entraîner la rupture du contrat, si elle est déclenchée sans tenir compte de la procédure de règlement des conflits telle qu'elle est déterminée par les articles 303 à 315 du Code du travail.

4) Limitation légale du droit de grève et du lock-out

Du point de vue de la loi, la formation d'une coalition ayant pour objet la cessation collective ou la participation à une telle coalition, ne peut avoir lieu qu'à l'occasion d'un conflit collectif du travail et une fois que les moyens de règlement du conflit, conventionnels ou légaux, ont été régulièrement épuisés.

Par ailleurs, cette cessation collective de travail doit être le fait des travailleurs au sens strict. En effet, le législateur exclut de la notion de grève tout acte et toute menace tendant à contraindre un travailleur à participer à une cessation collective de travail ou à empêcher le travailleur ou la reprise du travail.

En outre, certaines grèves et lock-out sont considérés comme illégaux, notamment la grève ou le lock-out dont l'objet est étranger à la notion du conflit collectif tel que défini par le législateur congolais. Sont également déclarés illégaux, toute grève et tout lock-out déclenchés avant l'épuisement des procédures conventionnelles ou légales de règlement des conflits collectifs. A ce propos, la grève et le lock-out sont déclarés illégaux lorsqu'ils surviennent après que les conflits collectifs aboutissent à un accord de conciliation ou après que les recommandations des médiateurs aient acquis force exécutoire. Il en est de même de la grève et du lock-out déclenchés avant l'expiration du délai de préavis imposé par l'arrêté ministériel du 29 janvier 1968 (art. 3 de cet arrêté).

5) Les effets de la grève ou du lock-out licite sur le contrat

Pendant la grève ou le lock-out, la prestation de travail n'étant plus fournie, les règles qui s'attachent à la situation d'exécution effective du contrat cessent aussi de s'appliquer. Il faut étudier les effets de la grève ou du lock-out licites sur l'ensemble de la situation du contrat de travail.

a) Sur le contrat

La grève ou le lock-out déclenché dans le respect de la procédure de règlement des conflits collectifs de travail, telle que définie par le Code du travail, ont, pour effet, de suspendre le contrat. Le contrat étant simplement suspendu, le lien d'appartenance du travailleur à l'entreprise subsiste et les droits et les obligations qui découlent de l'existence même de ce lien subsistent également.

Par contre, l'employeur cesse d'être responsable du travailleur parce que ce dernier ne se trouve plus, pendant la grève, dans l'exercice de ses fonctions.

b) Sur le droit au salaire

Le travailleur ne peut prétendre avoir droit à sa rémunération que si son obligation à la prestation de travail a été accomplie. Ce principe est expressément inscrit dans le code du travail[53]. Au cours de la grève, la rémunération et la prestation de travail cessent d'être dues. Cette règle s'applique aux travailleurs partis à un conflit collectif et aussi aux travailleurs qui ne peuvent exercer leurs obligations contractuelles à la suite d'un lock-out régulier.

Une exception est faite en faveur des membres du personnel et leurs familles. Lorsqu'ils sont logés par l'employeur, ils continuent à bénéficier de cette prestation en nature pendant la grève ou le lock-out. Cette obligation d'assistance est prévue à l'article 6.2 de l'arrêté ministériel du 29 janvier 1968.

S'agissant de la rémunération refusée aux grévistes, la réduction sera calculée proportionnellement à la durée de la grève ou du lock-out.

Remarquons que la disposition du Code du travail qui dispense l'employeur de payer une rémunération, n'a pas de caractère impératif. On peut imaginer que l'employeur renonce à en invoquer le bénéfice ; par ailleurs, si l'accord des parties établi à la fin de la grève prévoit le règlement de la rémunération, les travailleurs peuvent parfaitement obtenir de l'employeur une indemnité pour les journées perdues par suite de la grève.

c) Soins de santé

Pendant la grève ou le lock-out, les dispositions des articles du code de travail sont d'application. L'arrêté ministériel du 29 janvier 1968 a maintenu cette obligation de l'employeur de supporter les soins de santé durant les périodes de suspension du contrat.

d) Pensions et risques professionnels

Le décret-loi organique du 29 juin 1961 portant sur la sécurité sociale stipule que les cotisations dues à l'INSS sont assises sur l'ensemble des rémunérations payées aux personnes assujetties. L'employeur est donc dispensé de ses obligations quant au paiement des cotisations d'assurance-pension et d'assurance-risques professionnels.

Mais le décret-loi fait intervenir, pour le calcul du montant de la pension, le nombre de mois d'assurance. Sont assimilés aux mois d'assurance, c'est-à-dire, ceux pendant lesquels l'employeur est tenu de fournir au travailleur les soins de santé (art. 45 du décret-loi). En conséquence, les périodes de grève ou de lock-out licites sont assimilées aux

[53] Le Code du travail renforce cette disposition en déclarant qu'un salaire n'est dû en cas d'absence, en dehors des cas prévus par la législation et la réglementation et sauf accord entre les parties intéressées.

mois d'assurance en ce qui concerne le calcul du montant de la pension de retraite de survie.

e) Allocations familiales

Les allocations familiales sont payées au travailleur par l'employeur. L'article 35 du décret-loi sur la sécurité sociale précise que les allocations familiales sont dues pour les journées d'emploi effectif pour lesquelles le travailleur a droit au maintien intégral ou partiel de sa rémunération en vertu des dispositions du contrat de travail. Le code ne déroge pas cette règle. Donc en cas de suspension du contrat dû à une grève ou à un lock-out illicites, les allocations familiales sont suspendues.

10.6. Les effets de la grève ou du lock-out illicites sur le contrat de travail

La grève ou le lock-out déclenchée en violation des règles précitées sont déclarés illicites. Non seulement la grève ou le lock-out sont illicites, mais le fait de prendre part à ces conflits peuvent entraîner des sanctions pénales et civiles.

La grève ou le lock-out constitue, dans ce cas précis, une infraction mais aussi une faute contractuelle et même faute lourde de la partie qui se trouve être responsable. C'est un motif valable de rupture du contrat. Cette rupture peut être immédiatement prononcée par l'employeur sans notification de préavis.

En vertu de l'article 8 de l'arrêté ministériel du 29 janvier 1968, la cessation collective du travail déclenchée en contravention des règles précitées peut entraîner la perte du droit au préavis, à l'indemnité compensatoire de préavis ainsi qu'aux dommages-intérêts pour rupture du contrat de travail. Il faut souligner que les dispositions du Code du travail et l'article 8 de l'arrêté ministériel du 29 janvier 1968 que nous venons de citer utilisent l'expression « peut » qui explique que ces sanctions ne sont pas automatiques. L'employeur n'est pas obligé de rompre le contrat. S'il le faisait, le tribunal aurait à vérifier le bien-fondé de sa décision.

a) Sur le salaire

Si les journées de grève licite ne sont pas payées, à fortiori celle de grève illicite, ne peuvent l'être ; mais il en va différemment des journées de travail perdues à l'occasion du lock-out contrairement aux dispositions législatives ; l'employeur peut être condamné à payer les journées aux travailleurs concernés.

Conclusions sur les litiges individuels et conflits collectifs du travail

La grève, surtout lorsqu'elle est le fait des travailleurs, est, certes, une arme efficace dans les relations de travail avec l'employeur en ce qu'elle vise l'amélioration des conditions de travail.

Mais si le législateur a reconnu ce droit aux travailleurs et à l'employeur, il a cependant réglementé son usage dans le Code du travail et dans les actes réglementaires subséquents. De même, dans les conventions collectives, les parties, en l'occurrence les syndicats des travailleurs et les employeurs, limitent très fort le recours à ce moyen.Il se dégage de cette réglementation que le souci du législateur et des organisations professionnelles est de sauvegarder l'intérêt des entreprises et des travailleurs ainsi que le climat social du pays. Le conflit collectif ne peut déboucher sur la grève qu'après application régulière des procédures légales (conciliation ou médiation) ou conventionnelles prévues par les parties[54].

Enfin, il faudra souligner que l'effectivité de fonctionner des Tribunaux du Travail pose problème en RDC pour plusieurs raisons dont le renforcement des capacités du personnel, l'interdépendance de ces juridictions vis-à-vis des Tribunaux de Grande Instance ; le manque du personnel. Nous en appelons aux responsables concernés de mettre tout en œuvre pour éviter l'impasse.

En conclusion du chapitre, la législation du travail en R.D.C. souffre de plusieurs maux dont l'absence de certaines mesures d'application du Code du travail de 2002. Certaines dispositions deviennent obsolètes au regard de certaines évolutions qu'imposent les institutions internationales en matière de salaire et des avantages sociaux.

Dans son ensemble, les textes législatifs en matière du travail sont loin d'être appliqués par les partenaires sociaux à cause d'une certaine léthargie liée à la faiblesse de l'Administration Publique congolaise, en général. Nous appelons au respect strict des dispositions du Code du travail et que le Ministère de l'Emploi, du Travail et de la Prévoyance sociale qui en est l'autorité gouvernementale s'accélère pour mettre en œuvre toutes les mesures d'application de ce code. Que toutes les dispositions particulières soient mises en œuvre aussi pour que les Tribunaux de Travail fonctionnent. Les règles du droit de travail doivent converger ensemble avec celles de la sécurité sociale pour le grand bénéfice de la *révolution de la modernité* dans les domaines de l'emploi, du travail et de la prévoyance sociale. Pour en savoir plus, abordons dans la troisième partie de notre ouvrage les questions liées à la sécurité sociale en RDC.

---

[54] Lire MANGWAYA BUKUKU, in Congo-Afrique,, n°41, janvier 1970, pp. 33-48.

Eduquer une femme c'est éduquer une nation, dit-on.

TROISIEME PARTIE : LA SECURITE SOCIALE

Dans cette partie, il est impérieux d'examiner la question liée à la sécurité sociale, en général, et en R.D.C., en particulier. Car, la sécurité sociale constitue un ensemble d'institutions qui ont pour fonction de protéger les individus des conséquences de divers événements ou situations, généralement qualifiés de risques sociaux.

La sécurité sociale peut être une forme de solidarité imposée, où chaque membre de la société se trouve obligé d'adhérer au groupe sous peine de perdre certains bénéfices. Cette vision est-elle possible dans le cas précis de la R.D.C. ? C'est au cœur du débat qu'il faut situer cette problématique en RDC. En d'autres termes, y a-t-il un lien entre la sécurité sociale et la solidarité en Afrique, en général, et en R.D.C., en particulier?

D'autres formes de sécurité sociale existent en Afrique, comme par exemple : les mutuelles, les tontines, les assistances sociales, etc.

Il faudra épingler sur quelques unes de formes d'entraide. C'est l'essentiel de cette partie de l'ouvrage que nous voulons pratique.

CHAPITRTE 11

LA SECURITE SOCIALE : HISTORIQUE, DEFINITIONS ET OBJET

Ce chapitre traite de l'historique, des définitions et de l'objet de la sécurité sociale.

11.1. De l'origine de la sécurité sociale

En France, dès le Moyen-âge, certaines corporations organisent une assistance limitée entre les professionnels qui y adhérent. L'abolition des corporations par le décret d'Allarde en 1791, met fin à ce premier dispositif d'entraide professionnel et privé. Il est néanmoins remplacé par des « sociétés de secours mutuels » qui seront reconnues et strictement règlementées par une loi Humann du 22 juin 1835. Elles seront par la suite libérées du contrôle de l'administration et encouragées par la loi du 1er avril 1898, également appelée Charte de la mutualité. Les mutuelles peuvent, dès lors, proposer des prestations à tous, bien qu'elles restent trop coûteuses pour la population. En marge du mouvement mutuel, privé, volontaire et libre, le législateur crée également des dispositifs d'aide sociale, subjectifs et personnels, qui tendent à créer un principe de solidarité nationale. Plusieurs initiatives ont été prises, notamment : la loi du 9 avril 1898 qui facilitera considérablement l'indemnisation des victimes d'un accident du travail, la loi du 27 juin 1904 qui crée le service départemental d'aide sociale à l'enfance, tandis que la loi du 14 juillet 1905 crée un dispositif d'assistance aux personnes âgées, infirmes et incurables ; etc.

Le développement des assurances au début du XXème siècle est encouragé par le législateur. Les organisations de droit privé comme les mutuelles et les assurances s'en distinguent, cependant, par leur but lucratif. Un Premier système d'assurance vieillesse devient obligatoire pour les salariés par la loi du 5 avril 1910 ; mais le montant des retraités demeure très bas et l'âge de la retraite, 65 ans, est très élevé par rapport à l'espérance de vie des ouvriers à cette époque. Par les lois du 5 avril 1928 et du 30 avril 1930, les salariés bénéficient d'une assurance maladie, maternité, invalidité, vieillesse et décès. On parle même de rendre l'assurance obligatoire, et de donner à l'Etat le monopole de l'assurance.

La seconde guerre mondiale a fait prendre conscience de l'importance d'une solidarité nationale. Pendant la guerre, à l'initiative du Général de Gaule, le Conseil National de Résistance intègre à son programme ''un plan complet de sécurité sociale'' visant à assurer à tous les citoyens des moyens d'existence, dans tous les cas où ils sont incapables de se les procurer par le travail, avec gestion appartenant aux représentants des intéressés et de l'Etat. Le 9 novembres 2010 le Président Nicolas SARKOZY signe une loi fixant l'âge de la retraite à 62 ans après vote de l'Assemblée Nationale et du Sénat le 26 octobre 2010. Cette loi a été émaillée de plusieurs violences du côté des syndicalistes français.

En Afrique, le terme a toujours existé dans les communautés traditionnelles avec la solidarité clanique accentuée, particulièrement en R.D.C. entre les membres d'un même clan. Le clan étant une entité socio-économique pouvant satisfaire pour une certaine durée à elle-même.

« Le clan et la parenté amenaient ainsi à tous les membres dans la mesure de leurs moyens, une garantie complète contre les aléas de l'exercice » ([55]). C'estici qu'il faut évoquer la notion de «solidarité africaine ». Nous y reviendrons plus loin.

L'industrialisation a été à la base de naissance de la sécurité sociale avec le développement des infrastructures sociales, économiques et technologiques dans le monde.D'origine anglo-saxonne, l'expression *sécurité sociale* a été employée pour la première fois le 14 août 1935, aux Etats-Unis, lors de l'adoption de la loi sur la sécurité sociale (Social Security Act).

Le Président ROOSEVELT, dans ses efforts de lutter contre la grande crise économique de 1929, lance le concept du WellfareState (Bien-être) et de sécurité sociale. A cette occasion, il institue l'*assurance chômage* et organise l'*assistance aux déshérités*. Ainsi, naîtront l'*assurance vieillesse et daces, l'aide aux familles ayant des enfants en charge, aux aveugles* et *aux fermiers*.

La révolution industrielle en Grande Bretagne et le développement industriel et technologique du 19ème siècle ont permis le développement urbain, le chômage, etc. C'est à partir de cette période que se formera le sentiment d'une solidarité contre les risques sociaux en contraignant toute personne vivant du produit de son travail d'adhérer et de trouver son compte dans la loi allemande de 1803 sur les assurances maladies.

Ce sentiment d'entraide et de solidarité a été négligé lors de la 1ère guerre mondiale. Avec la fin de la seconde guerre mondiale, il y eut les accords de paix qui permettront la naissance des Nations Unies (ONU) avec leurs branches spécialisées comme le Bureau International du Travail (BIT). Cette naissance a été à la base de la création de la *sécurité sociale*.

Ce sentiment aura une grande extension à travers le monde entier ; c'est ainsi qu'apparaîtra la *sécurité sociale* en Nouvelle Zélande, en France, en Belgique, en URSS, etc. Chaque pays a abordé le problème de la *sécurité sociale* en fonction de ses préoccupations particulières. Et la

---

[55] WEMBI, A., *La sécurité sociale au Congo*, Ed. Nauwelaerts, 1966, p.11.

réalisation du programme de *sécurité sociale* n'a pas atteint le même degré dans tous les pays.

La *sécurité sociale new lookest*estrécemment apparue en Afrique, notamment, dans les pays francophones. Mais elle s'est développée très rapidement, surtout après leur accession à l'indépendance avec l'aide technique du BIT. D'une manière générale, le système varie suivant l'ancien pays colonisateur. La *sécurité sociale* en Afrique s'adressera seulement aux salariés urbains arrachés à leur milieu coutumier suite à la modernisation et à l'urbanisation, négligeant ainsi les autres couches sociales, notamment,celles rurales pourtant très nombreuses.

Les premières mesures légales de sécurité sociale en faveur des travailleurs africains remontent à 1949, ensuitede 1955 à 1956 dans les territoires français et belges. Et au moment de l'accession à l'indépendance, les systèmes de *sécurité sociale* des pays africains francophones étaient fortement marqués par l'influence de la France, de l'Angleterre pour les uns, de la Belgique pour les autres.

Il résulte de ce qui précède que la législation sociale de l'époque coloniale en Afrique faisait une discrimination entre Blancs et Noirs, en ce sens qu'elle les soumettait à deux régimes distincts. [(56)]

En R.D.C, suite à Une recommandation de la Table Ronde Economique et Sociale de Bruxelles, en 1959, une commission tripartite du travail et de la sécurité sociale avait été instituée par le premier Gouvernement. Elle comprenait les représentants des pourvois publics, des travailleurs et des employeurs. Elle était chargée d'élaborer le projet de loi en matière de louage de services et de sécurité sociale. Ce projet a abouti à la promulgation du Décret-loi du 29 juin 1961 organisant de la sécurité sociale et qui continue ses effets à ce jour. [(57)] Ce Décret-loi consacre trois principes fondamentaux à savoir : l'élimination de toute discrimination raciale, la stabilité financière du régime et la simplification de l'administration.[(58)]

11.2. Définitions et objet de la sécurité sociale

La *sécurité sociale* est une composante du droit social qui englobe deux termes :

---

(56)LUYILA- ne- WEMBO, « La sécurité sociale dans la République du Zaïre », in La Revue internationale de la sécurité sociale, n°3, 1973, p.410.

(57) Cf. Moniteur congolais, n°17, du 1er août 1961.

(58) MUKADI BONY, *Droit de la sécurité sociale*, cité par EPANZOGBELA, M, La sécurité sociale au sein d'une entreprise paraétatique, cas de l'Office des Voiries et de Drainage en R.D.C., Mémoire de licence en FASE, Université Protestante au Congo, Kinshasa, juillet 2007, p.12.

- le droit des relations du travail, entendu au sens de l'ensemble des règles qui régissent les rapports de deux personnes qui ont passé un contrat de travail; (59)
- le droit des relations sociales, entendu au sens de l'ensemble des règles qui régissent les rapports entre les partenaires sociaux.

Le droit de la *sécurité sociale* est entendu au sens de l'ensemble des règles régissant les rapports entre cotisants assurés et laissés de sécurité sociale. (60)

Le BIT définit la *sécurité sociale* comme étant un ensemble des mesures officielles coordonnées ayant pour fonction :

- de garantir les soins médicaux et la protection de la santé ;
- de garantir l'octroi d'un revenu social de compensation, l'accès à des services sociaux ;
- de garantir l'octroi d'un revenu solide de substitution, notamment en cas de maladie, de maternité, d'accident, de vieillesse, de décès, d'invalidité, de maladie professionnelle, d'accident du travail et du chômage ;
- de protéger les travailleurs à la prévention, à l'adaptation et à la réadaptation, à l'action sociale et à la recherche sociale, au service des fonctions énumérées ci-dessus. (61)

Le guide de l'assuré à la *sécurité sociale* de l'Institut Nationale de Sécurité sociale (INSS) définit la *sécurité sociale* comme étant un ensemble des textes législatifs et réglementaires ainsi que des services chargés de leur application et qui ont pour objet de garantir les travailleurs et leurs familles contre les risques sociaux (invalidité, vieillesse, décès, accident, maladie, charge familiale)(62).

La *sécurité sociale* est l'ensemble des mesures et des institutions destinées à conférer, à ceux qui se procurent un revenu par le travail salarié, un droit à l'obtention de certaines prestations, lorsqu'ils se trouvent dans des circonstances déterminées ayant pour conséquence soit de les priver de tout ou de la partie du revenu de leur travail, soit de les mettre en présence descharges qu'il leur est difficile de supporter, ou encore de les placer à la fois dans l'une et l'autre de ces situations (63).

---

(59)ZANOUVIA., *Introduction à la sécurité sociale,*Chadat, Yaoundé, 2011, p.1.

(60)Ibidem

(61) MUKADI BONY, *Quelle sécurité sociale pour la troisième République ? Esquisse d'un modèle sur base des décisions et recommandation de la CNS*, Kinshasa, éd. Ntobo, 1993.

(62)Guide de Sécurité Sociale, Kinshasa, INSS, 1990.

(63)VAN GOETHEMR., LEENW., GEYSENR., *Droit de la sécurité sociale*, Ed. ERASME, Bruxelles, 1950, p.7

Les systèmes de *sécurité sociale* ont pour objet la protection des individus contre les risques sociaux dont la protection de leur sécurité économique par le jeu de technique juridique originale.(64)

En matière de *sécurité sociale*, la norme fondamentale est la convention n°102 de l'OIT (1952) qui énumère les événements contre lesquels les Etats doivent assurer une protection à tout ou à une partie de leur population. Ce sont : la maladie, la maternité, l'invalidité, la vieillesse, l'accident du travail et la maladie professionnelle, le décès (protection des proches parents), les charges familiales et le chômage.

Le but de la *sécurité sociale* est d'assurer tout le corps social à une entreprise systématique de libération du besoin créé par l'inégalité, la misère, la maladie et la vieillesse. C'est ainsi que la *sécurité sociale* a pour objectifs :

- de garantir la sécurité économique des individus ;
- d'assurer à chacun la possibilité d'exercer une célébrité professionnelle ;
- de préserver l'exercice de l'activité contre les événements qui la menacent ; (65)
- de fixer la politique de la sécurité sociale.

Mais, l'article 22 de la Déclaration Universelle des Droits de l'Homme du 10 décembre 1948 a émis l'idée suivante sur la sécurité sociale : « Toute personne en tant que membre de la société a droit à la sécurité sociale ; elle est fondée à obtenir la satisfaction des droits économiques, sociaux et culturels indispensables à sa dignité et au libre développement de sa personnalité, grâce à l'effort national et à la coopération internationale compte tenu de l'organisation et des ressources de chaque pays… »

Nous pouvons résumer toutes les définitions, en disant que la *sécurité sociale* n'a pas la même signification partout au monde. Pour notre part, elle serait la protection que la société accorde à ses membres, grâce à une série de mesures politiques contre le dénouement économique et social où pourraient les plonger, en raison de la disparition ou de la réduction sensible de leur gain, la maladie, la maternité, les accidents du travail et les maladies professionnelles, le chômage, l'invalidité, la vieillesse et le décès.

Généralement, la notion de *sécurité sociale* revêt deux aspects, comme en France:

D'un **point de vue fonctionnel**, la *sécurité sociale* est destinée à assister financièrement ses bénéficiaires qui rencontrent différents événements coûteux de la vie. On distingue quatre types appelés *risques sociaux* qui forment les quatre branches de la *sécurité sociale*, à savoir :

---

(64) MUKADI BONY, op.cit,

(65) BERZIA (Me), *Le régime de la sécurité sociale*, 4ème éd. J. DAMAS & Cie, p.26.

- la branche maladie (maladie, maternité, invalidité, décès) ;
- la branche accidents du travail et maladies professionnelles ;
- la branche vieillesse et veuvage (retraite) ;
- la branche famille (dont handicap, logements...)

D'un **point de vue institutionnel**, la *sécurité sociale* est composée de divers organismes, souvent de droit privé, qui peuvent participer à la mise en œuvre de l'assistance financière. C'est ce que l'on appelle communément ''la SECU'' en France. Lorsque la *sécurité sociale* est codifiée dans un code, son domaine de couverture devient plus large que celui des salariés et l'évolution du monde cherche à faire de la couverture une couverture universelle.

Il n'en demeure pas moins que le régime salarié est un régime partiellement important, rendant la définition du salariat un problème commun du droit du travail et du droit de sécurité sociale. Par ailleurs, La *sécurité sociale* étant un domaine commun du système de protection sociale et de la protection du travail, avec la notion de sécurité au travail, une interaction caractérise l'évolution du droit du travail et du droit de la sécurité sociale.

La sécurité au travail est assurée par le jeu combiné de l'obligation de résultat de sécurité que la jurisprudence met à la charge de l'employeur sur la base de l'exécution du contrat de travail, des dispositions de la sécurité sociale quant à la protection contre les accidents du travail et les maladies professionnelles ainsi que d'autres risques sociaux.

L'accident de travail, la maladie professionnelle, la mise à la retraite, le décès d'un travailleur, le chômage, l'accouchement...., se traduisent par les dépenses supplémentaires dans le budget du travailleur. L'un des buts et des objectifs de la *sécurité sociale* consiste précisément à compenser en partie ce manque à gagner par l'octroi d'indemnités au travailleur intéressé ou aux membres de sa famille.

11. 3. Importance socio-économique de la sécurité sociale

La *sécurité sociale* occupe une place prépondérante dans une branche tout à fait nouvelle des sciences économiques et sociales appelée « économie sociale ». Par son rôle en matière de distribution de revenus, d'allocution des ressources et de promotion de l'emploi, la *sécurité sociale* a une grande importance dans le processus de développement socio-économique d'un pays. Souvent, dans certains pays comme la France, les USA, la Belgique, l'Allemagne, la Grande Bretagne, elle constitue un coût élevé dans le budget de l'Etat et donne naissance à des problèmes complexes et concrets en matière de politique économique. C'est le cas en France, en 2010, concernant la fixation de l'âge de la retraite à 62 ans.

Dans plusieurs pays africains, comme la RDC, la situation de *la sécurité sociale* paraît beaucoup plus délicate et son impact semble être négligé.

Depuis les années 1990, l'économie de la RDC se caractérise par une instabilité perpétuelle du cadre macro-économique. En effet, le taux de croissance du PIB reste très faible par rapport aux taux de croissance de la population ; la répartition du revenu indique des fortes disparités sociales. Plus de 70% de sa population active relève du secteur informel tandis que le secteur structuré n'absorbe que 20%.

Il sied de souligner que la pauvreté touche d'importantes couches de la population. Les travailleurs percevant des bas salaires, les hommes, les femmes et les jeunes en chômage, toutes ces catégories sociales meurtries par la pauvreté sont insuffisamment protégées ou totalement abandonnées à leur propre sort. Il ne leur est pas possible de participer pleinement au développement économique et social de la nation. L'absence, voire, l'existence des données statistiques fiables en matière de *sécurité sociale* doit interpeller les consciences pour la planification socio-économique.

La *sécurité sociale* étant une composante de la politique sociale d'un pays, elle doit influencer soit directement, soit indirectement sur la situation socio-économique du pays. C'est ici qu'il faut interpeller les consciences. Si on veut réellement faire le plan social de la population, on doit d'abord penser à sa *sécurité sociale* dans toutes ses sphères et non un semblant de sécurité sociale comme c'est le cas actuellement.

11. 4. Quelques concepts liés à la sécurité sociale

Certains concepts doivent être expliqués ci-dessous. Il s'agit de *risque social, cotisation, solidarité, assistance sociale, protection sociale, assurance.*

1° Le concept « risque social » :

C'est un événement susceptible de supprimer ou de diminuer la capacité de gain d'un assuré social, en vertu d'une maladie, d'un accident, d'une invalidité oud'une vieillesse ; ou encore susceptible d'augmenter ses charges (maternité) et dont les conséquences sont palliées par le régime de la sécurité sociale.(66)

2°Le concept « cotisation »

Les *cotisations* sont des sommes d'argent calculées à partir de la partie de la rémunération du travail appelée « l'assiette des cotisations ». On entend par « assiette des cotisations », la partie de la rémunération du travail sur laquelle les cotisations sont perçues.(67)

On entend par «rémunération» la somme représentative de l'ensemble des gains susceptibles d'être évalués en espèces et fixés par accord ou par les dispositions légales et réglementaires qui sont dues, aux termes d'un contrat de travail, par un employer à un travailleur(68).

L'assiette des cotisations comprend :

- le salaire ou le traitement ;
- les commissions ;
- l'indemnité de la vie chère ;
- les primes ;
- La participation aux bénéfices ;
- Les sommes versées au titre de gratification ;
- La valeur des avantages en nature ;
- Les allocations familiales pour la partie dépassant le montant légal ;
- L'allocation de congé ou d'indemnité compensatoire de congé ;
- Les sommes payées par l'employeur pendant l'incapacité de travail et pendant la période précédant et suivant l'accouchement ;

(66)Lexique des termes juridiques, éd. Dalloz, p.490.
(67) Textes législatifs et réglementaires, 1984.
(68) Ibidem.

- Les sommes payées au titre de prestations en extra-horaires.

3°Le concept « solidarité »

La notion a été étudiée par Charles GIDE à la fin du XIXe siècle. Théoricien de l'Ecole de Nîmes, ''mouvement coopératif français'', il a développé les idées de coopération émancipatrice à partir de 1886[(69)]. Puis Emile DURKHEIM (Sociologue français) dans « De la Division du travail social (1893) », reprend et développe la notion de *solidarité sociale* en tant que lien moral entre individus d'un groupe ou d'une communauté. Selon E. DURKHEIM, pour qu'une société existe, il faut que ses membres éprouvent de la solidarité les uns envers les autres. Elle est liée également à la conscience collective qui fait que tout manquement et crime vis-à-vis de la communauté suscite l'indignation et la réaction de ses membres. E. DURKHEIM développe les concepts de « solidarité mécanique » et de « solidarité organique »[(70)]. Une société donnant lieu à la *solidarité mécanique* tient sa cohésion de l'homogénéité de ses membres qui se sentent connectés par un travail, une éducation, une religion, un mode de vie similaire. La *solidarité mécanique* se produit normalement dans les sociétés traditionnelles de petite taille. La *solidarité organique* provient de l'interdépendance qui vient de la spécialisation du travail et des complémentarités entre personnes que provoquent les sociétés modernes, industrielles.

Peut-on rapprocher la notion de *sécurité sociale*bien développée en Occident à celle de *solidarité* mieux connue en Afrique ? Le débat reste ouvert ! Pour notre part, nous retenons ici que la solidarité est un lien d'engagement et de dépendance réciproques entre des personnes ainsi tenues à l'endroit des autres, généralement des membres d'un même groupe liés par une communauté de destin (famille, village, profession, entreprise, nation, école, collège, université, institut, ville, etc.)

En droit, la *solidarité des débiteurs* signifie que le créancier peut demander paiement à n'importe lequel. En effet, dans le cadre juridique, on parle de solidarité chaque fois que plusieurs personnes ont une obligation en commun, qu'il s'agisse d'une dette contractuelle, délictuelle, quasi délictuelle ou liée à la possession commune d'une chose ou d'un droit. La notion de *solidarité* est donc liée à celle de *société*, qu'elle soit de droit ou de fait.

---

(69) Charles GIDE (1847-1932), Ruée virtuelle du protestantisme français ; la Solidarité, 1932.

(70) DURKHEIM, E, *De la Division du travail social*, Paris, PUF, Coll. ''Quadrige'' (1893), 2007.

Dans son acception générale, la *solidarité* caractérise des personnes qui choisissent ou ressentent une moralité d'assister une personne et réciproquement. Elle se distingue de l'*altruisme*. Celui-ci peut souhaiter aider autrui sans pour autant se sentir concerné par ce qui lui arrive et, inversement, on peut se rendre solidaire d'autrui simplement par intérêt bien compris (attente d'une réciprocité) et non par altruisme.

La *solidarité* est une forme d'échange mutuel, où chaque membre se rend solidaire des autres parce que les autres se rendent solidaires de lui. C'est donc un calcul (économique) et non une démarche généreuse. La *solidarité* au sein d'une société s'exprime, en particulier, envers les plus pauvres. Elle peut prendre la forme d'une aide pécuniaire, d'un soutien moral, ou d'une aide en nature (nourriture, eau, etc.).

Au niveau national et selon l'utilisation politique du terme *solidarité*, l'Etat peut pratiquer une redistribution coercitive des revenus et des richesses que les hommes politiques élus justifient, selon leur tendance politique, par un ''devoir de solidarité'' entre membres d'une même société, par une augmentation des inégalités sociales menaçant la cohésion sociale, ou par une spoliation des richesses produites par le travail au profit du capital nécessitant une redistribution des richesses.

Selon les plus libéraux, économiquement parlant, cette pratique tend vers l'assistanat et la spoliation étatique. Divers types d'organisations se réclament de la *valeur positive de solidarité*, voire se considèrent comme un fragment de l'incarnation de la solidarité :

- les organisations non gouvernementales (exemple les médecins sans frontières) ;
- de très nombreuses associations ayant parfois des objectifs opposés ;
- des syndicats de salariés.

La *solidarité nationale* s'exerce dans le cadre du volontariat civil, de cohésion sociale en matière de la législation de sécurité sociale. Parmi les exemples les plus connus, il faut citer :

a) Service militaire obligatoire.
b) Volontariat ;
c) Réquisition.

La solidarité peut aussi se manifester à travers les mécanismes d'assistance sociale.

4°) Le concept « Assistance sociale »

Ce concept a plusieurs sens. Dans un sens large, *l'assistance sociale* signifie l'aide sociale. Elle peut être financée par des contributions et elle génère des prestations gagnées par les travailleurs et leurs familles. Elle permet aussi de parer aux divers imprévus qui interrompent ou stoppent les rentrées de revenus (maladie, vieillesse, maternité et chômage).

L'assistance sociale est conçue pour apporter un complément de revenus aux groupes particulièrement vulnérables, transformés en filet de sécurité pour ceux qui n'ont pas accès aux prestations de l'assurance sociale, dispositif où la sélectivité joue un grand rôle. Les prestations et les conditions d'accès varient d'un pays à l'autre (sous forme d'argent ou en nature).

Dès lors, une différence fondamentale existe entre l'*assistance sociale* et *sécurité sociale*. L'assistance a pour cadre d'intervention, le territoire plus ou moins étendu (proximité entre le bénéficiaire et l'instance de secours), alors que la sécurité sociale a pour cadre d'intervention, l'appartenance professionnelle (éventuellement le versement de cotisations) et l'on se déplace ainsi de stratégies ou des politiques locales vers les politiques sectorielles de protection sociale. L'assistance n'est qu'une forme de la charité qui avilit et enferme l'individu dans la faiblesse de sa condition. Au contraire, celui qui, par ses cotisations, s'ouvre des droits, ne fait que réclamer son dû lorsqu'il demande le versement des prestations. Le travailleur assuré, en ne réclamant que son dû, ce qu'il a acquis par le travail, voit avec le sentiment de son droit, s'exalter son indépendance personnelle.

5°) Le concept « Protection sociale »

C'est l'ensemble des mesures qui consistent à mettre les groupes à l'abri des intempéries de la vie quotidienne. Les aléas socio-économiques sont fréquents dans la vie des hommes. C'est ainsi que les pouvoirs publics, dans certains pays, essayent de prendre des mesures tendant à protéger certaines catégories socioprofessionnelles et économiques telles que les enfants, les personnes avec handicap, les femmes, les personnes vulnérables, les non logés, les hors-la-loi, les travailleurs, etc.

On peut essayer de décrire un dispositif de protection sociale en analysant sa proximité (fidélité) ou, au contraire, son éloignement (marginalisation) de la règle des trois U :

- U comme Unité, c'est-à-dire, unification du système, d'où création d'une caisse unique.
- U comme Universalité pour signifier l'élargissement de la protection sociale à toutes les personnes quelque soit leur statut et contre tous les risques.
- U comme Uniformité, c'est-à-dire les mêmes prestations pour tous.

Il existe des grandes options de la protection sociale que l'on peut identifier dans le dispositif de *protection sociale*. Une première option où les droits sociaux sont liés à la citoyenneté, l'accès aux prestations est fondé sur le besoin. Une deuxième option où les droits sociaux sont liés à la contributivité (qui peut faire bénéficier de la totalité des prestations ou d'une proportion ; dans le premier cas, on parlera de système à prestations définies ; et dans le deuxième cas, de système à contributions définies).

A l'aide des critères ci-haut cités, on distingue généralement trois grandes familles de système de sécurité sociale :

a) La première conception est libérale :

Elle privilégie le marché et encourage l'Etat dans la prise en charge des cas de pauvreté, le plus souvent en fonction des revenus et avec des montants qui ne doivent pas être élevés pour obliger les individus à revenir sur le marché du travail. La classe moyenne vit ainsi avec la peur de rejoindre le camp des assistés (lutte féroce pour le travail) et se voit ainsi obligé d'adopter le système d'assurance pour parer aux imprévus.

b) La deuxième conception est social-démocrate :

Cette conception paraît être la plus universelle, dans le sens où elle instancie l'Etat comme agent central en tentant d'échapper à la loi du marché ; elle place ainsi tous les citoyens comme égaux en termes de satisfaction, au moins des besoins primordiaux.

c) La troisième conception est conservatrice-corporatiste :

Elle s'appuie sur une vision catégorielle de la société, en ce sens qu'elle a pour but d'empêcher que certaines catégories ne tombent dans la déchéance ; aussi donne-t-elle à l'emploi une place importante dans la possibilité de bénéficier de la protection sociale, le citoyen (et sa famille) ne pensant qu'à travers son statut de travailleur.
Cette vue synoptique permet de situer l'importance de la protection sociale dans une société en crise comme la nôtre. Aussi, la *sécurité sociale* est un domaine commun du système de protection sociale et de la protection du travail ; ce qui caractérise une interaction sur l'évolution du droit du travail et du droit de la sécurité sociale.

6°) Le concept « Assurance »

L'*assurance* est une opération par laquelle un *assureur*, moyennant le paiement d'une prime ou, alors, d'une cotisation, promet une prestation d'indemnité à une autre partie (le souscripteur ou l'assuré), en cas de survenance d'événements déterminés (accident, incendie, naufrage, avarie, événement imprévisible...). De ce fait, la notion d'*assuranceresponsabilité civile* concerne un éventail de domaines sociaux. De l'habitation à l'automobile, de l'immobilier à la profession, tout le monde est concerné. Ce qu'il y a de particulier, en ce qui concerne l'assurance responsabilité civile, c'est son caractère indispensable, essentiel, imposable à tous, qui suscite matière à réflexion ; mais pourtant, elle nécessite bien d'être indiquée et communiquée.

Concernant l'habitation par exemple, l'*assurance responsabilité civile* représente diverses exigences selon qu'on est propriétaire ou locataire. En effet, l'assurance responsabilité révèle, d'une part, la garantie ''risques locatifs'' : c'est une garantie minimale et obligatoire qui couvre tous les dommages causés par le locataire ou le propriétaire. L'assureur remboursera (si on est responsable) dans les limites prévues dans les clauses du contrat. D'autre part, le contrat d'assurance « multirisques habitation' » a pour rôle d'assurer le mobilier et les objets de valeur contre les événements de « force majeure » tels que les catastrophes naturelles, l'explosion et en ce qui concerne le propriétaire d'une maison, notons qu'il doit aussi assurer ses biens ainsi que la maison contre l'incendie, le vol, le dégât des eaux... Son assurance « multirisques » habitation couvre, entre autres, sa responsabilité dans sa vie privée (dommages causés par sa famille, ses animaux domestiques, les personnes à son service). Si on est victime d'accident (travaux de rénovation), on doit savoir que l'assurance est tenue de verser le loyer d'une maison analogue à celle de la victime pendant les travaux : c'est la « privation de jouissance ». Il remboursera les frais de déblaiement des décombres et remplacera les meubles ; ce sont les « frais de déblaiement ».

L'*assurance responsabilité civile* touche également le secteur d'automobile. Dans ce domaine, il est impérieux de rappeler que, toute voiture-véhicule mise en circulation doit obligatoirement être assurée, dans l'optique de couvrir les frais découlant des dommages causés à un tiers. L'*assurance responsabilité civile* incluse dans tout contrat d'assurance ''auto'' garantit, l'indemnisation des dommages matériels et corporels causés à autrui par le conducteur ou par des passagers lors d'un accident. On parle aussi d' « assurance auto au tiers et tous risques ».

Dans le milieu du travail, en tant que chef d'entreprise, un homme d'affaires peut être responsable des dommages engendrés par lui-même ou par son personnel, ses locaux, ses matériels professionnels... L'*assurance responsabilité civile* dans ce cas, le protège des conséquences financières découlant de ces dommages. L'*assurance responsabilité civile,,* dans le domaine de l'immobilier, a pour but, d'indemniser toute personne victime de ses actes dans le cadre de sa vie privée : atteintes physiques, préjudices matériels, dommages causés par ses biens ainsi que les actes dont sont responsables les membres de votre famille. Toutefois, cette assurance ne couvre pas les actes causés volontairement.

L'examen des concepts ci-haut élucidés permet de passer en revue quelques expériences européennes et américaines de sécurité sociale susceptibles de servir des modèles à la sécurité sociale en R.D.C. L'objectif n'est pas de copier servilement les expériences des autres, mais d'en dégager les objectifs ainsi que les contours du fonctionnement pour les adapter aux réalités socio-économiques de notre pays, en cette période du vingt-unième siècle dit de la mondialisation, de la globalisation et de la révolution de la modernité.

11.5. Expériences européennes et américaines en matière de sécurité sociale

Le terme « sécurité sociale » est apparu dès le Moyen-âge avec l'organisation de certaines assistances limitées entre les professionnels adhérents. D'une manière concrète, c'est durant le Siècle des lumières et notamment, dans la Déclaration des Droits de l'homme et du citoyen de 1789 qu'il est écrit : « Article 2 - Le but de toute association politique est la conservation des droits naturels et imprescriptibles de l'homme. Ces droits sont la liberté, la propriété, la sûreté, et la résistance à l'oppression ». Et la déclaration de 1793 stipule dans son Article 21 portant sur les secours publics et lois sacrées :« La société doit la subsistance aux citoyens malheureux, soit en leur procurant du travail, soit en assurant les moyens d'exister à ceux qui sont hors d'état de travailler».

L'année 1945 est considérée comme la période durant laquelle a été instaurée le monopole de la sécurité sociale dans presque toute l'Europe.

Nous allons, ci-après, exposer quelques expériences européennes et américaines mieux connues au monde qui peuvent servir de modèles en R.D.C. Il s'agit des expériences de la France, de la Belgique, de l'Allemagne, de la Grande Bretagne et des Etats-Unis d'Amérique, pour ne citer que ces pays là.

A)EXPERIENCE FRANÇAISE DE SECURITE SOCIALE

La France est un des pays au monde qui dispose d'une grande expérience en matière de la sécurité sociale à travers le Ministère du Travail, de la Solidarité et de la Fonction Publique.

La sécurité sociale en France est un ensemble d'institutions qui ont pour fonction de protéger les individus des conséquences de divers événements ou situations, généralement qualifiés de risques sociaux.

La notion de sécurité sociale revêt deux aspects, dans ce pays :

- D'un point de vue fonctionnel, la sécurité sociale est destinée à assister financièrement ses bénéficiaires qui rencontrent différents événements coûteux de la vie. On distingue quatre types (appelés risques) qui forment les quatre branches de la sécurité sociale[71] :
  1. La branche maladie (maladie, maternité, invalidité, décès) ;
  2. La branche accidents du travail et maladies professionnelles ;
  3. La branche vieillesse et veuvage (retraite) ;
  4. La branche famille (dont handicaps, logement…).

- D'un point de vue institutionnel, la sécurité sociale est composée de divers organismes, souvent de droit privé, qui participent à la mise en œuvre de cette assistance financière. C'est ce que les Français appellent communément « la sécu ». Depuis l'arrêt du Conseil d'Etat « Caisse primaire Aide et Protection » de 1938, les organismes de la sécurité sociale ont le statut d'organismes de droit privé chargés d'une mission de service public.

La seconde guerre mondiale a fait prendre conscience de l'importance d'une solidarité nationale. Pendant la guerre, à l'initiative du Général de Gaulle, le Conseil National de la Résistance (CNR) intègre dans son programme « un plan complet de sécurité sociale, visant à assurer à tous les citoyens des moyens d'existence, dans tous les cas où ils sont incapables de s'en procurer par le travail, avec gestion appartenant aux représentants des intéressés et de l'Etat ».

Immédiatement après, la Constitution de la IVè République adoptée par référendum, crée dans son préambule une obligation constitutionnelle d'assistance financière de la collectivité envers les citoyens et, notamment, les personnes exposées aux risques sociaux les plus importants (femmes, enfants, vieux, travailleurs)[72]

Néanmoins, l'unification de la sécurité sociale est limitée. Le programme du CNR avait, pour ambition, de créer un unique régime de sécurité sociale. Cependant, les salariés déjà couverts étaient attachés à leurs régimes particuliers (mineurs, marins, fonctionnaires, agriculteurs, artisans, commerçants, cadres). Finalement, la loi du 22 mai 1986 limite le « régime général » aux salariés de l'industrie et du commerce.

---

(71) Code de la sécurité sociale, article L200-2

(72) Préambule de la constitution de 1946, alinéas 10 et 11

Concernant la notion du « régime » en France, un régime est un ensemble de droits et d'obligations réciproques des employés et leurs ayants droits, concrètement leur famille.

Il existe trois grands régimes :

1. Régime général : Salariés et travailleurs assimilés à des salariés, soit environ 80% de la population ;
2. Régime des travailleurs non salariés, non agricoles ou non (appelé Régime social des indépendants ou RS) : Artisans, commerçants et professions libérales.

A compter du 1er juillet 2006, les régimes de retraite des commerçants (ex. Organic), de retraite des artisans (ex. Cancava), de maladie des non salariés non agricoles (ex. Canam), etc. sont fusionnés au sein du Régime Social des Indépendants (RSI). Depuis le 1er janvier 2008, ces travailleurs indépendants bénéficient d'un Interlocuteur Social Unique (ISU) pour lequel URSSAT constitue des centres de paiement.

3. Régime agricole : (au sein de la mutualité sociale agricole). Celle-ci a la particularité de couvrir des employeurs (exploitants agricoles) et des salariés (salariés agricoles).

Il existe divers régimes spéciaux antérieurs au régime général et qui ont refusé de s'y fondre lors de sa création.Il s'agit, notamment des Cadres, des Sénateursde l'Assemblée Nationale, du SNCF, du RATP, du EDF-GDF, de la Banque de France, des Clercs et des employés de notaires, du port autonome de Bordeaux ; de la caisse des Français de l'étranger, du régime locale de l'Alsace et de Moselle, du régime des marins, du régime des mineurs.

Concernant la notion de caisse, en France, les caisses sont les organismes financiers qui matérialisent la « Seçu » pour les raisons historiques.Par contre, un même régime est souvent appliqué par de très nombreuses caisses et même par des assureurs agissant dans le cadre d'un accord avec la « Seçu » (le cas le plus connu est celui des mutuelles de santé étudiantes, et on peut également citer RAM et GAMEX connus des commerçants et des agriculteurs).

Les régimes spéciaux ont chacun leur propre caisse. Contrairement à une idée très répandue, les caisses sont des organismes de droit privé[(73)] et non des organismes de la Fonction Publique. Elles sont même parfois dépourvues de toute personnalité morale (ni association, ni mutuelle, ni entreprise), simple émanation d'une autre entité. Seules une demi-douzaine de structures nationales relèvent du droit public (essentiellement les caisses nationales). La gestion des caisses est en partie assurée par les syndicats considérés comme représentatifs. Depuis 1967, la gestion est normalement paritaire entre les représentations syndicales (CGT, CFDT, CGC, CGT-FO, CFTC) et patronales (MEDEF, CGPME, UPA,

---

(73) Arrêté du Conseil d'Etat 1983 : Caisse Primaire Aide et Protection

CNPL). Toutefois, des caisses comme la MSA sont composées de délégués élus par les employeurs et les salariés.

Lors de la création de la sécurité sociale en France, il existait une caisse nationale unique pour les branches *vieillesse*, *famille* et *maladie*. L'ordonnance du 21 août 1967 crée une caisse pour chacune d'elles :

- La Caisse Nationale d'Assurance Maladie des Travailleurs Salariés (CNAMTS) qui gère les branches *maladie* et *accidents du travail, maladies professionnelles* ;
- La Caisse Nationale des Allocations Familiales (CNAF) qui gère la branche *famille* ;
- La Caisse Nationale de l'Assurance Vieillesse des Travailleurs Salariés (CNAVTS) qui gère la branche *vieillesse* ;
- L'Agence Centrale des Organismes de Sécurité Sociale (ACOSS) est créée pour coordonner les organismes de la branche « recouvrement » (URSSAF) ainsi que d'assurer la gestion centralisée et commune de la trésorerie du régime général.

L'Etat exerce un droit de regard sur la gestion des organismes nationaux qui ne dépendent pas de son budget. On parle alors de *tutelle de l'Etat* à l'égard des organismes de sécurité sociale. Il faut distinguer différents niveaux de tutelle :

1°) La tutelle administrative

- Il y a la tutelle sur les actes, les décisions prises par les organismes et qui font l'objet d'un contrôle par les Directions Régionales des Affaires Sanitaires et Sociales (DRASS) ;
- Il y a la tutelle sur les personnes, l'inscription sur la liste d'aptitude pour les emplois de direction qui fait l'objet d'un examen par l'Etat via ses représentants dans les DRASS ou au sein de la Commission de la liste d'aptitude.

2°) La tutelle financière

Elle est devenue l'apanage des caisses nationales qui notifient le crédit de référence (enveloppe fermée de dépenses) et les dotations budgétaires. Les caisses nationales approuvent les budgets des organismes locaux. Depuis le 1er janvier 2007, les caisses nationales font certifier leurs comptes par la Cour des comptes.

Somme toute, l'organisation de la sécurité sociale en France est fondée sur le principe de solidarité nationale (Article L111-1 du Code de la Sécurité Sociale). Elle garantit les travailleurs et leur famille contre les risques de toute nature susceptibles de réduire ou de supprimer leur capacité de gain. Elle couvre également les charges de maternité, de paternité et les charges de famille. Elle assure, pour toute autre personne et pour les membres de sa famille résidant sur le territoire français, la couverture des charges de maladie, de maternité et de paternité ainsi que des charges de famille. Cette garantie s'exerce par l'affiliation des intéressés et le rattachement de leurs ayant droits à un (ou plusieurs) régime(s) obligatoire(s).

Elle assure le service des prestations d'assurances sociales, d'accidents du travail et des maladies professionnelles, des allocations de vieillesse ainsi que le service des prestations familiales dans le cadre des dispositions fixées par le code de la sécurité sociale français.

Enfin, on ne peut conclure sur le régime de sécurité sociale français sans pour autant souligner un tournant décisif de la réforme sur la retraite qui a été émaillée par divers troubles sociaux en 2010 et qui a failli même emporter le Gouvernement du Président Nicolas SARKOZY. L'âge de la retraite a été fixé à 62 ans après l'adoption des textes par le SENAT français (177 voix contre 151) le 26 octobre 2010 et promulguée par le Président de la République le 9 novembre 2010 en dépit de la contestation du camp socialiste.

B) EXPERIENCE BELGE DE SECURITE SOCIALE

En Belgique, la sécurité sociale est une matière nationale relevant de la compétence du Ministère ayant les Affaires Sociales dans ses attributions, du Ministère de l'Emploi, du Ministère des Pensions, du Ministère de la Fonction Publique, de l'Intégration Sociale, de la Politique des grandes villes et de l'Egalité des chances, du Secrétariat d'Etat aux Familles et aux Personnes Handicapées.

L'Office National de Sécurité Sociale (ONESS) (RijksdienstVoor sociale zekerheid) est un organisme d'intérêt public qui a, pour principale mission, la perception des cotisations (sauf en cas d'accidents du travail) et la réparation des moyens financiers entre les institutions centrales chargées de la gestion des divers secteurs de la sécurité sociale. Cet organisme et ces institutions sont gérés paritairement par un Comité de gestion composé d'un nombre égal de représentants des employeurs et des travailleurs nommés par le Roi. Dans quelques cas, ils comprennent également des représentants des organisations qui s'intéressent ou participent à l'exécution de telle branche d'assurance, notamment en matière de prestations familiales ou de soins de santé. La présidence du Comité est confiée à une personnalité indépendante qui est souvent un parlementaire ou un magistrat.

Le Comité a une autonomie de gestion, en ce sens qu'il a un pouvoir propre de décision en matière d'administration ; mais la politique, la législation et la réglementation générale restent, en principe, l'apanage du Parlement, du Roi ou du Ministre compétent. Un élément important est que le Comité doit normalement être consulté par le Ministre compétent pour tout avant-projet de loi ou d'arrêté relevant de la mission de l'organisme. Le Ministre compétent exerce la tutelle au sein du comité par un commissaire de gouvernement chargé de veiller à ce que la décision dudit comité ne soit pas contraire à la réglementation ou à l'intérêt général. Dans l'affirmative, la décision contestée peut être annulée par le Ministre.

En Belgique, la sécurité sociale, sous-groupe de la protection sociale assurée par l'Etat providence (la protection sociale regroupe la sécurité sociale, système d'assurance), l'action sociale et l'aide sociale (système d'assistance), désignent le système d'indemnisation, par les administrations publiques, des citoyens victimes des aléas de la vie (comme le chômage, la maladie, les accidents, la vieillesse, le décès d' un parent pour un mineur, la charge familiale, etc.). Il s'agit d'assurer un minimum de ressources ainsi que l'accès aux besoins essentiels : (éducation, eau, nourriture, hygiène) à tous les citoyens hors catastrophe, guerre ou calamité (qui relèvent de la sécurité civile). La sécurité sociale fait partie de la politique sociale, celle-ci étant intégrée dans la politique publique. Les Administrations de Sécurité Sociale (ASSO) sont les administrations publiques qui s'occupent de la sécurité sociale.

Le système de sécurité sociale belge comporte différentes branches ou secteurs :

- Le secteur maladie, maternité et invalidité est géré par l' Institut National d'Assurances Maladie Invalidité (INAMI) (RijksinstituutvoorZiekteeninvalideiteits-verzekering) qui, notamment, répartit les moyens financiers entre différents organismes assureurs chargés des services des prestations (mutualités affiliées à une des cinq unions nationales reconnues, offices régionaux de la caisse auxiliaire d'assurance maladie-invalidité ou caisse des soins de santé de la Société Nationale des Chemins de Fer Belges). Sauf pour le personnel de la S.N.C.B., le choix de l'organisme assureur est libre.
- Le secteur des pensions, de la vieillesse et de la survie est géré par l'Office National des Pensions (ONP) (Rijksdienstvoorpensioenen) qui est compétent pour l'attribution et le paiement des pensions. La demande est introduite par l'intermédiaire de l'Administration communale du domicile du demandeur.
- Le secteur Accidents du travail et maladies professionnelles : accidents du travail, le Fonds des accidents du travail (Fonds voorarbeidsongevallen) gère le secteur. Il assure la répartition des dommages des marins, des pêcheurs et des employeurs en défaut, exerce un contrôle technique médical et financier de l'exécution par les

assureurs agréés de la législation, et entérine l'accord réglant l'accident du travail entre la victime et l'assurance.

Les employeurs doivent, contracter au profit de leur personnel, une assurance contre les accidents du travail auprès d'une entreprise d'assurances agréées ou auprès d'une caisse commune d'assurance agréée.

Concernant les maladies professionnelles, le Fonds des Maladies professionnelles (Fonds voor de beroepsziekten), un organisme d'intérêt public gère seul et totalement l'assurance contre les maladies professionnelles. Il indemnise les victimes et exécute, en outre,,, certaines missions dans le domaine de la prévention.

- Le secteur allocations familiales : L'exécution de la législation est confiée, d'une part,, à l'Office Nationale d'Allocations Familiales pour Travailleurs Salariés (ONAFTS) (Rijksdienstvoorkinderbijslagvoorwerknemers) et aux caisses spéciales de compensation et, d'autre part, aux caisses de compensation lobbies. L'office national a comme mission principale de répartir les moyens financiers entre les différentes caisses de compensation et d'assurer le rôle d'une caisse de compensation pour les employeurs affiliés auprès de lui. Il est chargé du contrôle des caisses decompensation. Dans certaines professions, des caisses spéciales (organismes publics) ont été instituées auxquelles les employeurs concernés sont tenus de s'affilier. Les caisses à l'initiative des employeurs et dirigées par eux. Elles sont agréées par le Roi et ne peuvent avoir, pour objet, que l'octroi des avantages prévus par la loi.
- Le secteur *chômage* est géré par l'Office National de l'Emploi (ONEM) (Rijksdienstvoorarbeidsvoorziening) qui comporte des bureaux régionaux chargés de statuer sur le droit de l'intéressé. Le paiement des prestations est effectué par l'organisation syndicale agréée auprès de la caisse auxiliaire de paiement des allocations de chômage qui a reçu la demande.

La garantie de ressources relève de la compétence du Ministère des Pensions, du Ministre de l'Intégration Sociale, et de la Secrétaire d'Etat aux Familles et aux Personnes handicapées. La garantie de revenus aux personnes âgées est accordée par l'Office National des Pensions (Rijksdientvoorpensioenen). Le droit à l'intégration sociale (y compris le revenu d'intégration) est accordé par le Centre Public d'Action Sociale compétent (589 C.P.A.S. en Belgique). Les allocations des handicapés sont octroyées par la Direction d'Administration des prestations aux personnes handicapées du service public fédéral de sécurité sociale (De federalOverkeidsdienst Sociale Zekerheid).

C) EXPERIENCE ALLEMANDE DE SECURITE SOCIALE

C'est en Allemagne, vers 1883 et 1889, que le Gouvernement du Chancelier BISMARCK fût le premier à établir un large système d'assurance sociale. Le système était obligatoire pour les salariés et il était financé par les contributions des travailleurs et des employeurs. Les prestations perçues étaient proportionnelles aux contributions mensuelles de chacun, donc à chaque catégorie son type d'assurance.

Actuellement, l'Allemagne a mis en place un dispositif de sécurité sociale très complet pour la protection sociale ; il est fondé sur l'assurance sociale. En effet, les salariés s'assurent contre les risques et payent des cotisations sociales à des organismes gérés par les partenaires sociaux au niveau local ou professionnel. L'Etat n'intervient ici que comme régulateur du système en cas de crise.

Les lois sur les assurances sociales organisent la prise en charge des branches de la maladie, des accidents du travail, de la vieillesse et de l'invalidité.

D) EXPERIENCE BRITANNIQUE DE SECURITE SOCIALE

L'Etat-providence émerge à partir de 1945 avec l'aide sociale qui fut élargie (rapport Beveridge qui date de 1942 et qui énonçait la nécessité d'assurer à chacun un revenu minimum). Un système de contribution à l'assurance chômage (invalidité et vieillesse) fût introduit en 1911 et concernait trois professions (industrie mécanique, construction navale et industrie du bâtiment).Après la première guerre mondiale, le système fût élargi à d'autres professions. Entre les deux guerres, l'importance du chômage, un système à deux vitesses émargea l'allocation chômage devient un acquis de droit pour ceux qui possédaient une assurance, et, pour les autres, une aide proportionnelle aux ressources était disponible (après enquête et vérification « dégradante » de l'état des ressources) : L'Angleterre a instauré, après la 2ème guerre mondiale, le *walfare state*. La protection sociale, prise en charge par l'Etat et financée par l'impôt est construite autour de la notion de solidarité nationale. Salariés et partenaires sociaux ne jouent aucun rôle dans ce système qui, par exemple, fait des professionnels de santé des fonctionnaires.

E) EXPERIENCE DES PAYS SCANDINAVES DE LA SECURITE SOCIALE

Les pays scandinaves mirent sur pied, avant la 2ème guerre mondiale, sous l'impulsion des gouvernements socialisants, un système qui était financé non pas par des contributions individuelles, mais par une part du revenu national. Ce système de protection sociale se voulait universel puisque « certaines » prestations sociales de base étaient ouvertes à tous les citoyens, chaque individu ayant des droits sociaux ; l'Etat était le garant de ce droit.

F) EXPERIENCE DES ETATS UNIS D'AMERIQUE DE LA SECURITE SOCIALE

La grande dépression de 1930 et la 2ème guerre mondiale furent à l'origine de l'expansion du système de sécurité sociale. La loi sur la sécurité sociale de 1935 introduisit des programmes suivants : vieillesse, décès, invalidité et chômage. L'objectif était de mettre en sécurité les travailleurs grâce à l'assurance sociale avec une restriction, car ne pouvaient bénéficier de ce système que les chômeurs remplissant les conditions requises.

Une grande révolution s'est introduite en 2010 aux EUA sous la présidence de Barack OBAMA. Il s'agit de la réforme du système de santé qui était votée par le Congrès américain après plusieurs remises en question. C'est une grande réussite sur le plan de la sécurité sociale. Car les USA étaient parmi les Etats au monde où le secteur de la santé publique ou de la sécurité sociale était obsolète vis-à-vis de la population pauvre. Cette réforme a été confirmée le 28 juin 2012 par le vote de la cour suprême américaine. L'exécution de cette réforme commence en 2014.

Ces quelques expériences européennes et américaines nous permettent d'étudier la sécurité sociale en République Démocratique du Congo.

11.6. La sécurité sociale en R.D.C

En RDC, la sécurité sociale est une matière nationale relevant de la compétence du Ministère ayant l'Emploi, le Travail et la Prévoyance Sociale dans ses attributions. Elle relève aussi du Ministère des Affaires Sociales et Solidarité Nationale, du Ministère de la Fonction Publique, du Ministère de la Défense Nationale et Anciens Combattants et du Ministère de la Femme, Famille et Enfants. Elle entre dans le domaine de la protection sociale qui est une composante de la politique sociale dont la responsabilité est répartie entre différents ministères et organismes publics et privés selon les catégories visées. Les dispositions légales et réglementaires de la protection sociale se composent de la protection légale, de la protection volontaire organisée par les mutuelles ainsi que de la protection complémentaire offerte par les institutions contractuelles de prévoyance et d'assistance sociale et d'autres institutions à caractère privé.

Dans la protection de base ou légale, nous avons un régime général, des régimes spéciaux et des prestations sanitaires. Le régime général de protection sociale est celui qui couvre les prestations traditionnelles à court et à long termes. Il est géré par l'INSS et financé par des cotisations sociales patronales et salariales fondées sur les rémunérations payées aux travailleurs actifs des secteurs industriel, commercial et agricole.

Les régimes spéciaux régissent les fonctionnaires de l'Etat, les magistrats de carrière, les membres de Forces Armées Congolaises, les parlementaires, les diplomates et les anciens membres du Gouvernement. Ces régimes sont gérés par les services publics ou les organismes ayant dans leurs attributions la gestion de ces différentes catégories socioprofessionnelles.

Les prestations sanitaires à charge des employeurs concernent les travailleurs actifs du secteur structuré. Elles sont, pour l'ensemble de la population, dispensées par le Ministère de la Santé Publique par le biais des Centres de santé primaire et des formations sanitaires publiques (Hôpitaux, Cliniques, Centres de santé…).

Dans la protection volontaire et complémentaire, il y a les mutuelles de prévoyance (PNPS…) et les institutions contractuelles de prévoyance. Parmi les mutuelles connues en R.D. Congo, citons :

- La Caisse de Solidarité Ouvrière et Paysanne (CASOP) ;
- La mutualité Kimbanguiste ;
- La mutualité Saint Alphonse de la commune de Matete à Kinshasa ;
- La mutualité Laeticia de Binza à Kinshasa.

Dans ce cas précis, la protection est essentiellement fondée sur base des cotisations des membres pour assurer le soutien financier mutuel en cas de décès ou dans toute autre circonstance définie par les statuts du groupement mutualiste.

Pour la protection complémentaire, certaines institutions contractuelles de prévoyance relatives aux anciens travailleurs retraités et à leurs ayant droit offrent l'allocation de pension complémentaire. C'est le cas, par exemple, de l'Office National des Transports (ONATRA), de la Société Nationale d'Assurance (SONAS), de la Banque Commerciale du Congo, de l'Union Congolaise des Banques et la Banque Centrale du Congo.

Enfin, le Ministère des Affaires Sociales et certaines institutions privées, laïques ou religieuses, se sont organisés pour assister les vieillards par l'octroi de logement (Homes des vieillards), la distribution de la nourriture et autres biens de première nécessité. Ils assistent également les enfants défavorisés, les jeunes désœuvrés et les personnes handicapées.C'est le cas, par exemple, des Homes de vieillards de la commune de Kintambo, de la commune de Kasa-vubu, etc…

1°) Gestion de la sécurité sociale en R.D.C

En R.D.C, le texte organique du décret-loi du 29 juin 1961 sur la sécurité sociale répond, en partie,, aux besoins des travailleurs ayant subi un manque à gagner et à ceux dont la santé s'est détériorée à la suite d'un accident ou d'une maladie. Parmi les textes de base relatifs à la sécurité sociale en RDC, nous citons quelques uns :

- L'Ordonnance loi n° 67/310 du 9 août 1967 ;
- L'Ordonnance loi n° 77 du 23 mars 1964 ;
- L'Ordonnance loi n° 68/490 du 20 décembre 1968 ;
- L'Ordonnance loi n° 66/370 du 9 juin 1966 déterminant les affections considérées comme maladies professionnelles ;
- L'Ordonnance loi n° 68/444 du 2 décembre 1968 ;
- Le décret-loi du 8 mars 1965 ;
- L'Ordonnance loi n° 67/481 du 20 décembre 1967 ;
- Guide de l'assuré de la sécurité sociale de l'INSS, 1988, 1990 ;
- Recueil des textes législatifs et réglementaires publiés dans le journal officiel ;
- Loi n° 15/2002 portant Code du Travail ;
- Arrêté Ministériel n° 049/CAB/MIN/ETPS/MBL/2012 du 10 décembre relatif à l'affiliation des employeurs à l'immatriculation des travailleurs ainsi qu'aux modalités et conditions de versement des cotisations de la sécurité sociale.

2°) L'INSTITUT NATIONAL DE SECURITE SOCIALE (INSS)

La gestion de la *sécurité sociale* en RDC est assurée par l'Institut National de Sécurité Sociale (INSS). C'est un organisme qui a en charge la gestion du régime général de la sécurité sociale en RDC. Il tire ses origines de la fusion de trois caisses qui fonctionnaient avant l'indépendance, à savoir : la Caisse des Pensions des Travailleurs, la Caisse Centrale de Compensation pour les allocations familiales et le fonds des invalidités des travailleurs.

La RDC pratique un régime dit « solidarité » qui consacre l'aspiration de la collectivité à plus de protection contre les problèmes de la vie « incertitude, misère ». En d'autres termes, le système de protection sociale en RDC est un mécanisme mis en place pour assurer le bien-être social de la population.

L'INSS qui a été créé par le Décret-loi organique du 29 juin 1961 est placé sous la garantie du Gouvernement de la République. C'est un établissement public du droit commun géré par un Conseil d'Administration nommé par le Président de la République. Le Conseil d'Administration comprend, en principe,un Président du CA, un Directeur Général, des représentants de l'Etat, les représentants des employeurs et des représentants des travailleurs. Cet organe de gestion a pour rôle essentiel de régler les affaires de l'institution en s'efforçant d'obtenir le meilleur fonctionnement des services. Il étend ses activités sur l'ensemble du pays. Il a été transformé en une entreprise publique par la loi n° 78/002 du 06 janvier 1978 portant dispositions générales applicables aux entreprises publiques et l'ordonnance n° 78/186 du 5 mai 1978 portant statuts d'une entreprise publique dénommée « Institut National de Sécurité Sociale » INSS, en sigle.

A la faveur du train des réformes des entreprises publiques initié par le Ministère du Portefeuille et piloté par le COPIREP (Comité de Pilotage pour la Réforme des Entreprises Publiques), l'INSS a changé de statut et est devenu un établissement public par le décret-loi n° 09/53 du 03 décembre 2009 du Premier Ministre fixant les statuts d'un établissement public dénommé « Institut National de Sécurité Sociale » en sigle, INSS. Son siège social est établi à Kinshasa. Les services administratifs comprennent : 10 directions centrales ; 13 directions provinciales ; 5 directions urbaines ; 18 bureaux de districts dont 14 sont opérationnels et 15 antennes dont 5 sont opérationnelles. L'INSS est placé sous la tutelle du Ministère de l'Emploi, du Travail et de la Prévoyance Sociale.

Dans le cadre des dispositions légales et réglementaires en vigueur, l'INSS est chargé par le Gouvernement pour l'ensemble du pays de procéder :

1. A l'affiliation et à l'immatriculation des employeurs et des travailleurs ;
2. A la liquidation et à l'ordonnancement des prestations au titre des branches suivantes :
   a) Allocations familiales (au Katanga seulement pour le moment) ;
   b) Pensions (invalidité, retraite et décès) ;
   c) Risques professionnels (accidents du travail et maladies professionnelles).

3°) Branches d'activités de l'I.N.S.S

L'OIT recense neuf (9) branches de la sécurité sociale bien reparties. (Voir Convention n°102 du 28 juin 1952 concernant la norme minimum de la sécurité sociale). Il s'agit des branches ci-après :

- Prestations aux familles ;
- Prestations en cas d'accident de travail ou de maladie professionnelle ;
- Prestations d'invalidité ;
- Prestations de vieillesse ;
- Prestations de survivants ;

- Soins médicaux ;
- Indemnités de la maladie ;
- Prestations de maternité ;
- Prestations de chômage.

Les cinq (5) premières des neuf branches proposées par l'OIT fonctionnent à l'I.N.S.S ; mais et les autres ne fonctionnent pas en RDC.

4°) Ressources de l'I.N.S.S.

Le financement du régime général congolais de sécurité sociale repose notamment sur :

- Les cotisations requises pour le financement de différentes branches du régime de sécurité sociale ;
- Les majorations encourues pour cause de retard dans le paiement des cotisations et les intérêts moratoires ;
- Les produits des placements de fonds ;
- Les dons et legs ;
- Toutes autres ressources attribuées à l'Institut par un texte législatif ou règlementaire.

Il est à noter que les recettes de l'I.N.S.S sont constituées essentiellement des cotisations sociales payées par les employeurs, lesquelles comprennent aussi la quotte part des travailleurs.

5°) Les cotisations de l'I.N.S.S

Le financement du régime général congolais de sécurité sociale repose essentiellement sur :

- Les cotisations ;
- Les majorations encourues pour cause de retard dans le paiement des cotisations ;
- Les taxations d'office pour non déclarations des cotisations.

Les cotisations qui constituent la principale ressource de l'I.N.S.S doivent être versées à l'I.N.S.S dans le mois civil qui suit celui auquel elles se rapportent (art. 3 de l'arrêté ministériel n°009 du 29 août 1984). Elles sont déterminées sur l'ensemble des éléments de la rémunération mensuelle du travailleur.

L'employeur qui ne les verse pas dans le délai est passible d'une pénalité de majoration de retard de 0,5% par jour.

Les plus importants produits des placements de fonds sont les placements immobiliers. Les intérêts monétaires qui proviennent des prêts à intérêt effectués par l'Institut sont:

- Les subventions de l'Etat ;

-Les dons et legs ou toutes autres ressources attribuées à l'Institut National de Sécurité Sociale par un texte législatif ou règlementaire.

Les taux des cotisations sont fixés de la manière suivante :

- Branche de pension : 8,5% dont 5% à charge de l'employeur et 3,5% à charge du travailleur ;
- Branche des risques professionnels : 1,5% à charge exclusive de l'employeur ;
- Branche des allocations familiales : 4% également à charge exclusive de l'employeur (cette branche ne fonctionne actuellement que dans la province du Katanga).

6°) Les bénéficiaires du régime de sécurité sociale en RDC

Le régime congolais de sécurité sociale en RDC au 31 mai 1999 s'applique à plus au moins :

- 22.617 employeurs ;
- 494.055 travailleurs ;
- 158.624 bénéficiaires des prestations sociales à long terme pour la branche des pensions et risques professionnels. Le rapport entre actifs et inactifs (entre bénéficiaires des prestations sociales et cotisations) qui était de 10 en 1970 se situe en 2000 autour de 3,1. La détérioration de ce rapport constitue un véritable danger pour l'avenir du régime de la sécurité sociale en RDC.

En mars 2010, le fichier national des employeurs et des travailleurs se présente comme suit :

- Employeurs au fichier : 22.630
- Employeurs en activité : 19.460
- Travailleurs au fichier : 508.455
- Travailleurs en activité : 337.857

Le rapport entre les employeurs affiliés à l'I.N.S.S et ceux qui déclarent et versent les cotisations sociales est de 85,99%, tandis que le rapport entre les travailleurs immatriculés à l'I.N.S.S et ceux pour qui les employeurs déclarent et versent les cotisations sociales est de 66,44%[(74)].

Après l'assainissement des fichiers, le nombre des prestataires, toutes les branches confondues, se chiffre à 59.358 bénéficiaires, avec une prévision de 68.489 bénéficiaires pour 2011.

Concernant les statistiques des assujettis au régime de sécurité sociale en RDC, les prévisions sur l'effectif des travailleurs en 2010 sont de 413.105 pour 17.052 employeurs ; la réalisation au 31 mai 2010 est de

(74) Marie-Thérèse GERENGBO YAZALO, Carte postale de l'I.N.S.S, mars 2010, p.5

394.433 pour 15.640 employeurs, tandis que les prévisions pour 2011 sont de 394.339 pour 18.316 employeurs[(75)].

Le taux minimal des prestations sociales versées aux bénéficiaires reste aléatoire en dépit de la promulgation des textes législatifs et règlementaires relatifs au SMIG depuis 2002. L'indexation du SMIG serait une solution pour le relèvement de ce taux[(76)]. Avec ce SMIG, la pension de retraite est passée de FC 13.065 à FC 43.680, soit un accroissement de 334,32%[(77)]. Concrètement ce taux reste dérisoire quant à la survie des retraités congolais. Les conditions de vie étant minables, on assiste de plus en plus aux nombreux décès de cette catégorie. Sont obligatoirement assujettis au régime général congolais de sécurité sociale les personnes ci-après :

- Les travailleurs soumis au Code du travail quels que soient la nature, la forme ou la validité du contrat, le montant et la nature de la rémunération, sans aucune distinction de race, de nationalité, de sexe ou d'origine ;
- Les bateliers ;
- Les marins immatriculés au Congo et engagés à bord des navires battant pavillon congolais ;
- Les salariés de l'Etat, des provinces, des entités décentralisées et des pouvoirs subordonnés ne bénéficiant pas d'un régime particulier de sécurité sociale ;
- Les élèves des écoles professionnelles et artisanales, les stagiaires et les apprentis, même s'ils ne sont pas rémunérés. Ces derniers sont assurés uniquement à la branche des risques professionnels ; cela compte tenu du caractère dangereux du travail qu'ils sont appelés à exercer ainsi que des risques et de la fréquence des accidents auxquels ils sont soumis quotidiennement.

Cependant, les dispositions de l'article 3 du décret-loi du 29 juin 1961 organique de la sécurité sociale recommandent aux travailleurs qui ont été obligatoirement affiliés au régime pendant 5 ans, dont 6 mois consécutifs au moins, de demeurer assurés volontaires à la branche des pensions uniquement, mais à condition d'en faire la demande dans les six mois suivant la date à laquelle l'affiliation obligatoire prend fin.

Les fonctionnaires de l'Etat qui bénéficient des dispositions particulières de sécurité sociale comme les membres des Forces Armées Congolaises et de la Police Nationale, le personnel de l'Enseignement Supérieur, Universitaire et Recherche Scientifique ainsi que les

---

(75) Idem

(76) Le SMIG est de 3$ US. Celui-ci n'a pas changé depuis l'année 2002.

(77) Marie-Thérèse GERENGBO YAZALO, *op.cit.*

Parlementaires sont exclus du champ d'application du régime géré par l'Institut National de Sécurité Sociale.

L'affiliation de l'employeur au régime général est gratuite. Il est de même pour l'immatriculation du travailleur. Cependant, le caractère discriminatoire de la sécurité sociale vis-à-vis des fonctionnaires de l'Etat en RDC n'est pas compensé par une quelconque mesure sécuritaire garantissant les risques sociaux de cette catégorie socioprofessionnelle. Il y a lieu de réfléchir très sérieusement de celle question dans le processus de la réforme éventuelle à entreprendre dans ce secteur. Aussi, le Ministère ayant dans sa charge la Fonction Publique de l'Etat doit-il s'y pencher sérieusement si l'on veut réellement une amélioration des conditions de travail et de vie de l'ensemble de la population congolaise dans le cadre précis de la révolution de la modernité.

7°) Contexte socio-économique de gestion de l'I.N.S.S

La situation de l'I.N.S.S est tributaire du contexte socio-économique et politique du pays. En effet, depuis le début du processus de démocratisation, le 24 avril 1990, la RDC a été secouée par plusieurs événements à caractère politique, économique et social, notamment les pillages répétés, les conflits interethniques, la suspension de la coopération bilatérale et multilatérale, l'hyperinflation avec un taux allant jusqu'à quatre chiffres, les grèves et des conflits armés à l'Est, au Nord du pays.

Le sort de l'I.N.S.S a donc été ressenti par ces événements et la réalisation de son objet social a également été affectée suite à l'amenuisement de ses ressources financières avec, comme conséquence majeure, l'accumulation d'importants arriérés des prestations sociales.

Dans ce contexte, des mesures exceptionnelles doivent être prises pour que la capacité managériale de l'INSS ne soit pas au bord du gouffre et que les assujettis au régime ne soient pas pénalisés à cause des facteurs exogènes au régime de sécurité sociale.

L'INSS a aussi à gérer les risques professionnels.Malheureusement, cette branche connaît des difficultés inexplicables liées, notamment, à la non actualisation de la liste des maladies professionnelles et surtout en l'absence d'un département spécialisé en maladies professionnelles tant au niveau de nos universités qu'à celui de l'INSS.

CHAPITRE 12

LES RISQUES PROFESSIONNELS

C'est une des branches importantes du régime de la sécurité sociale ; nous allons l'examiner en profondeur.

12.1. Définitions

Les risques professionnels sont des événements qui exposent une personne à des dangers susceptibles d'entraîner, pour cette personne, une diminution de son niveau de vie. Autrement dit, ce sont des événements qui empêchent une personne d'acquérir les revenus normalement tirés de l'exercice d'une activité professionnelle.

Les risques professionnels résultent de la nature même de l'exercice de la profession et dont la responsabilité est partagée entre l'employeur et le travailleur. La différence avec le risque basé sur la faute de l'employeur réside dans le fait qu'en ce qui concerne le risque professionnel, on ne recherche pas l'origine de la faute, on suppose que l'employeur a une responsabilité en concurrence de deux tiers et le travailleur en concurrence d'un tiers. C'est pour cette raison que, en cas de maladie professionnelle ou d'accident de travail, le travailleur ne perçoit que les deux tiers de sa rémunération ou de son indemnité.

Parmi les risques professionnels, il faut citer :

- -Les accidents de travail ;
- -Les maladies professionnelles ;
- -Les décès provoqués par l'accident de travail ou la maladie professionnelle(78).

12.2. Les accidents de travail

Le recueil des textes législatifs et règlementaires de la sécurité sociale définit l'*accident du travail* comme étant « un événement soudain, anormal, produit par l'action subite d'une force extérieure », entraînant la mort ou des blessures qui ont pour conséquence l'incapacité partielle ou totale, temporaire ou définitive du travailleur.

Par ailleurs, selon l'article 20.1 du Décret-loi du 29 juin 1961, « Est considéré comme accident de travail, quelle qu'en soit la cause, l'accident survenu à un travailleur par le fait ou à l'occasion du travail, qu'il y ait ou non faute de la part du travailleur ».

Il est bien évident que cette définition écarte toute faute intentionnelle commise par le travailleur bénéficiaire.

(78) L'article 20 du chapitre IV du Décret-loi organique du 29 juin 1961 sur la sécurité sociale définit également les risques professionnels.

Le même article point 2 considère également comme accident de travail « l'accident survenu à un travailleur pendant le trajet (le chemin du travail) de sa résidence, du lieu où il prend ordinairement ses repas, au lieu où il effectue son travail, perçoit sa rémunération, et vice-versa, dans la mesure où le parcours n'a pas été interrompu ou détourné pour un motif dicté par un intérêt personnel ou indépendant de l'emploi. Il en est de même des accidents survenus pendant les voyages dont les frais sont supportés par l'employeur ou au cours du trajet dans le véhicule de l'employeur ».

Le trajet ainsi défini n'est protégé qu'à condition que le parcours n'ait interrompu ou détourné pour un motif dicté par l'intérêt personnel et étranger aux nécessités essentielles de la vie courante ou indépendante de l'emploi.

L'accident survenu dans ces conditions est réparé de la même façon que l'accident de travail proprement dit. En cas d'accident de travail, le premier mois de salaire est à charge de l'employeur. A partir du 31ème jour, l'employeur donne la responsabilité à l'I.N.S.S. Si l'employeur a continué à supporter le 31ème jour, il se fera rembourser par l'I.N.S.S.

Dans le cas précis d'accident de travail,

- L'incapacité totale ou partielle donne droit au salaire d'activité ;
- L'incapacité permanente totale donne évidemment droit au maximum d'indemnisation.
-

Sont exclus de la garantie de l'I.N.S.S :

- L'accident provoqué par une infraction à la réglementation sur la sécurité sociale ;
- L'accident causé par une faute grave et intentionnelle de l'intéressé.

Mais en cas de décès, malgré ce qui est dit ci-dessus, les survivants de la victime ont droit à la moitié du montant des prestations prévues par la législation.

Tout accident de travail qui a causé une incapacité de travail d'un jour au moins doit être déclarée à l'I.N.S.S par l'employeur dans les quinze jours qui ont suivi la date à laquelle il a eu connaissance de l'accident.

12.3. Les maladies professionnelles

Contrairement à l'accident du travail, qui comme nous venons de le voir, survient brutalement, d'une manière imprévisible, la maladie professionnelle est due aussi au travail, mais dans les conditions différentes, elle est généralement contractée à la suite d'une longue exposition du

travailleur (plusieurs années parfois) à des agents nocifs tels que le *gaz*, la *vapeur*, la*poussière*.
C'est, généralement, une intoxication, le saturnisme, par exemple, dû à l'absorption répétée, journalière, de doses infimes de plomb, dont chacune par elle-même, ne serait pas toxique. Tandis que l'inhalation massive de chlore provoquée par la rupture d'un récipient est un accident de travail.

La maladie professionnelle n'est pas toujours d'origine toxique : un ouvrier peut développer une arthrose[79] par surmenage chronique d'une articulation. La maladie peut aussi être d'origine infectieuse, par exemple, le charbon que contractent ceux qui manipulent les peaux de bêtes, dans les industries de chaussures.

Il y a d'autres difficultés à propos des maladies professionnelles :

- La plupart des maladies n'ont pas, au début des signes spécifiques ;
- Il y a des maladies « ordinaires » qui peuvent être compliquées par une maladie professionnelle ; tuberculose, bronchite, par exemple ;
- Il peut y avoir plusieurs causes pour une seule maladie ;
- La maladie met un temps variable avant de se déclarer, ou au moins, de pouvoir être détectée. Elle peut aussi apparaître après exposition à l'agent causal. Ce délai ou période latente peut être très longue et s'étendre à plusieurs années.

Pour éviter des discussions à propos de chaque cas, la plupart des pays ont élaboré une liste de maladies pour lesquelles des arguments sérieux permettent de penser qu'elles sont souvent d'origine professionnelle, et que ceux qui en sont atteints méritent bien la réparation du dommage causé. Quand un ouvrier, ou toute autre personne œuvrant dans le cadre d'un contrat de travail, est atteint d'une maladie figurant sur cette liste, on admet le principe de « présomption d'origine », ce qui veut dire qu'une maladie qui répond aux critères repris dans la liste est présumée d'origine professionnelle, sans qu'il soit nécessaire d'en apporter la preuve.

L'élaboration de cette liste n'est pas une chose facile ; par ailleurs, il est normal que le législateur s'assure qu'il y a bien une relation de cause à effet entre un agent pathogène et une maladie avant de l'inscrire sur la liste.
En outre, la RDC doit mettre en œuvre la branche de la médecine du travail. L'absence des spécialistes dans ce domaine est une entorse.

12.3.1. La liste des maladies professionnelles

[79] Arthrose : affection chronique dégénérative des articulations.

L'Ordonnance n° 66/370 du 09 juin 1966 détermine les affections considérées comme maladies professionnelles à l'usage de la sécurité sociale. Cette liste qui, au départ, avait 16 maladies, a connu un amendement en 1980. Ce dernier comporte 29 maladies professionnelles. Voici pour des raisons évidentes la liste de 16 maladies (1966) et celle de 29 maladies (1980). Nous espérons que des modifications profondes surviendront avec l'évolution actuelle des choses.

*** Liste de 16 maladies professionnelles et d'agents causaux**

Maladies professionnelles	Travaux exposant au risque :
1. Pneumoconioses causées par des poussières minérales sclérogènes (silicose, anthrocosilicose, asbestose et silicotuberculose pour autant que la silicose soit une cause déterminante de l'incapacité ou de la mort. (on nomme pneumoconioses les affections pulmonaires dues à l'inhalation de poussières. On distingue 2 pneumoconises : bénignes et malignes. Dans les premières, il y a simplement une sorte de tatouage des poumons par des poussières : Anthracose, sidérose, barytose. Les pneumoconioses malignes diminuent la fonction pulmonaire, elles peuvent prédisposer à des infections comme la tuberculose, ou à des cancers des bronches. Parmi les pneumoconioses qui donnent droit à la réparation en RDC sont la silicose, l'anthracose, et l'asbestose. La silicose est une infection pulmonaire chronique causée par l'inhalation de silice libre, sable, roches… L'asbestose est une maladie qu'on trouve dans les usines de fibre ciment. (Exemple Cinat, Lukala, Katana …)	Tous travaux exposant au risque considéré.
2. Maladies causées par le béryllium (glucinium) ou ses composés toxiques (métal rare, léger, très toxique). On l'utilise en métallurgie pour fabriquer divers alliages très durs. On l'utilise aussi dans l'industrie spatiale, nucléaire…	Tous travaux exposant au risque considéré.
3. Maladies causées par le phosphore ou ses composés toxiques. Il existe sous 2 formes : - Rouge peu toxique (allumette) - Blanc très toxique, on l'utilise comme raticide dans la fabrication de bombes et dans l'industrie chimique.	
4. Maladies causées par le chrome ou ses composés toxiques. (Métal blanc gris résistant	Idem

à l'usure) : Industrie textile, imprimerie, studio photo… 5. Maladies causées par le manganèse ou ses composés toxiques. (Métal très dur de couleur gris acier). L'intoxication se fait par inhalation de poussière ou de vapeurs. Il se voit presque uniquement dans les mines.	Idem
6. Maladies causées par l'arsenic ou ses composés toxiques (un poison cumulatif). Exemple : - Fabrication et utilisation insecticides - Industrie des colorants, etc.	Idem
7. Maladies causées par le mercure ou ses composés toxiques (Métal liquide à température ordinaire) sous forme de vapeur, de poussière. l'intoxication se fait par inhalation. Exemple : - Thermomètre, industrie de feutre - Fabrication de poudre détonante - Séparation de l'or et de l'argent de leurs minerais - Industrie électrique : fabrication de lampes à vapeur de mercure.	Idem
8. Maladies causées par le plomb ou ses composés toxiques. L'intoxication au plomb est nommée saturnisme. (le plomb est un métal bleu grisâtre, malléable). Exemple : - Mines de plomb et de zinc ; - Métallurgie ; - Industrie de construction ; - Vernis et émaux de plomb. 9. Maladies causées par le sulfure et ses composés toxiques. (c'est un liquide incolore, inflammable qui émet des vapeurs à température normale, très toxique). L'intoxication se fait par inhalation et provoque des troubles psychiques : cauchemars, délire, hallucinations, confusion mentale…	Idem
10. Maladies causées par le benzène ou ses composés toxiques (liquide incolore, volatil, donnant des vapeurs plus denses que l'air, un excellent solvant des graisses. On nomme benzol des produits commerciaux. Utilisation	Idem

comme solvant : industrie de caoutchouc, collage de vêtements, imperméables…	
11. Maladies causées par les dérivés nitrés et animés toxiques du benzène et de ses homologues (industrie pharmaceutique, fabrique d'explosifs et de munitions, pesticides…)	
12. Maladies causées par les radiations ionisantes (ondes électromagnétiques : rayons gamma, rayons x…) - Mines d'uranium - Usages médicaux - Réacteurs nucléaires…	Idem
13. Epithéliomas primitifs de la peau causée par le goudron, le brai, le bitume, les huiles minérales, l'anthracène, ou les composés, produits ou résidus de ces substances.	Idem
14. Infections charbonneuse. Maladies infectieuse des animaux, surtout des herbivores, le charbon n'est donc pas transmis directement d'homme à homme, mais indirectement par le contact de matériaux contaminés (laine, os, peau, cuir même tanné) et parfois par inhalation ou par absorption de viande contaminée.	Idem
15. Dermatoses aigues provoquées par le travail de bois de Kambala (il peut s'agir de conjonctivite, d'asthme, ou d'affection de la peau…)	
16. Tétanos contracté en dehors de cas consécutifs à un accident de travail.	Tous travaux exposant à l'action de radiations ionisantes.
	Tous travaux exposant aux risques considérés.
	Tous travaux entraînant un contact avec des animaux. Manipulation des

	débris des animaux : chargement, déchargement ou transport de marchandises susceptibles d'avoir été souillées par des animaux infectés. Tous travaux exposant aux risques considérés. Tous travaux effectués dans les égouts.

Cette liste est largement dépassée et nécessite une réactualisation au regard des évolutions actuelles du monde du travail et des recommandations de l'Organisation Internationale du Travail (OIT). Il faudra une réforme profonde de la sécurité sociale congolaise pour qu'elle s'adapte aux exigences de la mondialisation. L'amendement de 1980 doit être acté par un acte législatif.

L'absence d'une spécialisation en médecine du travail est un vide à combler dans le cadre de la réforme sur la sécurité sociale.

La liste de 29 maladies professionnelles (amendée en 1980) se présente comme suit : Cette liste est consécutive à celle de 1966 et la complète

Maladies professionnelles	***Travaux exposant au risque***
1. Pneumoconioses causées par des poussières minérales sclérogènes (silicose, anthraco-silicose, asbestose) et silicotuberculose pour autant que la silicose est une cause déterminante de l'incapacité ou de la mort.	Tous travaux exposant au risque considérés.
2. Broncho-pneumopathies causées par les poussières des métaux durs.	Idem
3. Maladies broncho-pulmonaires causées par les poussières de	Idem

coton (byssinose) de lin, de chanvre ou de sisal.	
4. Asthme professionnel causé par des agents sensibilisants ou irritants reconnus comme tels et inhérents au type de travail.	Idem
5. Alvéolites allergiques extrinsèques et leurs séquelles causées par l'inhalation de poussières organiques, conformément à ce qui est prescrit par la législation nationale.	Idem
6. Maladies causées par le béryllium (glucinium) ou ses composés toxiques.	Idem
7. Maladies causées par le cadmium ou ses composés toxiques.	Idem
8. Maladies causées par le phosphore ou ses composés toxiques	Idem
9. Maladies causées par le chrome ou ses composés toxiques	Idem
10. Maladies causées par le manganèse ou ses composés toxiques	Idem
11. Maladies causées par l'arsenic ou ses composés toxiques.	Idem
12. Maladies causées par le mercure ou ses composés toxiques	Idem
13. Maladies causées par le plomb ou ses composés toxiques	Idem
14. Maladies causées par le fluor ou ses composés toxiques	
15. Maladies causées par le sulfure de carbone	Idem
16. Maladies causées par les dérivés halogénés toxiques des hydrocarbures aliphatiques ou aromatiques	Idem Idem
17. Maladies causées par le	

benzène ou ses homologues toxiques	Idem
18. Maladies causées par les drivés nitrés et aminés toxiques du benzène ou de ses homologues	Idem
19. Maladies causées par la nitroglycérine ou d'autres esters de l'acide nitrique	Idem
20. Maladies causées par les alcools les glycols ou les cétones	Idem
21. Maladies causées par les substances asphyxiantes : oxyde de carbone cyanure d'hydrogène ou ses dérivés toxiques, hydrogène sulfuré	Idem
22. Atteinte auditive causée par le bruit.	
23. Maladies causées par les vibrations (affections des muscles, des tendons, des os, des articulations, des vaisseaux périphériques ou des nerfs périphériques)	Idem Idem
24. Maladies causées par le travail dans l'air comprimé	
25. Maladies causées par les radiations ionisantes	Idem Tous travaux exposant à l'action des radiations ionisantes
26. Maladies de la peau causées par des agents physiques, chimiques ou biologiques non considérés sous d'autres rubriques	Tous travaux exposant au risque considéré Idem
27. Epithéliomas primitifs de la peau causés par le goudron, le brai, le bitume, les huiles minérales, l'anthracène ou les composés produits ou résidus de ces substances	Idem
28. Cancer pulmonaire ou mesiotheliome causés par	

l'amiante 29. Maladies infectieuses ou parasitaires contractées dans une activité composant un risque particulier de contamination	(a) Travaux dans le domaine de la santé et travaux de laboratoires ; (b) Travaux vétérinaires ; (c) Travaux de manipulation d'animaux, de carcasses ou de débris d'animaux ou de marchandises susceptibles d'avoir été contaminées par des animaux ou des carcasses ou des débris d'animaux ; (d) Autres travaux comportant un risque particulier de contamination.

Malgré l'élargissement des maladies, cette liste est encore loin de répondre aux préoccupations actuelles ; d'où son actualisation s'impose vivement par les autorités du Ministère de l'Emploi, du Travail et de la Prévoyance Sociale.

12.4. Dispositions légales du régime de couverture des risquesprofessionnels en RDC

Les incapacités de travail résultant des maladies ou des accidents non professionnels comme celles dues aux maladies professionnelles ou aux accidents du travail ont toutes, pour conséquences, de suspendre le contrat.

On remarque cependant qu'à propos de la réparation des accidents du travail et des maladies professionnelles, les dispositions légales du code préviennent un régime différent du régime du droit commun, voir notamment les dispositions du Code du Travail et les statuts de l'Administration Publique.

Le régime congolais de couverture des risques professionnels est fondé sur le principe de risque social. Cela signifie que les risques professionnels, au lieu d'engager la responsabilité de l'employeur, comme autrefois, sont à la charge d'un organisme public, l'I.N.S.S (Institut National de Sécurité Sociale), qui en assure la couverture. La conséquence de cette situation est que l'employeur, tenu jusqu'en 1961 civilement responsable à l'égard de la victime, est actuellement entièrement hors cause. Les travailleurs, à partir du Décret du 29 juin 1961, sont directement assurés auprès de l'I.N.S.S.

Cet organisme intervient en raison de ce lien qui l'unit au travailleur.

Dans ces conditions, la victime gagne à n'avoir à prouver ni la faute de l'employeur, ni celle des préposés de ce dernier. Elle est sûre d'être indemnisée dès qu'il est établi que l'accident est un accident de travail et la maladie est une maladie professionnelle ; même si le dommage est dû à un cas fortuit ou à une certaine faute de sa part, sauf toutefois la faute intentionnelle de la victime. C'est ce que nous pouvons dégager de l'article 20 du Décret du 29 juin 1961 qui stipule que « est considéré comme accident- de travail quelle qu'en soit la cause, l'accident survenu au travailleur par ou à l'occasion du travail, qu'il y ait ou non faute de sa part (sic !) ».

Le régime de sécurité sociale instauré par le Décret-loi du 29 juin 1961 confie le rôle autrefois rempli par les caisses communes d'assurance et mutuelles d'employeurs à un organisme public unique : l'I.N.S.S. L'affiliation à l'I.N.S.S étant devenue obligatoire pour tous les employeurs, la charge des risques professionnels se trouve mieux garantie.

L'ordonnance-loi n° 67/310 du 09 août 1967 et le Décret n° 015/2002 consacrent le principe appliqué à l'heure actuelle : en cas d'accident de travail ou de maladie professionnelle, le travailleur est à charge de son employeur pendant une période de 30 jours. Après cette période, sauf disposition contraire à la réglementation de la sécurité sociale, le travailleur est mis à la charge de l'I.N.S.S qui lui accorde des indemnités eu égard au degré de son incapacité.

Quant au moment de la réparation, la réparation du dommage subi n'est pas intégrale, mais forfaitaire, en ce sens que la victime d'un accident de travail a la certitude d'être indemnisée, mais que par contre, le dommage qu'elle a subi n'est pas réparé intégralement, il ne l'est que dans une certaine mesure. C'est le principe du forfait instauré à l'origine même du régime spécial de réparation des accidents de travail et des maladies professionnelles. A ce jour, les dispositions légales doivent avoir évolué en attendant la réforme de la sécurité sociale en RDC.

Après avoir circonscrit les méandres des risques professionnels et les dispositions légales pour la couverture de ces risques, le moment est venu pour étaler d'autres prestations sociales à charge de l'employeur et de l'INSS.

CHAPITRE 13

LES AUTRES PRESTATIONS SOCIALES

Nous distinguons deux catégories de prestations dont les premières à charge de l'employeur et les secondes à charge de l'I.N.S.S. Les prestations à charge de l'employeur sont soit le paiement du salaire garanti au travailleur, soit des prestations destinées à lui permettre de récupérer sa capacité physique et professionnelle maximum. Tandis qu'à charge de l'I.N.S.S s'inscrivent les prestations destinées à indemniser la victime (ou ses proches) de la perte provisoire ou définitive d'une partie ou de la totalité de son revenu professionnel.

13.1. Prestations à charge de l'employeur

Selon l'article 105 du Code du Travail, lorsque le travailleur est dans l'incapacité de fournir ses services par suite de maladie ou d'accident, il conserve le droit, pendant toute la durée de la suspension du contrat, aux deux tiers de la rémunération en espèces et en totalité des allocations familiales.

Le droit aux avantages contractuels en nature subsiste pendant l'incapacité de travail, à moins que le travailleur n'en demande la contre-valeur en espèces. Le logement ne peut, toutefois, être remplacé par sa contre-valeur (Art. 105).

Dans le calcul de la rémunération, on tient compte des montants des commissions, des primes, des gratifications et des participations aux bénéfices. Ces montants sont calculés sur la moyenne de ces éléments payés pour les 12 mois précédents (art. 66.3).

Au terme de l'article 106, alinéas 1, 2, 3 et 4 si la maladie et l'accident sont réputés *maladie professionnelle* ou *accident du travail* aux termes de la réglementation de la sécurité sociale, le travailleur conserve le droit pendant les six premiers mois de la suspension du contrat aux deux tiers de la rémunération en espèces et à la totalité des allocations familiales.

L'employeur est autorisé à déduire mensuellement les sommes versées au travailleur par l'Institut National de Sécurité Sociale, en introduisant les pièces justificatives qui doivent être acceptées après vérification par cet Institut.

Pendant la même période, le droit aux avantages en nature subsiste, à moins que le travailleur n'en demande la contre-valeur en espèces. Le logement ne peut, toutefois, être remplacé par sa contre-valeur (art. 106.1, 2, 3 et 4).

En cas de maladie, d'accident, de grossesse ou d'accouchement, et même en cas de suspension du contrat pour une cause de force majeure, l'employeur est tenu de fournir au travailleur et à sa famille, jusqu'à la fin du contrat (art. 178) :

-Les soins médicaux, dentaires, chirurgicaux, les frais pharmaceutiques et d'hospitalisation ;

-Les frais de déplacements nécessaires, lorsque le travailleur ou sa famille est dans l'incapacité physique de se déplacer ;

- Les lunettes, les appareils d'orthopédie et de prothèse dentaire exceptée, suivant prescription médicale et tarifs établis par le Ministre ayant la Santé Publique dans ses attributions.

Ces soins sont dus en premiers lieu, par l'employeur, même lorsqu'il y a responsabilité d'un tiers. Selon l'article 182, en cas d'accident ou de maladie pouvant engager la responsabilité d'un tiers, l'exercice d'une action contre le tiers ne dispense pas l'employeur d'exécuter ses obligations.

Enfin, lorsque, par le fait du contrat ou de la loi, le travailleur doit être rapatrié aux frais de l'employeur, l'obligation des soins ne s'éteint pas avant le jour où l'état de santé du travailleur permet son retour. C'est l'employeur qui décide du retour du travailleur sur avis du médecin (art. 178, al.2).

Si la maladie ou l'accident est réputé maladie professionnelle ou accident du travail aux termes de la réglementation de la sécurité sociale, les obligations de l'employeur prévues à l'article 178 sont limitées à une période de 30 jours, sauf dispositions contraires[(80)].

13.2. Prestations sociales à charge de l'I.N.S.S

Les prestations de l'I.N.S.S sont destinées à indemniser la victime ou ses proches de la perte de son salaire suite à la maladie ou à l'accident qu'elle a subi. L'article 21de l'Ordonnance loi du 20 décembre 1968 qui modifie le décret-loi du 29 juin 1961 énumère les prestations suivantes qui sont dues en cas de l'accident de travail ou de la maladie professionnelle.

a) Pour la branche des risques professionnels :

-Les soins médicaux nécessaires pour la lésion résultant, soit d'un accident de travail ou d'une maladie professionnelle ;

-Les indemnités journalières en cas d'incapacité temporaire de travail totale ou partielle ;

- Les allocations pour les frais funéraires ;
- Les rentes viagères pour les survivants.

b) Pour la branche des pensions :

- Les pensions et les allocations de retraite ;

[(80)] Voir à ce sujet les articles 179, 180.

- Les pensions d'invalidité ;
- Les pensions et les allocations de survivants.

c) Pour la branche des allocations familiales :

-Les allocations familiales (régime de compensation uniquement au Katanga).

Le point 2 de ce même article précise que ces prestations sont à charge de l'I.N.S.S à partir de l'expiration du délai au cours duquel les prestations prévues par le contrat de travail sont à charge de l'employeur, soit après un délai de trente jours.

13.2.1. Les soins médicaux nécessités pour la lésion résultant soit d'un accident de travail, soit d'une maladie professionnelle

Les soins médicaux comprennent l'assistance médicale et chirurgicale, les examens médicaux et radiographiques, les examens de laboratoire et les analyses, la fourniture de produits pharmaceutiques, l'entretien dans un hôpital ou une institution médicale, y compris la nourriture habituelle fournie par l'établissement, les soins dentaires, les frais de transport de la victime du lieu de l'accident aux centres médicaux, à l'hôpital, à un cabinet médical et à la résidence, la fourniture d'entretien et de renouvellement des appareils de prothèses et d'orthopédie nécessités par l'infirmité résultant de l'accident et reconnus indispensables par le médecin désigné ou agréé par l'I.N.S.S.

Tous ces soins sont fournis par l'I.N.S.S ou par les établissements choisis parmi les formations officielles et privées agréées par les autorités administratives régionales. Ils font l'objet d'un remboursement sur la base du tarif forfaitaire établi par voie d'accord entre ces établissements et l'I.N.S.S (art. 22.2). Ces soins sont dus jusqu'à l'expiration du délai de révision visé à l'article 29 du décret-loi de 1961.

13.2.2. Les indemnités journalières en cas d'incapacité temporaire

En cas d'incapacité temporaire de travail dûment constaté par l'autorité médicale compétente, la victime a droit à une indemnité journalière d'accident pour chaque jour d'incapacité, ouvrable ou non, suivant le délai au cours duquel l'employeur conserve ses obligations en application du Code du travail.

L'indemnité est payable suivant les modalités fixées par le Ministre du Travail, c'est-à-dire toute la période d'incapacité de travail qui précède la guérison complète, la consolidation de la guérison ou le décès du travailleur (art. 25. 1). Le montant de l'indemnité journalière est égal au deux tiers de la rémunération journalière moyenne de la victime. Ce montant est réduit de la moitié pendant la durée de l'hospitalisation si le travailleur n'a pas charge de famille (art. 23. 2).

La rémunération journalière moyenne s'obtient en divisant par 90, le total des rémunérations soumises à cotisation perçue par l'intéressé au cours des 3 mois civils précédant celui au cours duquel l'accident est survenu (art. 23. 3). L'indemnité journalière est réglée aux mêmes intervalles réguliers que le salaire ; toutefois, cet intervalle ne peut être inférieur à une semaine (art. 24. 1).

Si l'assuré ne respecte pas les dispositions réglementaires sur l'assurance ou les prescriptions médicales pour son traitement, une déchéance temporaire du droit à l'indemnité journalière peut être appliquée (art. 24. 2).

13.2.3. Les rentes et allocations d'incapacité pour les victimes

On distingue, généralement, dans la législation congolaise l'incapacité permanente totale de l'incapacité permanente partielle. La première est celle reconnue définitive, c'est-à-dire à partir du jour où la lésion est jugée « consolidée ».Cette incapacité est permanente et totale lorsque l'ouvrier a perdu la possibilité de gagner normalement un salaire ou de se procurer des ressources ayant un caractère de régularité, même dans une profession autre que celle exercée par lui avant l'accident.

Lorsque ce cas est dûment constaté par un médecin agréé par l'I.N.S.S, la victime a droit à une rente d'incapacité totale égale à 85% de sa rémunération mensuelle moyenne. Cette rémunération peut être périodiquement réévaluée (art. 25. 1).

Il ressort de cette disposition que le législateur appelle *rente* et *allocationd'incapacité,* l'indemnité annuelle payée en cas d'incapacité permanente de travail résultant d'un accident de travail ou d'une maladie professionnelle. Ceci permet d'éviter de confondre la *rente* et *l'allocation d'incapacitépermanente* avec l'allocation d'invalidité. Cette dernière est accordée au cas où il y a incapacité de travail causée par un accident ou par une maladie non professionnelle.

La rente d'incapacité est payable à la victime jusqu'au moment où l'I.N.S.S lui verse une pension de retraite si le taux de son incapacité est inférieur à 15% ou si l'accident survient moins de 5 ans avant l'âge de la retraite.

L'incapacité permanente est dite partielle lorsque l'ouvrier ne retrouve qu'en partie l'aptitude à son travail professionnel ou perd complètement cette aptitude, mais sans que tout autre travail lui soit impossible.

La victime d'une telle incapacité a droit à une rente d'incapacité lorsque le degré de son incapacité est égal à 15% au moins, et à une allocation d'incapacité versée, en une seule fois, lorsque le degré de son incapacité est inférieur à 15% (art. 26. 1). Le montant de cette rente d'incapacité permanente partielle est, selon le degré d'incapacité, proportionnel à celui de la rente à laquelle la victime aurait eu droit en cas d'incapacité permanente totale.

13.2.4. Rentes viagères pour survivants

Lorsque l'accident du travail est suivi du décès de la victime, ses ayant droits bénéficient des rentes de survivants. Sont considérés comme ayant droits aux termes de l'article du décret de 1961, la veuve monogame, non divorcée, ni séparée de corps, à la condition que le mariage soit antérieur à la date de l'accident ou, s'il est postérieur, qu'il ait eu lieu six mois au moins avant le décès et, dans les mêmes conditions, le veuf invalide qui vivait entièrement à la charge de la victime. Entrent également dans la catégorie de bénéficiaires, les enfants célibataires à charge de la victime tels qu'ils sont définis à l'article 4 du Code du Travail.

Les rentes de survivants sont fixées en pourcentage de la rémunération servant de base au calcul de la rente d'incapacité permanente, à raison de 20% pour la veuve ou le veuf, de 15% pour chaque enfant. Toutefois, le montant des rentes auxquelles ont droit les survivants de la victime ne peut dépasser 100% de la rente d'incapacité totale à laquelle la victime, elle-même, avait ou aurait eu droit. Si le total des rentes calculées conformément aux dispositions de cet article dépasse cette limite, chacune des rentes est proportionnellement réduite.

Ce droit à la rente de veuve ou de veuf s'éteint en cas de remariage. Dans ce cas, la veuve ou le veuf remarié a droit à une allocation étalée à douze fois le montant mensuel de la rente.

13.3. Les pensions

Il y a trois sortes de pensions reconnues par l'INSS :

- Pension de retraite ;
- Pension d'invalidité,
- Pension de survivants.

13.3.1. Pension de retraite

L'I.N.S.S attribue des pensions et des allocations de retraite sous forme de prestation en espèces dans les cas suivants :

1) La vieillesse : elle constitue une forme d'incapacité qui survient inévitablement lorsqu'un individu vit suffisamment longtemps, ce qu'on lui permet plus d'exercer normalement son activité : 60 ans pour la femme, 65 ans pour l'homme (en l'an 2012)
2) Le nombre d'années de service accompli. Toute personne qui a travaillé pendant de nombreuses années au service d'un

employeur, a droit à une pension ou à une allocation de retraite quand elle remplit les conditions requises. L'âge de la pension de retraite est d'au plus tôt 60 ans ; mais le travailleur peut demander le report de cette pension en travaillant pour augmenter son montant. Le nombre d'années de service accomplis exigé est de 25 ans.

13.3.1.1. Les conditions pour avoir la pension de retraite

1. Il faut que l'assuré ait cessé toute activité rémunérée ou se soit engagé à y mettre fin dans les 3 mois;
2. Il faut qu'il justifie d'une certaine durée d'assurance au moins 60 mois pour prétendre à une pension. Car si cette condition n'est pas remplie, il n'aura droit qu'à une allocation unique.

13.3.1.2. Les délais pour l'obtention de la pension

Trois mois avant la cessation de l'activité salariée et six mois l'arrêt de travail, tout doit être fait au risque d'encourir la prescription et de perdre ainsi les avantages de prestations.

13.3.1.3. Calcul de la pension de retraite

Deux cas peuvent se présenter :

-Pension provisionnelle ou forfaitaire : Lorsque le dossier constitutif n'est pas complet, et dans l'attente de la réception des pièces justificatives manquantes, une pension provisionnelle est calculée sur une base minimale, à condition que l'assuré justifie d'au moins 60 mois d'assurance accomplis dans les 10 dernières années.

-Pension définitive : Lorsque le dossier constitutif est complet, il est procédé au calcul de la pension définitive qui est égale annuellement à 1/60ème de la rémunération moyenne des 36 derniers mois d'assurance, multiplié par le nombre de mois de la carrière.

La formule de calcul de la pension mensuelle est donc :

$$\frac{\text{Rémunération mensuelle moyenne X nombre de mois d'assurance}}{60 \times 12}$$

Comme les pensions sont versées trimestriellement, le montant mensuel arrondi à la dizaine de Francs Congolais supérieur est multiplié par 3.

Exemple :

a) Le travailleur justifie de 240 mois d'assurance. La rémunération moyenne est de 5.000 FC par mois ; sa pension sera égale à : (calculez la rémunération mensuelle et trimestrielle)

b)

$$\frac{\text{Rémunération mensuelle moyenne des 36 derniers mois X mois d'assurance}}{720}$$

C'est-à-dire 5.000 x 240 / 720 = 1.666 FC arrondis à 1.670 par mois, soit 5.010 FC par trimestre.

c) Le travailleur justifie de 120 mois d'assurance. La rémunération moyenne est de 5.000 FC par mois ; sa pension s'élèvera à :

$$\frac{\text{Rémunération mensuelle moyenne des 36 derniers mois } \mathbf{X} \text{ mois d'assurance}}{720}$$

C'est-à-dire 5.000 x 120 / 720 = 0,833 FC (porté à 1,270 pension minimale), soit 3.810 FC par trimestre.

d) Le travailleur justifie de 180 mois d'assurance. La rémunération moyenne retenue est de 10.000 FC par mois ; sa pension sera de :

$$\frac{\text{Rémunération mensuelle moyenne des 36 derniers mois } \mathbf{X} \text{ mois d'assurance}}{720}$$

C'est-à-dire 10.000 x 180 / 720 = 2.500 FC par mois, soit 7.500 FC par trimestre.

13.3.1.4. Calcul de l'allocation unique

Lorsque le nombre des mois d'assurance n'atteint pas 60, la pension de la retraire est remplacée par une allocation qui est servie en une seule fois et qui est égale à 10 fois le montant annuel de la pension de retraite à laquelle l'assuré aurait eu droit en raison de la durée de son assurance.

Pour calculer cette allocation, il suffit de déterminer, selon la carrière de l'assuré :

-Le nombre de mois à retenir ;

-Le montant des rémunérations ayant servi de base au calcul des cotisations ;

-Le montant de l'allocation unique s'obtient en divisant :

$$\frac{\text{Rémunération ayant servi de base au calcul des cotisations pour les mois d'assurance retenus x 10}}{60}$$

Le montant obtenu doit être arrondi en Francs Congolais supérieurs :

Exemple : Le travailleur a exercé son activité durant 40 mois seulement et a perçu 180.000 FC. L'allocation unique s'élèvera à :

180.000 x 10 / 60 = 30.000 FC

13.3.2. Pension d'invalidité

Est considéré comme invalide, selon l'article 40 du décret-loi du 29 juin 1961, le travailleur qui, par la suite d'une maladie ou d'un accident, subit une diminution permanente de ses capacités physiques ou mentales le rendant inapte à gagner un tiers de la rémunération qu'un travailleur ayant la même formation peut se procurer par son travail. L'invalidité est l'inaptitude à exercer une activité professionnelle normale, lorsqu'il est probable que cet état sera permanent ou lorsqu'il subsiste après cessation de l'incapacité temporaire de travail. Si par malheur, le travailleur devient invalide, il peut obtenir une pension d'invalidité.

13.3.2.1. Conditions à remplir pour la pension d'invalidité

Il s'agit de :

- Une diminution permanente de ses capacités physiques ou mentales le rendant inapte à gagner 1/3 de sa rémunération habituelle ;
- Une justification d'au moins 36 mois d'assurance au cours des 20 derniers trimestres civils précédant immédiatement celui au cours duquel il est devenu invalide (sauf en cas d'accident) ;
- N'avoir pas atteint l'âge d'admission à l'assurance vieillesse (pension de retraite).

13.3.2.2. Date d'effet

L'invalidité reconnue médicalement prend effet :

- Soit à la date de consolidation de la lésion ou de stabilisation de l'état de l'assuré ;
- Soit à la date d'expiration d'une période de 6 mois d'incapacité temporaire de travail.

13.3.2.3. Calcul de la pension d'invalidité

Il faut tenir compte des 36 derniers mois d'assurance continus ou discontinus pour lesquels une rémunération a été payée. Par rémunération, on entend le montant brut de la rémunération mensuelle à l'exclusion des allocations familiales légales, des soins de santé, des frais de voyage et des avantages accordés exclusivement en vue de faciliter au travailleur l'exercice de ses fonctions, et dans la limite du plafond.

La durée d'assurance comprend :

- Les périodes de travail dont l'assuré peut justifier ;
- La période qui s'écoulera jusqu'à l'âge de la retraite.

Lorsque l'état de l'invalidité nécessite l'assistance d'une tierce personne, le montant de la pension est majoré de 50%.

Exemple : Un travailleur âgé de 46 ans justifie de 108 mois d'assurance. La rémunération moyenne retenue est de 17.000 FC par mois. La pension mensuelle sera de :

$$\frac{\text{Rémunération mensuelle moyenne x nombre de mois d'assurance}}{720}$$

Soit : 17.000 x 228 / 720

(108 activités + 120 pour atteindre 60 ans) = 5.360 FC arrondis à 5.400 FC, soit 16.200 FC par trimestre.

13.3.3. Pension des survivants

L'article 41 du décret-loi modifié stipule en son 1èr point qu' « en cas de décès d'un titulaire d'une pension d'invalidité ou de retraite ou d'un assuré qui, à la date de son décès aurait eu droit à une pension de retraite ou, s'il avait été invalide, à une pension d'invalidité, ses ayant droits auront droit à une allocation de survivants ».

13.3.3.1. Pension de la veuve

La veuve, à condition qu'elle ait atteint l'âge de 50 ans, a droit à 40% du montant de la pension de son défunt mari, montant dont celui-ci bénéficiait ou dont il aurait dû bénéficier conformément à l'article 41 du décret-loi. La veuve qui se remarie aura droit à une allocation unique égale à 12 mois fois le montant de sa pension.

13.3.3.2. Allocation unique d'orphelin

Les orphelins ne bénéficient pas d'une rente,mais d'une allocation payée en une seule fois. Leur allocation est égale à 25% de la pension de la veuve ; s'il n'y a pas de veuve, ce montant est doublé. Ainsi qu'on peut s'en apercevoir, le régime de pension de survivants n'est qu'un régime provisoire, assorti de conditions rigides et caractérisé par des prestations de famine. Les orphelins sont presque abandonnés à eux-mêmes après la mort de leur père.

Qui peut prétendre à l'allocation unique de survivants ?

- La veuve réunissant les conditions ci-dessous, mais âgée de moins de 50 ans et ne présentant pas un état d'invalidité au moment du décès ;
- L'enfant à charge de l'assuré au moment du décès s'il est célibataire et s'il n'exerce pas un emploi salarié ;
- Jusqu'à 16 ans en règle générale ;
- Jusqu'à 25 ans s'il est étudiant ;
- Sans limite d'âge s'il est invalide.
-

L'allocation unique de survivants est versée en une seule fois à la veuve. Le montant de cette allocation est égal à 12 fois le montant mensuel de la pension de vieillesse ou d'invalidité à laquelle le défunt avait ou aurait eu droit.

13.3.3.3. Calcul de la pension de la veuve

La pension est égale à 40% du montant de la pension auquel l'assuré avait droit ou aurait eu droit.

Exemple : L'assuré décédé était titulaire d'une pension de retraite s'élevant à 8.000 FC par an. Sa veuve âgée de plus de 50 ans bénéficiera d'une pension de veuve d'un montant annuel de :

8.000 x 40 / 100 = 3.200 FC

En cas de remariage de la veuve, celle-ci perd le bénéfice de sa pension, mais il lui sera attribué une allocation unique égale à 12 mois, le montant mensuel de la pension qui lui avait été considéré.

Exemple : La veuve qui percevait une pension annuelle de 3.200 FC bénéficiera d'une allocation unique d'un même montant.

13.3.3.4. Calcul de l'allocation des orphelins

Les enfants considérés comme ayant droit du défunt ont droit à une allocation unique d'orphelin répartie entre eux en parts égales.

Le montant de l'allocation d'orphelin est égale à :

-25% du montant de l'allocation de la veuve pour un enfant ;
- 50% pour deux enfants ;
- 75% pour trois enfants ;
- 100% pour quatre enfants ou plus.

Ce montant est doublé lorsqu'il n'y a pas de veuve bénéficiaire d'une pension ou d'une allocation.

Exemple : Si l'assuré décédé était titulaire d'une pension d'invalidité d'un montant annuel de 6.000 FC, sa veuve bénéficiera d'une allocation unique s'élevant à 6.000 FC. Il sera attribué aux 2 orphelins une allocation unique de 50% soit :

6.000 x 50 / 100 = 3.000 FC

S'il n'y avait pas eu de veuve bénéficiaire, le montant de l'allocation d'orphelin aurait été majoré du double et porté à 6.000 FC.

13.3.4. Les allocations familiales

Le secteur des allocations familiales a comme mission de fournir une aide financière, sous forme d'allocations ordinaires, aux familles ayant charge d'enfants ou de jeunes gens non occupés comme travailleurs. En outre, il doit octroyer des allocations pour orphelins et pour handicapés, des allocations de naissance.

Des trois branches de sécurité sociale instituées par le décret-loi du 29 juin 1961, le régime des allocations familiales est celui qui a été le plus négligé de la part du législateur. Cela s'explique par le fait que cette branche n'aurait sa vraie signification que dans le cadre d'un régime de compensation à créer.

Jusqu'à présent, le régime dont il est question n'a jamais été créé. Cependant, il existe au Katanga une législation sur le régime de compensation des allocations familiales instauré en 1962.

Enfin, nous pouvons résumer les caractéristiques de la législation congolaise sur les allocations familiales de la manière suivante :

1) L'obligation faite aux employeurs de payer les allocations familiales à leurs travailleurs pour chaque enfant à charge (art. 34 du décret-loi du 29 juin 1961 modifié).
2) L'uniformisation des taux des allocations familiales en 1984.Le taux actuel est très minime. Il est impossible de

subvenir aux besoins d'un enfant avec une somme si modique. Pour cette raison, plusieurs entreprises payent à leurs travailleurs des taux d'allocations familiales de loin supérieur.

3) L'existence d'un régime de compensation au Katanga depuis 1962 et l'inexistence d'un tel régime dans les autres provinces du pays.
4) Le fait que l'épouse ne bénéficie pas d'allocation familiale en vertu du principe du salaire minimum global instauré en 1962, salaire qui est supposé englober l'allocation familiale pour épouse. Cette notion est naturellement dépassée parce que le salaire minimum légal est lui-même insuffisant. En effet, plusieurs entreprises payent des allocations familiales aux épouses de leurs travailleurs.

Conclusion sur les prestations sociales en RDC

Au regard de la situation liée à certaines prestations sociales, il ya lieu de noter l'absence de l'assurance chômage pourtant une prestation importante dans le secteur de la sécurité sociale dans un pays comme la RDC où la majorité de la population à l'âge actif est en chômage, faute d'emplois.

L'assurance chômage a pour but de promouvoir l'emploi et d'aider tous les travailleurs et, en particulier, les chômeurs involontaires par :

Leur placement dans les entreprises demanderesses par l'intermédiaire des services publics de placement ou des bureaux de placement privés et agréés ;

Leur réadaptation et leur formation professionnelle ;

L'octroi d'aides financières en vue de favoriser l'emploi de main-d'œuvre ;

L'octroi d'allocations de chômage.

Il convient de signaler que, depuis le décret n°081/2002 du 3 juillet 2002 portant création, organisation et fonctionnement de l'ONEM, l'accent est surtout mis sur les enregistrements des chômeurs à travers les cartes de chômeurs. Les efforts du placement, de réadaptation et de la formation professionnelle, l'octroi d'aides financières et d'allocations de chômage ne se font pas sentir ou sont presqu'inexistants dans une RDC où la jeunesse renferme presque 60% de la population totale.

Il faudra envisager un mécanisme dynamique susceptible de créer une synergie entre l'ONEM et l'INSS, organisme chargé de la sécurité sociale, pour chercher comment octroyer l'aide et les allocations aux chômeurs congolais qui sont,, pour la plupart, détenteurs des diplômes supérieurs et universitaires. Ceux-ci, par manque d'encadrement et de planification, sont obligés de rester longtemps sans occupations et glissent sans aucune autre forme dans la pauvreté. D'autres sont poussés à devenir des marginaux, des malfaiteurs, à l'image des ''Kuluna''.

Les conditions arides de travail avilissent la femme africaine

CHAPITRE 14

CONSIDERATIONS GENERALES DU SYSTEME DE SECURITE SOCIALE EN RDC

L'intérêt de ce chapitre est de montrer aux autorités du pays le vrai tableau de la sécurité sociale en RDC pour les amener à y porter des réformes nécessaires dans la mesure des possibilités qu'offre le pays.

14.1. Système de sécurité sociale en R.D.C

En RDC, le système de sécurité sociale comporte des graves lacunes en ce qui concerne l'étendue des risques couverts, leur organisation et leur fonctionnement. Les ressources des régimes de protection sociale proviennent essentiellement des cotisations des travailleurs et des employeurs, notamment pour le secteur structuré. Les régimes n'offrent qu'une faible couverture des risques et ne profitent qu'à une petite portion de la population (voir les neuf branches prévues par la convention n° 102 de l'OIT).

Le taux des cotisations est fixé de la manière suivante : la branche des pensions 7% dont 3,5 % à charge de l'employeur et 3,5% à charge du travailleur. La branche des risques professionnels : 1,5% à charge exclusive de l'employeur, tandis que la branche des allocations familiales : 4% à charge exclusive de l'employeur.

Quant au capital destiné à la sécurité sociale, il connaît une lente évolution eu égard aux besoins auxquels le régime doit faire face. En terme de pouvoir d'achat, on observe également une chute des prestations sociales résultant du contexte économique difficile qui sévit contre les masses populaires.

En ce qui concerne les régimes particuliers ou spéciaux, ils n'offrent aucune garantie que le fonctionnement reste tributaire du budget de l'Etat et n'obéit pas aux normes de sécurité sociale comme il a été question dans les expériences européennes et américaines. Les prestations de ces régimes ont plutôt le caractère d'une assistance sociale au lieu de prestations sociales.

S'agissant du système mutualiste, bien qu'en progression dans le pays, il souffre d'un manque d'impulsion des acteurs sociaux (Etat, ONG, Associations, Société Civile).

L'action sociale, de son côté, se réalise sous forme d'interventions, surtout ponctuelles, du Ministère des Affaires Sociales et Actions Humanitaires en faveur des catégories sociales concernées. Celles-ci sont composées des personnes marginalisées, des enfants en situation difficile, des personnes avec handicap et du troisième âge.

Les prestations sanitaires sont également compromises suitaux facteurs ci-après :

- insuffisance et délabrement des infrastructures sanitaires ;
- insuffisance des ressources et des services compétents ;
- mauvaise gestion des ressources ;
- absence de médicaments de première nécessité.

Tous ces facteurs et d'autres sont à la base du faible taux d'accessibilité de la population aux soins de santé (évalué à 26% pour l'ensemble du pays selon le Ministère de la Santé Publique, rapport annuel 2010).

Concernant le régime général, l'I.N.S.S est confronté aux difficultés liées au traitement des dossiers. En effet, la lenteur dans le traitement des dossiers avec, comme conséquence, l'allongement des débats d'attribution des décisions est une grande entrave. Cette lenteur est due notamment :

- à l'insuffisance des moyens matériels ;
- au traitement manuel des dossiers ;
- à la non maîtrise de la carrière des demandeurs des prestations ainsi que de leurs périodes d'assurance.

Pour la liquidation des prestations en espèces, on peut retenir une contrainte essentielle, à savoir, le non respect des échéances de paiement et la modicité des prestations en espèces qui font suite aux difficultés de trésorerie liées surtout au manque des liquidités et à la désarticulation du système bancaire. La modicité des prestations est due au pouvoir d'achat des prestataires.

Concernant les archives, les difficultés de conservation des informations constituent également une entrave pour les employeurs cotisants et les travailleurs immatriculés. Ces difficultés sont consécutives notamment :

- au volume abondant de données ;
- à l'insuffisance des moyens matériels appropriés ;
- à l'absence d'une bonne politique d'archivage ;
- à la sous qualification du personnel.

Les prestations en nature sont handicapées par :

- l'absence du financement approprié ;
- le coût élevé des soins médicaux et desproduits pharmaceutiques ;
- le manque d'équipements médicaux sanitaires appropriés ;
- l'éloignement des bénéficiaires des prestations sociales (difficultés d'accéder à leurs lieux de résidence) à cause de l'étendue du territoire national.

Le retard dans la production des états financiers à cause de l'insuffisance de moyens de communication entre la délégation générale et les services régionaux constitue une des difficultés de gestion quotidienne à l'I.N.S.S. Cette situation résulte de l'absence d'équipement approprié à une gestion comptable et financière adaptée aux structures actuelles de l'entreprise.

En effet, la gestion administrative est gênée par l'impossibilité de soutenir une politique de formation permanente qui sous-entend les stages, les recyclages et le perfectionnement... Cette contrainte est liée aux moyens de financement insuffisants et à la gestion manuelle des données sur les ressources humaines. On déplore également trop de contrôles de routine de la part du Gouvernement de la République.

Cette situation explique le dysfonctionnement du régime général géré par l'I.N.S.S. Cet institut enregistre actuellement une augmentation des charges dues à la progression numérique des bénéficiaires dont le nombre est passé, à titre d'exemple, de 116.646 (en 1994), à 115.285 (en 1995). Tandis que le nombre des travailleurs salariés cotisants décroît sans cesse, suite à la dégradation du marché d'emploi, du tissu économique et à certaines catastrophes dont les pillages de 1991 et de 1993 et les différents conflits armés connus dans le pays. Leur nombre est passé entre 1990 et 1994 de 1.242.534 à 660.566, soit une baisse de 46,8%.(81)

La gestion de l'I.N.S.S se caractérise par un déséquilibre criant entre les ressources affectées aux prestations sociales (moins de 30%) et celles affectées aux charges de l'entreprise (plus de 70%). Les subventions de l'Etat pourtant prévues par la loi n'arrivent plus à ravitailler la caisse de sécurité sociale. Face à cette situation, l'on peut affirmer que le Congolais ne bénéficie d'aucune sécurité sociale.

L'I.N.S.S connaît actuellement beaucoup de difficultés au nombre desquelles figurent notamment :

- L'absence d'application de certaines dispositions légales par manque de mesures d'application (assurance volontaire, taxation au double du taux de cotisation sociale en cas d'accident de travail) ;
- L'absence des mécanismes légaux de prévention des risques professionnels ;
- L'instabilité du cadre macro-économique dans le pays;
- La politisation à outrance de la gestion de l'I.N.S.S ;
- La spoliation du patrimoine immobilier par certaines autorités ;
- L'absence des commissions provinciales et nationales de sécurité sociale ;
- Le retard dans l'instauration du régime général de pension de survivant ;
- L'absence des subventions de l'Etat prévues à l'article 71 du Décret-loi organique du 29 juin 1961 ;
- Le dysfonctionnement du service de l'Etat-civil ;

(81) INSS, Rapport annuel, 2010.

- La sélection par l'Etat des cotisations dues à l'I.N.S.S pour les employeurs émargeant au budget annexe ;
- Le déficit de la branche des allocations familiales qui s'explique par le taux de cotisation qui a baissé de 16,7 à 4 % et un nombre d'enfants bénéficiaires illimité alors que le taux de remboursement est resté inchangé, soit 1/10 du SMIG ;
- La faiblesse de la politique de recouvrement des créances auprès des services publics ;
- La faible couverture des assujettis ;
- Le traitement manuel des données techniques ;
- Le déplafonnement des prestations sociales ;
- Le vieillissement du personnel constituant un handicap à l'efficacité dans le fonctionnement des services ;
- L'existence d'importantes créances sur les entreprises publiques ;
- La faible réalisation des investissements entraînant la vétusté de l'outil du travail.(82)

14.2. SOLIDARITE AFRICAINE OU SECURITE SOCIALE,QUELLE OPTION POUR LA R.D.C. ?

Il est important de signaler, de prime abord que toute organisation de sécurité sociale est fondée sur le principe de la solidarité. A travers le principe de l'obligation, tout individu, en s'assurant contribue à l'assurance de l'autre. La solidarité est ainsi généralisée à l'ensemble de la nation sur la base d'une interdépendance construite entre les individus qui bénéficient des garanties et des droits en échange des devoirs. Etant donné la convergence entre la solidarité et la sécurité sociale, il est impérieux d'améliorer le système de couverture sociale en R.D.C. pour l'étendre à l'ensemble de la population congolaise dans une perspective de la solidarité nationale. Telle serait l'incarnation de la solidarité africaine. Effet, le régime actuel de couverture de la sécurité sociale en R.D.C. est sélective et ne parvient pas à répondre aux attentes de la population congolaise. Il faut un système qui réponde aux besoins de tous. La sécurité sociale constitue un système de protection sociale que la société doit accorder à ses membres, grâce à une série des mesures publiques à prendre contre le dénouement économique et social où pourraient les prolonger en raison de la disparition ou la réduction sensible de leur revenu, de leur gain à la suite de la maladie, la maternité, des accidents, du chômage, d'invalidité, de la vieillesse, du décès, des accidents du travail et des maladies professionnelles, à cela s'ajoute la fourniture des soins médicaux. Somme toute, la sécurité sociale demeure une véritable garantie collective des individus appartenant à un même groupe

(82) Informations concordantes à l'INSS, 2011.

socioprofessionnel, à une même classe sociale ou à une même communauté humaine déterminée à se protéger contre les risques sociaux de leur existence.

Partant de la solidarité africaine, il faudra améliorer le système de sécurité sociale et l'élargir tant en milieux ruraux qu'en milieux urbains en répondant aux besoins de la mondialisation et aux contextes de la convention n°102 de l'OIT qui précise le niveau minimum des prestations de sécurité sociale et les conditions de leur attribution. Cette convention offre la possibilité aux Etats de la ratifier en acceptant d'abord, au moins, trois de ces neufs branches et, par la suite, les obligations découlant des autres branches, ce qui leur permettrait d'atteindre progressivement tous les objectifs énoncés dans la convention. Le niveau des prestations minimum peut être déterminé par rapport au niveau des salaires dans les pays concernés. Des dérogations temporaires sont également prévues pour les pays dont l'économie et les installations médicales sont insuffisamment développées, ce qui permet de limiter la portée de la convention et la couverture des prestations accordées.

Enfin, l'option à prendre par la RDC est celle d'améliorer le système de couverture des prestations sociales conformément à la convention de l'OIT. Appliquée à la sécurité sociale, la solidarité africaine prône une valeur morale qui doit conduire les assujettis à la sécurité sociale à s'aider mutuellement et de manière réciproque.

14.3. PERSPECTIVES POUR UNE NOUVELLE VISION DE LA SECURITE SOCIALE EN R.D.C

L'I.N.S.S couvre le service des prestations sociales en cas d'accidents de travail et de maladies professionnelles (branche de risques professionnels), d'invalidité, de vieillesse et décès (branche de pensions) ainsi que de charges de famille (branche des allocations familiales au Katanga). Nous avons pu découvrir sa configuration administrative et ses mécanismes de financement et de gestion de risque en recourant chaque fois au projet du Code de sécurité sociale qui n'est pas encore en vigueur.

L'analyse de l'apport de l'I.N.S.S à la couverture des risques sociaux en République Démocratique du Congo permet de décortiquer la performance et la contre performance de cette institution sur la matière dont elle bénéficie de l'autonomie de gestion sur toute la République. Il s'agit du régime général de couverture des risques sociaux. Il a été rendu possible à travers l'examen de sa situation actuelle où nous avons pu découvrir que cette institution contribue effectivement à la couverture des risques sociaux en RDC au regard des garanties qu'elle assure jusque-là. Il convient de relever, cependant, que le pays, dans son ensemble, ne dispose pas à ce jour, d'une politique nationale précise et efficace dans le domaine de la couverture des risques sociaux. Les activités ciblant le groupe vulnérable sont menées par différents acteurs (l'Etat, les organisations non-gouvernementales, les églises, les communautés de base, les associations des groupes vulnérables). Elles sont déployées dans un cadre non concerté et ne couvrent qu'une infime portion de la population vulnérable en milieu urbain[83].

La déficience du système de couverture des risques sociaux en République Démocratique du Congo se manifeste notamment par : une grande fragilité des personnes vulnérables face aux risques divers, un accès faible aux services sociaux de base surtout pour les personnes de troisième âge qui représentent 3% de la population et un nombre de plus en plus élevé d'enfants en situation difficile. On retrouve parmi ces enfants près de 40.000 enfants en rupture de famille, 10,7% d'orphelins de l'ensemble des enfants (dont 34% sont orphelins des parents sidatiques), 2% d'enfants vivant avec un quelconque handicap, 15.000 enfants enrôlés dans les différentes forces armées avant l'âge de 18 ans ; en moyenne 26% des filles sont célibataires et, la plupart d'entre elles sont des victimes de violences sexuelles non pris en charge[84].

Plusieurs facteurs situés à différents niveaux expliquent la faiblesse et l'inefficacité du système de couverture des risques sociaux en République Démocratique du Congo. Il s'agit notamment, de la faible part du budget de l'Etat alloué à la protection sociale, des faibles capacités des structures d'aides sociales, de la faible implication des familles et des communautés de base dans la prise en charge des personnes vulnérables et de l'inefficacité des systèmes général et particulier de sécurité sociale en vigueur, en particulier la non opérationnalité de certaines branches de la sécurité sociale telles que allocations familiales, chômages, soins médicaux…

Il faut retenir, de ce fait, que la couverture des risques doit favoriser l'épanouissement de l'être humain dans son ensemble en faisant appel à la prise de conscience du législateur dans la mise en œuvre des politiques conséquentes et rationnelles. Cependant, tout en louant un certaine volonté politique de couverture des risques sociaux en République Démocratique du Congo, nous devons quand même observer que, pour sa crédibilité, l'I.N.S.S doit encore bien revoir la gestion des prestations sociales de ses assurés qui se plaignent de n'y voir que du noir.

Puisque la situation de couverture des risques sociaux dans le pays présente toujours des déficiences ; il est bon que les actions de prestations sociales tiennent compte de cet indice par le rejet des dépenses supplémentaires, inutiles et qualifiées de dépenses économiquement inutiles qui affectent à tout moment la rentabilité de l'I.N.S.S. Une amélioration autant de la qualité des services rendus que de sa propre performance doit

---

(83) République Démocratique du Congo. **DSCRP**, Kinshasa, Juillet 2006, p.3.

(84) Idem.

être également de mise. Mais le grand piège à éviter est de se fier aux décisions forfaitaires ne bénéficiant pas de l'intervention de la raison.

La sécurité sociale dont le monopole de gestion est confié à l'I.N.S.S ne répond nullement aux atteintes des partenaires sociaux. La faiblesse du système de sécurité sociale n'est donc pas seulement technique et financier,mais aussi philosophique. En 1946, Pierre LAROQUE avait assigné quatre objectifs à la sécurité sociale dans le cadre d'une situation de plein emploi :

- fournir à tous une activité rémunératrice ;
- faire en sorte que cette rémunération soit suffisante pour assurer le pouvoir d'achat et la qualité de vie.
- s'assurer que tout travailleur peut conserver son activité ;
- parer aux conséquences de la perte possible, par le travailleur, de son activité rémunératrice au motif d'une maladie, d'un accident du travail ou du départ à la retraite. [85]

La sécurité sociale en R.D.C. n'arrive pas à relever son niveau en se fondant sur des objectifs fondamentaux comme c'est le cas en France, en Belgique, en Allemagne, aux USA ou dans certains pays d'Afrique. Parmi les insuffisances constatées, il faudra épingler celles-ci qui semblent les plus notables :

- les employeurs et les travailleurs contribuent seuls aux ressources de l'I.N.S.S ;
- la subvention de l'Etat qui devrait couvrir 50% du budget de cette institution n'est plus libérée depuis plusieurs années ;
- contrairement aux normes de gestion en cette matière, la plus grande partie de ses ressources est affectée aux charges administratives, au détriment des prestations sociales ;
- l'Etat dispose seul du patrimoine et des ressources de cette caisse ;
- il n'y a pas de limite d'âge pour la retraite, obstruant ainsi l'emploi des jeunes.
- la modicité des prestations sociales oblige les employeurs à payer, en faveur des travailleurs retraités, en plus des cotisations versées à l'I.N.S.S, des pensions complémentaires ;
- les soins médicaux et pharmaceutiques des travailleurs ainsi que ceux des membres de leurs familles sont assurés entièrement par les employeurs alors qu'ils constituent une branche qui devrait être couverte par la sécurité sociale.

Le défi à relever à ce niveau est double, à savoir : à court terme, améliorer la gestion de la sécurité sociale et, à moyen terme, étendre les prestations sociales à celles non encore couvertes, conformément à la convention n°102 de l'OIT.

---

[85] LAROQUE, P., Les grands problèmes contemporains, Fasc. II, 1966 -1967.

Le souci est de voir comment satisfaire les besoins des assujettis au régime de sécurité sociale en RDC, tout en préconisant une structure des fonds de solidarité nationale si pas africaine (pour parler en termes concrets du vécu de la solidarité africaine qui ne doit plus être qu'un simple slogan), mais en fait une réalité quotidienne, afin que l'organe de la sécurité sociale congolaise puisse prendre ses responsabilités en mains pour l'amélioration de la vie de la personne humaine.

Comme l'affirme Pierre LAROQUE : « si la sécurité sociale tend sans doute à l'amélioration de la situation matérielle des retraités, elle est aussi autre chose et beaucoup plus que cela, elle est un élément essentiel dans la construction d'un monde nouveau ».(86)

Enfin, pour Marie –Thérèse GERENGBO YAZALO, l'I.N.S.S a besoin d'être accompagné par des partenaires sociaux dans ses efforts à se redresser l'amélioration des conditions de vie de la population, à travers une large couverture sociale. (87)

(86) LAROQUE, P., *op.cit.*

(87) GERENGBO YAZOLO, Marie-Thérèse, A.D.G. de l'I.N.S.S, Kinshasa, mars 2010.

Le système de couverture du régime de sécurité sociale en RDC rentre dans la logique des choses comme il a été remarqué dans les expériences d'autres pays. Il n'est pas question de confier ce régime aux particuliers, ces derniers peuvent s'associer à l'Etat. Mais voilà, l'Etat doit prendre en main le destin de sa population. Il a des moyens ; c'est ici que le principe de *subsidiarité*des Allemands a son sens pour répondre correctement à la*révolution de la modernité* telle que souhaitée dans le discours d'investiture du Chef de l'Etat en 2011, Joseph KABILA KABANGE.

Changer les conditions de vie et de travail en Afrique doit être une préoccupation majeure des dirigeants africains et de la Communauté Internationale

CONCLUSION GENERALE

Au terme de ce long parcours que nous venons de faire dans cet ouvrage consacré à la législation sociale congolaise (Législation du travail et sécurité sociale), nous sommes heureux de noter que les sciences sociales ont un rôle prépondérant en matière du droit de travail. La sociologie et le droit doivent marcher ensemble dans toutes les questions relevant du social : contrat de travail, rémunération, conditions de travail, relations professionnelles, conflits collectifs de travail, administration du travail, prestations sociales, sécurité sociale, risques professionnels, allocations familiales, insertion sociale, action sociale, etc.... Dans ce sens, “le droit est l’ensemble des règles obligatoires déterminant les rapports sociaux imposés à tout moment par le groupe social auquel on appartient”[(88)]

L’ignorance du contexte social conduit toujours à la mauvaise gouvernance des ressources humaines et à la mauvaise application des textes des lois.Auguste COMTE, fondateur de la sociologie, ne recommandait-il pas d’appliquer aux phénomènes sociaux, les adages selon lequel « savoir pour prévoir, prévoir pour agir » et « les hommes dirigent mal la société parce qu’ils la connaissent mal » ?[(89)]

Les dispositions du Code du travail se sont ainsi axées autour de la réglementation conventionnelle et de la réglementation légale des relations de travail. La philosophie du droit de travail est marquée par l’ouvriérisme, la force des syndicats, la lutte des classes et l’opposition idéologique entre les travailleurs et le patronat. Ainsi, le droit du travail se fonde sur des concepts collectifs tels que la communauté de travail fondée sur l’appartenance à une collectivité unie par des problèmes et des préoccupations communes. Le droit du travail et la sociologie se complètent ensemble pour trouver un « modus vivendi » dans les questions des relations de travail entre les partenaires sociaux et de la sécurité sociale.

Dans cet impératif de collaboration scientifique entre la sociologie et le droit en matière du droit du travail, plusieurs questions peuvent se poser :

- Comment la législation du travail et la sécurité sociale s’harmonisent-elles avec les impératifs socio-économiques du pays ?
- Le droit du travail tel qu’il est exprimé dans le Code du travail congolais est-il réellement appliqué ?
- Que faut-il faire pour que ce droit corresponde à la réalité socio-économique du pays ?
- Que dire de la modicité des montants des prestations sociales, de la déficience de l’organe de gestion des prestations sociales, de la lenteur

[(88)] BRUHL Lévy H., *op.cit.*, p.21.

[(89)] COMTEA., *Cours de philosophie positive*, Paris, Ed. Anthropos, 1968.

dans le traitement des dossiers, de la non application de la gestion séparée des branches de la sécurité sociale, du plafond des rémunérations soumises à la cotisation ?

- Que faire de l'insuffisance du salaire des travailleurs, du chômage, des soins médicaux ?
- En matière de sécurité sociale, quelle option prendre en RDC : celle d'assistance sociale ou celle de prestation sociale ?

Autant de problèmes qu'il faudra résoudre en matière de la législation du travail et de la sécurité sociale en R.D.C et qu'il importe d'ouvrir d'autres pistes de réflexion.

L'actuelle législation du travail en R.D.C renferme beaucoup de zones d'ombres. Nous en appelons à une réforme urgente pour que cette législation s'adapte aux conditions de la modernisation et de la mondialisation telles que prévues par les instances des Nations Unies, les Droits de l'homme et l'OIT.

Maintenant que chacun de nous possède des notions de base sur la législation du travail et de la sécurité sociale, à tous de proposer les changements nouveaux dans l'intérêt de tout le monde en vue d'atteindre l'option de la *révolution de la modernité* prônée par les hautes autorités du pays.

Le souhait ardent est la création d'une branche spécialisée de la médecine du travail en RDC en matière de sécurité sociale.

ANNEXES

I. Conventions de l'O.I.T ratifiées par la RDC
II. Différents Ministres du Travail et de la Prévoyance Sociale de1960- 2012 et dénominations du Ministère
III. Secrétaires Généraux du METPS de 1965 à 2012
IV. Liste des syndicats reconnus par le METPS
V. Liste additionnelle des syndicats reconnus par le METPS
VI. Arrêté Ministériel portant publication des résultats des élections syndicales, édition 2008-2011
VII. Résultats des élections syndicales par ordre de mérite
VIII. Ordonnance N°08/040 du 30 Avril 2008 portant fixation du SMIG

ANNEXE I : Quelques conventions internationales ratifiées par la R.D.C avec l'O.I.T à Genève

Sur l'ensemble des Conventions adoptées par l'Organisation Internationale du Travail (OIT), la R.D.C. en a ratifié quelques unes parmi lesquelles :

N° CONVENTION	DENOMINATION DE LA CONVENTION ET ANNEE D'ADOPTION	DATE DE RATIFICATION
C. 4……………….	Convention sur le travail de nuit (femmes) ; 1919	20. 09/ 60
C. 11………………	Convention sur le droit d'association (Agriculture) ; 1921	20. 09/ 60
C.11……………….	Convention sur la réparation des accidents du travail (Agriculture) ; 1921	20. 09/ 60
C.14……………….	Convention sur le repos hebdomadaire (industrie) ; 1921	20. 09/ 60
C. 17………………	Convention sur la réparation des accidents du travail ; 1925	20. 09/ 60
C.18……………….	Convention sur les maladies professionnelles ; 1925	20. 09/ 60
C.19……………….	Convention sur l'égalité de traitement (accidents du travail ;	20. 09/ 60

C.26………………	1925	20. 09/ 60
C.27………………	Convention sur les méthodes de fixation des salaires minima ; 1928	20. 09/ 60
C.42………………	Convention sur l'indication du poids sur les colis transport par bateau ; 1929	20. 09/ 60
C.50………………	Convention sur le travail forcé ; 1930	20. 09/ 60
C.62………………	Convention (révisée) des maladies professionnelles; 1934 sur	20. 09/ 60
C.64………………..	Convention sur le recrutement des travailleurs indigènes ; 1936	20. 09/ 60
C.81………………..	Convention concernant les prescriptions de sécurité (Bâtiments) ; 1937	20. 09/ 60
C.87………………..	Convention sur les contrats de travail (travailleurs indigènes) ; 1939	20. 09/ 60
C.88………………..	Convention sur l'inspection du travail ; 1947	20. 09/ 60
C.89………………..	Convention sur la liberté syndicale et la protection du droit syndical	20. 09/ 60
C.94………………		20. 09/ 60

C.95……………….	Convention sur le service de l’emploi ; 1948	16. 06. 69
C.98……………….	Convention sur le travail de nuit (femmes) (révisée)	20. 09/60
C.98………………..	Convention sur les clauses de travail (contrats publics) ; 1949	16.06/69
C.100………………	Convention sur la protection du salaire ; 1946	16.06/69
C.102………………		03.04/87
C.105………………	Convention sur le droit et organisation et de négociation collective ; 1949	28.03.2001
C.111………………	Convention sur l’égalité de rémunération ; 1951	28.03.2001
C.116………………	Convention de la sécurité sociale (norme minimum) ; 1952	05.09/67
C.117………………	Convention sur l’abolition du travail forcé ; 1957	05.09/67
C.118………………	Convention sur la discrimination (emploi et formation) ; 1958	01.11/67
C.119………………	Convention portant révision des articles finals ; 1961	05.09/67
C.120………………	Convention sur la politique sociale	05.09/67

	(objectifs et normes de base) ; 1962	
C.121………………	Convention sur l'égalité de traitement (sécurité sociale) ; 1962	05.09/67
C.135………………	Convention sur la protection des machines ; 1963	28.03/2001
C.138………………	Convention sur l'hyène (commerce et bureau) ; 1964	28.03/2001
C.144………………	Convention sur les prestations en cas d'accidents du travail et de maladies professionnelles (tableau I modifié en 1980) ; 1964	28.03/2001
C.150………………	Convention concernant les représentants des travailleurs, 1971	03.04/87
C.158………………	Convention sur l'âge minimum d'admission à l'emploi ; 1973	03.04/87
C.182………………		28.03/2001
	Convention concernant les consultations tripartites relatives aux normes internationales du travail, 1976	
	Convention sur l'administration du travail, 1978	
	Convention sur le licenciement, 1982	

	Convention concernant l'interdiction des pires formes de travail des enfants et l'action immédiate en vue de leur élimination	

ANNEXE II : LES DIFFERENTS MINISTRES DE L'EMPLOI, DU TRAVAIL ET DE LA PREVOYANCE SOCIALE (DE 1960 à 2014)

N° d'ordre	Noms, post-noms et prénoms	Périodes	Dénomination du Ministère
01	MASENA Joachim	Du 24 juin au 2	Ministère du travail
02	DELVAUX Albert	sept 1960	Ministère du travail
03	BOKONGA Charles	Du 13 au 20 sept	Commissariat Général
		1960	au travail et à la
		1961	Prévoyance sociale
04	KIMVAY Félicien		Ministère du travail
05	KISOLOKELE	1961	Ministère du travail
06	Charles	1961-1962	Ministère du travail
07	DIUMASUMBU	1962-1963	Ministère du travail
08	André	1963-1964	Primature et Ministère
	NGUVULU	1964-1965	du travail
09	Alphonse		Primature et Ministère
	TSHOMBE Moïse	Octobre – nov.	du travail
10		1965	Ministère du travail et
	NDJADI Athanase		de la prévoyance
		1965-1966	sociale
11	KANDE Victor		
			Ministère du travail et
		1966	de la prévoyance
12	KIMVAY Félicien		sociale
		1966- 1967	Ministère du travail et
13	KITHIMA Alphonse		de la prévoyance
	Roger		sociale
		1967- 1968	
14			Ministère du travail et
	MATOBO Benjamin		de la Prévoyance
		1968- 1969	Sociale

15	LIHAU KANZA Sophie (Mme)	1969-1970	Ministère de l'Etat du Travail, Promotion sociale et Coordination des affaires sociales
16	LIHAU KANZA Sophie (Mme)	1970- 1972	Ministère de l'Etat aux Affaires Sociales
17	BINTOU Raphaël	1972	Ministère du Travail et de la Prévoyance Sociale
	BINTOU - A - TSHIABOLA	1972 – 1974	Ministère du Travail et de la Prévoyance Sociale
		1974 - 1975	
18		1975-1976	Département du Travail et à la Prévoyance Sociale
19		1976	Département du Travail et à la Prévoyance Sociale
20	BOKONGA EKANGA B.	Juillet 1977	Département du Travail et à la Prévoyance Sociale
		Déc. 1977	
21	YOKO YAKEMBE	1977-1979	Département du Travail et à la Prévoyance Sociale
22	ATIWIYA MASIKITA	1979-1980	Département du Travail et à la Prévoyance Sociale
23		1980-1981	

4	KAPETA NZOVU	Mai 1982	Département du Travail et à la Prévoyance Sociale
5	ATIWIYA MASIKITA	Novembre 1982	Département du Travail et à la Prévoyance Sociale
6	MBAYA NGANG K.	Mars 1983	Département du Travail et à la Prévoyance Sociale
7	KILOLO MUSAMBA L.	Nov. 1983 à déc. 1984	Département du Travail et à la Prévoyance Sociale
8	MANANGA DINTOKA P.	1984 - 1985	Département du Travail et à la Prévoyance Sociale
9		1985 - 1986	
0	KANDE BULOBA K.	1986 - 1987	Département du Travail et à la Prévoyance Sociale
	MBAYA NGANG K.	1986 -1987 1987 – 1988 1988 – 1990	Département du Travail et à la Prévoyance Sociale
1	MBATSHI BATHIA		Département du Travail et à la Prévoyance Sociale
2	KISOLOKELE WAMBA	1990-1991	Département du Travail et à la Prévoyance Sociale
3		1991-1991	
4	MUDUKA INYANZA (Mme)	1991-1992	Département du Travail et à la Prévoyance Sociale

35		1992-1992	Département du Travail et à la Prévoyance Sociale
36		1992-1992	
	KWETE MINGA		Département du Travail et à la Prévoyance Sociale
37		1993-1994	
	LUIZI BALU		
38		1994-1996	
	MBOSO NKODIA PUANGA		
39	Dr. BONGELI	1996-1997	Ministère du Travail et de la Prévoyance Sociale
40	MBUMB MUSONG (DR)	1997-1997	Ministère du Travail et de la Prévoyance Sociale
		1997-1998	
41	KISHWE MAYA Adolphe		Ministère du Travail et de la Prévoyance Sociale
42		1998-1999	
	OMBA PENE DJUNGA		Ministère du Travail et de la prévoyance sociale
		1999-2000	
43	BANDOBASU NADETO Leopold		Ministère du Travail et de la Prévoyance Sociale
		2000-2001	
	BETU KABAMBA		
	Mme MPOYO		Ministère du Travail et de la Prévoyance Sociale
44	KASA-VUBUJustine		
			Ministère du Travail et de la Prévoyance

	Prof. KANZA Thomas	2001-2003	Sociale
			Ministère du Travail et de la Prévoyance Sociale
45	KAPITA SHABANGI Paul		
		2003-2004	Ministère du Travail et de la Prévoyance Sociale
46	Mme MOLEKO MOLIWA(DR)Anastasie (Ministre)		Ministère de la Fonction Publique, Travail et de la Prévoyance Sociale
47	Mme LUKIANA MUFWANKOL Marie-Ange (Vice-Ministre)	2004 - 2005 2005-2006	Ministère du Travail et de la Prévoyance Sociale
48	Mme LUKIANA MUFWANKOL Marie-Ange (Ministre)		Ministère de la Fonction Publique, Travail et de la Prévoyance Sociale
49	BAHOMBWA SONGAMBELE (Vice-Ministre)	2006-2007	Ministère du Travail et de la Prévoyance Sociale
		2007-2008	
50	BARUTI AMISI IKUMAYETE Théo (Ministre)		
	Mme BUNDA BITENDWA Jeanne (Vice-Ministre)	2008-2009	Ministère du Travail et de la Prévoyance Sociale
51	LOLA KISANGA Joseph		
		2009-2011	

52	BALAMAGE NKOLO (Ministre)		
53	Mme BUNDA BITENDWA Jeanne (Vice-Ministre)	2011-2012	Ministère du Travail et de la Prévoyance Sociale
54		2012	
55	EFOLE	2012	
	Mme LUKIANA MUFWANKOL Marie-Ange(Ministre)	2012 (depuis le 29 avril 2012)	Ministère du Travail et de la prévoyance sociale
	NSAKALA Télésport (Vice-Ministre)		Ministère du Travail et de la Prévoyance Sociale
	KAMBERE Ferdinand		
	MOBUTU NZANGA Joseph		Ministère du Travail et de la Prévoyance Sociale
	BULUPIY GALATI Simon(Ministre)		Ministère de l'Emploi, du Travail et de la Prévoyance Sociale
	BULUPIY GALATI Simon		
	KALEMA MOUSSA (Vice-Ministre)		Ministère de l'Emploi, du Travail et de la Prévoyance Sociale
	KALEMA MOUSSA (ai)		

	BAHATI LUKWEBO Modeste		Vice-Primature et Ministère de l'Emploi, du Travail et de la Prévoyance Sociale Vice-Primature et Ministère de l'Emploi, du Travail et de la Prévoyance Sociale Ministère de l'Emploi, du Travail et de la Prévoyance Sociale Idem Ministère de l'Emploi, du Travail et de la Prévoyance Sociale

ANNEXE III : SECRETAIRES GENERAUX DU MINISTERE DE L'EMPLOI, DU TRAVAIL ET DE LA PREVOYANCE SOCIALE (DE 1965 à 2014)

N° d'ordre	Noms, post-noms et prénoms	Périodes	Dénomination du Ministère
01	MAKWAMBALA	1965 - 1970	Travail et de la Prévoyance Sociale
02	**MUNGA WANIAZAAbdond**	**1970 - 1972**	Travail et de la Prévoyance Sociale
03	**NGANDU TSHILUNDA**		Travail et de la Prévoyance Sociale
04	**Joseph** **KISOLOKELE**	**1972 - 1976**	Travail et de la Prévoyance Sociale
05	**WAMBA**	**1976 - 1982**	Travail et de la Prévoyance Sociale
06	**OMARI ALI**		Travail et de la Prévoyance Sociale
07	**LONGANGE KANLONG**	**1982 - 1988**	Travail et de la Prévoyance Sociale
08	**AYIT MBUTONGOL**	**1988 - 1993**	Travail et de la Prévoyance sociale
09	**BOTINGA** **KUSU MANSANGA**		Travail et de la Prévoyance Sociale
10	**André**	**1993 - 1996**	Prévoyance sociale
11	**TSHISUAKA KABANDA Constantin**	**1996 - 1999**	Travail
12	**BOLA BOLAILOKO Boniface**	**1999 - 2003**	Prévoyance Sociale
13	**BOLA BOLAILOKO Boniface**	**2000 - 2002**	Prévoyance Sociale
14	**MWAMBA MVIDIMUKULU ATUMBE**	**2002 - 2009**	Emploi et Travail

MUSIMBA MUNKUTINKUTI SATALA Alfred **Mme INZUN OKOMBA Angélique**	**2002 - 2005** **2005 à ce jour** **2009 à ce jour**	

ANNEXE IV : LA LISTE DES SYNDICATS CONFORMES A LA LOI 015/2002 DU 16 OCT 2002 SPECIALEMENT A SON ARTICLE 331 DU CODE DE TRAVAIL

N° d'ordre	Dénomination	Sigle	N°ARRETE	N°ENREG.	Nat arrêté	siège
	Alliance Pour le Bien Etre de Travailleurs	**A.B.T**	**En Cours De Régularisation**		**Modification**	**Kinsh**
1	ASSOCIATION SYNDICALE DU CORPS ACADEMIQUE ET SCIENTIFIQUE DE L'UNIVERSITE DE LUBUMBASHI	A.C.S.U.L	12/CAB.MIN /TPS/011 du 16/03/2005	106/2006	Enregistrement	Lubumb
2	ASSOCIATION CONGO ROUTIERS	A.C.R	12/CAB.MIN /TPS/VTB022 /2005 du 22/02/2005	59/2005	Enregistrement	Kinshas
3	ANTI-CHOC SYNDICAT DU Congo	A.C.S.C	12CAB.MIN/ TPS/032/07	122/2007du 27/10/07	Enregistrement	**Kinsha**
4	ACTION-SYNDICALE POUR LE DEVELOPPEMENT	SYNDICATS ACTION	12/CABMIN-TPS/BK/036/05	73/2005 24/02/2005	Modification	Kinshas
5	ALLIANCE DES FORCES OUVRIERES DU CONGO	A.F.O.C	12/CAB.MIN /TPS/0114/003 du 22/012/2003	20/2003	Enregistrement	Kinshas
6	ALLIANCE SYNDICALE DU Congo	A.S.C	12/CAB.MIN /MTPS/039/2006	11/2006 du 18/07/2006	Enregistrement	Lubumb
7	ASSISTANCES	A.S.T	12/CAB.MIN		Modification	Lubumb

SYNDICALES DES TRAVAILLEURS		/TPS/029/2006 du 03/06/2005	107/2006	n	
ALLIANCES DES TRAVAILLEURS AVERTIS ET CONSCIENCIEUX	A.T.A.C	12/CAB.MIN /TPS/004/02/2004 du 06/02/2008	126/2008	enregistrement	Matadi
ALLIANCE DES TRAVAILLEURS DU CONGO	A.T.C	12/CAB.MIN /TPS/VTB/060/2004	41/2004	Modification	Kinshasa
ASSOCIATION DES TECHNICIENS DU CONGO	A.TE.CO	12/CAB.MIN /TPS/034/2004 du 20/05/2004	28/2004	enregistrement	Kinshasa
ALLIANCEDES TRAVAILLEURS LIBRES	ATL	12/CAB.MIN /TPS/069/2003 du 05/AVRIL2003	5/2003	enregistrement	Kinshasa
ASSOCIATION DES TRAVAILLEUS UNIS	ATU	12/CAB.MIN /TPS/068/2003 du 05/avril2003	4/2003	enregistrement	Kinshasa
ASSOCIATION DES TRAVAILLEURS POUR LA RECONSTRUCTION	ATRECO	En cours de régularisation		Modification	Kinshasa
CONFEDERATION CONGOLAISEDES TRAVAILLEURS DEMOCRATE	CCTD	12/CAB.MIN /TPS/VTB/011/2005 DU 17/02/2005	51/2005	enregistrement	Kinshasa
CONFEDERATION DEMOCRATIQUE DU TRAVAIL	CDT	12/CAB.MIN /TPS 050/2006 DU 05/10/2006	115/2006	Modification	Kinshasa
CONFEDERATION GENERALE DES SYNDICATS	CGSA	12 CAB.MIN/TPS02004 du	26/2004	enregistrement	Kinshasa

	AUTONOMES		19/05/2004			
17	CONFEDERATIO N GENERALE DES SYNDICATS INDEPENDANT	« CGSI CO/FO	En cours de régularisation		Modificatio n	Kinshasa
18	CENTRALE GENERALE DU TRAVAIL CONGOLAIS	CGTC	12/CAB.MIN /TPS066/2005 du 18/07/2005	79/2005	Modificatio n	Kinshasa
19	CONSEIL GENERAL DES TRAVAILLEURS DU CONGO	CGET CO	12/CAB.MIN /TPS065/2004 du 30/10/2004.	44/2004	enregistrem ent	Kinshasa
20	CONFEDERATIO N GENERALES DES TRAVAILLEURS DU Congo	CGTC O	12/CAB.MIN /TPS/VTB/00 6/2005 DU 03/01/2005	48/2005	enregistrem ent	Kinshasa
21	CORPORATION NATIONALE DES PROFESSIONNEL S DES CASNOS ET LOISIRS	CNP/C L	12/CAB.MIN /TPS/NTL/R N/035/08/ du 08/08/08	133/200 8	enregistrem ent	Kinshasa
22	COOPERATION DES SYNDICATS D'ENTREPRIES PUBLICS ET PRIVES	COSSE P	12/CAB.MIN /TPS031/2004 du 20/05/2004	33/2004	enregistrem ent	Kinshasa
23	CONSEIL SYNDICAL DES SERVICES PUBLICS ET PRIVES	CSC	12/CAB.MIN /TPS048/2006	113/200 6	enregistrem ent	Kinshasa
24	CONFEDERATIO N DES SYNDICATS DU CONGO	CSC	12/CAB.MIN /TPS065/2004 du 15/07/2005	77/2005	Modificatio n	Kinshasa
25	CONFERATIONS SYNDICALES DES CADRES OUVRIER ETG PAYSANS DU CONGO	COSY COP	En Cours de Régularisatio n		Modificatio n	Kinshasa

CONFEDERATION DES SYNDICATS LIBRES DU CONGO	CSLC	12/CAB.MIN /TPS089/2005 du08/08/2005	99/2005	Modification	Kinshasa
CONFEDERATION SYNDICALE DES TRAVAILLEURS DU CONGO	CST	12/CAB.MIN /TPS/005/2008 du06/02/2008	127/2008	enregistrement	Kinshasa
CONFEDERATION SYNDICALE DE TRAVAILLEURS ET DE L'AGRICULTURE	CSTA	12/CAB.MIN /TPS031/2007	121/2007	enregistrement	Lubumbashi
COMITE SYNDICALS UNI DE LUBEFU	CSUL		112/2006	enregistrement	Bukavu
CONSEIL DES TRAVAILLEURS DE ANVIL MINING CONGO	CTAC	12/CAB.MIN /TPS021/2005 du 21/02/2005	58/2005	enregistrement	Lubumbashi
CONSCIENCE DES TRAVAILLEURS DU CONGO	CTC	12/CAB.MIN /TPSBK009/2005 DU 17/02/2005	50/2005	enregistrement	Kinshasa
CONSCIENCE DES TRAVAILLEUS DU CONGO	CTP	En cours de régularisation	72/2005	enregistrement	Kinshasa
DYNAMIQUE SYNDICALE DES TRAVAILLEURS DU CONGO	DSTC	12/CAB.MIN /TPS035/2005 DU 24/02/2005	138/2008	enregistrement	Kinshasa
DYNAMIQUE SYNDICALE NATIONALE	DSN	12/CAB.MIN /TPS/NTL/RN/053/2008	134/2008	enregistrement	Kinshasa
DYNAMIQUE SYNDICAL DES NON ALIGNES	DSNA	12/CAB/MIN /TPS/NTL/RN/036/2008 DU 08/08/2008	47/2005	enregistrement	Kinshasa

37	DYNAMIQUE DES TRAVAILLEURS DU CONGO	DYTRAC	12/CAB.MIN /TPS/VTB/005/2005 DU 03/01/2005	54/2005	enregistrement	Mbuji-Ma
38	REGROUPEMENT SYNDICAL DE TRAVAIL POUR UN LENDEMAIN MEILLEUR	ESPOIR	En cours de régularisation	82/2005	enregistrement	Kinshasa
39	FORCE CONGOLAISE DU TRAVAIL	FCT	12/CAB.MIN /TPS/BK/015/2005 du 18/07/2005	54/2005	enregistrement	Kinshasa
40	FEDERATION GENERALE DU TRAVAIL DU CONGO	FGTK	12/CAB.MIN /TPS/MM	82/2005	modification	Kinshasa
41	FORCE NATIONAL DU TRAVAIL	FNT	12/CAB.MIN /TPS/MM/023/2004 du 19/05/2004	25/2004	modification	Kinshasa
42	FORCE INTERPROFESSION-NELLE DE LA RDC	FIC	En cours de régularisation		modification	Kinshasa
43	FORCE OUVRIERE DES CHEMINOTS	FOC	12/CAB.MIN /TPS/BK/028/2005 DU 24/02/2005	65/2005	modification	Lubumba
44	FEDERATION DES OUVRIERS DU TRANSPORT ROUTIER DU CONGO	FORC	12/CAB.MIN /TPS/009/2006 du 16/03/2006	105/2006	enregistrement	Kinshasa
45	FORCE OUVIERE DE SAJICO	FOSA	12/CAB.MIN /TPS029/2007	120/2007	enregistrement	Kinshasa
46	FORCE SYNDICALE CONGOLAISE	FOSYCO	12/CAB.MIN /TPS BK 027/2005 du 24/02/2005	64/2005	modification	Kinshasa
47	FORCE SYNDICALE DE L'ENERGIE	FOSYFIN	En cours de régularisation	dérogé	enregistrement	Kinshasa

FRATERNITE SYNDICALE DU CONGO	FRASY C	12/CAB.MIN /TPS029/2005 DU 24/02/2005	56/2005	modification	Kinshasa
FORCE SYNDICALE DE L'ENERGIE	FSE	12/CAB.MIN /TPS/026/200 4 du 19/05/2004	24/2004	enregistrem ent	Kinshasa
FORCES DES TRAVAILLEURS DE LA COMPAGNIE AFRICAINE	FT/CA A	12/CAB.MIN /TPS/033/08 du 08/08/2008	131/200 8	enregistrem ent	Kinshasa
LA FEDERATION DES TRAVAILLEURS SOLIDAIRES GARANTIE SYNDICALE	FTS du 08/08/1 1	12/CAB/MIN /TPS/NTL/R N/054/08/	139/200 8	modification	Lubumbashi
GARANTIE SYNDICALE	GS	12/CAB.MIN /TPS/073/200 5 DU 18/07/2005	084/200 5	modification	Kinshasa
GARANTIE SOCIELE DES TRAVAILLEURS	GST	12/CAB.MIN /TPS/073/200 5 DU 18/07/2005	86/2005	modification	Lubumbashi
LIGUE NATIONALE DU TRAVAIL	LINAT	12/CAB.MIN /TPS/030/200 6 du 03/06/2006	108/200 6	enregistrem ent	Kinshasa
LUTTE OUVRIERE	LO	12/CAB.MIN /TPS/082/200 5 DU 29/03/2005	13/2003	enregistrem ent	Kinshasa
MOUVEMENT SYNDICAL DES TRAVAILLEURS DU CONGO	MSTC	12/CAB.MIN /TPS/080/200 3 du 21/03/2003	11/2003	enregistrem ent	Kinshasa
MOBILISATTION DES TRAVAUX DU CONGO	MTC	12 CAB.MIN/TP S/031/08	129/200 8	enregistrem ent	Kinshasa
LA NOUVELLE	NCT	12	105/200	enregistrem	Lubumbashi

	CONVENTION DES TRAVAILLEURS DU CONGO		CABMIN/TPS/009/2006 DU 16/03/2006	6	ent	
59	LA NOUVELLE DYNAMIQUE SYNDICALE	NDS	12 CAB.MIN/TPS/009/2006 DU 16/03/2006	69/2005	modification	Lubumb
60	ORGANISATION DES SYNDICATS CONFEDERES	OSC	12 CAB.MIN/TPS/074/2003 DU 05/04/2003	8/2003	enregistrement	Kinshas
61	ORGANISATION DES TRAVAILLEURS DU CONGO	OTC	12 CAB.MIN/TPS/VTB/023/2005 DU 22/02/2005	60/2005	enregistrement	Mbuji-M
62	ORGANISATION DES TRAVAILLEURS LIBRES	OTL	En cours de régularisation		modification	Kinshas
63	ORGANISATION DES TRAVAILLEURS DE TRANSPORT DU CONGO	OTAC	12CABMIN/TPS/030/2004 DU 20/05/2004	35/2004	modification	Kinshas
64	ORGANISATION DES TRAVAILLEURS UNIS	OTUC	12 CAB.MIN/TPS/086/2003 DU 12/6/2003	17/2003	modification	Kinshas
65	LA PREVENTION ET LA SECURITE SOCIALE DES AGENTS ET CADRE DU CONGO	PRESSAC	12 CAB/MIN/TPS/VTB/062/2004 DU 02/11/2004	43/2004	enregistrement	Kinshas
66	LA PREVENTION ET LA SECURITE SOCIELE DES AGENTS ET CADREs DU	RATRACO	12/CABMIN/TPS/001/2008 DU 06/02/2008	123/2008	enregistrement	Kinshas

CONGO					
RASSEMBLEMENT DES TRAVAILLEURS CONGOLAIS	RTC	12/CAB MIN/TPS034/2008	132/2008	enregistrement	Kinshasa
SYNDICAT DES AGENTS ET CADRES DE SECURITE	SACAS	En cours de régularisation		enregistrement	Kinshasa
SOLIDARITE ACTION DIRECTE	SAD	12 CAB.MIN/TPS/029/2004		enregistrement	Lubumbashi
SYNDICAT DES AGENTS DE GARDIENNAGE ET DE SECURITE	SAGES	12 CAB.MIN/TPS/057/2004	30/2004	enregistrement	Kinshasa
SYNDICAT DES AGENTS DES PORTS ET NAVIGANTS	SAPN	12 CAB./MIN/TPS/02704 DU 20 MAI/2004	39/2004	modification	Kinshasa
SYNDICAT AUTONOME DES POSTES TELEPHONES ET TELECOMMUNICA- TIONS	SAPTT		32/2004	modification	Kinshasa
SYNDICAT DES AGENTS DES REGIES DE VOIES NAVIGABLES TRANSPORTS INDUSTRIES ET COMMERCE DIVERS	SARVN	12/CAB/MIN/TPS/BK/017/2005	56/2005	Modification	Kinshasa
SYNDICAT AUTONOME DES TRAVAILLEURS DE L'OFFICE CONGOLAISE DE CONTROLE	SATOCC	12/CAB/MIN/TPS/BK/017/2005	140/2008	Modification	Kinshasa
SYNDICAT CHRETIEN DES	SCTC	12/CAB.MIN/TPS/VTB/R	61/2005	Modification	Lubumbashi

	TRAVAILLEURS DU CONGO		N/055/2008 DU 16/09/08			
75	SYNDICAT POUR LA DEFENSE DES DROITS DE TRAVAILLEUS	SDT	12 CAB/MIN/TPS/VTB	45/2004	enregistrement	Lubumbas
76	SYNDICAT D'EXPLOITANTS MINISERS ARTISANAUX DU KATANGA	SEMAK	12 CAB/MIN/TPS/037/2006	110/2006	enregistrement	Lubumbas
77	SYNDICAT DES EMPLOYES DU SECTEUR ENERGIQUE	SESEC	12 CAB/MIN/TPS/083/2003	14/2003	enregistrement	Kinshasa
78	SYNDICAT INDEPENDANT DES TRAVAILLEUS DU BOIS DE BATIMENT ET DE LA METALLURGIE	SIB/METAL	12 CAB/MIN/TPS/VTB/031/2005	68/2005	Modification	Kinshasa
79	SYNDICAT LIBRE DU CONGO	SLC	12CAB/MIN/ETPS/032/2008	130/2008	Modification	Lubumbas
80	SYNDICAT LIBRE CHRETIEN DU CONGO	SLCC	12CAB/MIN/TPS/077/2005	90/2005	Modification	Kinshasa
81	SYNDICAT NATIONAL AUTONOME DES AGENTS DE LA BANQUE DU CONGO	SNABAC	12CAB/MIN/TPS/081/2005	94/2005	enregistrement	Kinshasa
82	SYNDICAT NATIONAL PROFESSIONNELS DE PRSSE	SNPP	12CAB/MIN/TPS/076/2005	89/2005 91/2005	enregistrement	Kinshasa
83	SYNDICAT NATIONAL DES TRAVAILLEURS	SNTT	En cours de régularisation		Modification	Kinshasa

DES TELECOMMUNICATON					
SYNDICAT NATIONAL DES VENDEURS DU CONGO	SNVC	12CAB/MIN/TPS/078/2005	)1/2005	Modification	Kinshasa
SOLIDARITE SYNDICALE DES TRAVAILLEURS ET CADRES DU CONGO	SOLIDARITE	12CAB/MIN/TPS/091/2005	102/2005	enregistrement	Kinshasa
SOLIDARITE OUVRIERE ET PAYSANNE	SOPA	12CAB/MIN/TPS/065/2003	l/2003	enregistrement	Kinshasa
SYNDICAT DES PERSONNELS ET AGENTS DES SERVICES SOCIAUX ET SERVICES CONNEXES	SPASSOC/OSC	12CAB/MIN/TPS/075/2003	)/2003	enregistrement	Kinshasa
SYNDICAT POUR LA REHABILITATION DES TRAVAILLEUFS DU CONGO	SRTC	12CAB/MIN/TPS/075/2003	27/2004	enregistrement	Lubumbashi
SYNDICAT DES TRAVAILLEURS ET ARTISANTS TEMPERAIRE DE LA PAIX	STATE	12CAB/MIN/TPS/074/2005	87/2005	enregistrement	Bukavu
SOLIDARITE DES TRAVAILLEURS ET RETENUES DES TRAVAILLEURS POUR LE RENOUVEAU SYNDICAL	STARS	12/CAB.MIN/ETPS/030/2008	128/2008	enregistrement	Bukavu
SYNDICAT DES TRAVAILLEURS	STAC	12 CAB/MIN/TP	2/2003	enregistrement	Kinshasa

	DU CONGO		S/066/2003			
91	SYNDICAT DES TRAVAILLEURS DU CHEMIN DE FER DE PORTS ET INDUSTRIES CONNEXES	STCF-PI	12CAB/MIN/TPS/VTB/025/2005	62/2005	Modification	Kinshasa
92	SYNDICAT DES TRAVAILLEURS DU SECTEUR FORMEL ET INFORMEL	STFI	12CAB/MIN/TPS/LM/028/2004	31/2004	enregistrement	Kinshasa
93	SYNDICAT DU TRAVAILLEUR IDEAL	STI	12CAB/MIN/TPS/VTS/013/2005	52/2005	enregistrement	Kinshasa
94	SYNDICAT DES TRAVAILLEURS LIBRES	STI	12 CAB/MIN/TPS/080/2005	93/2005	modification	Kinshasa
95	SYNDICAT DES TRAVAILLEURS OEUVRANT POUR LE PROGRES	STOP	12 CABMIN/TPS/003/2008	125/2008	enregistrement	Kinshasa
96	SYNDICAT DES TRAVAILLEURS ET PAYSANS	STP	12 CAB/MIN/TPS/084/2003	Du29 mars2003	modification	Kinshasa
97	SYNDICATS DES TRAVAILLEURS DES PORTS MARITIMES, FLUVIAUX LACUSTES DES INDUSTRIES DIVERSES	STPM-FLI	12 CAB/MIN/TPS/033/2004 du 20 mai 2004	29/2004	modification	Matadi
98	SYNDICAT DES TRAVAILLEURS DU SECTEUR PETROLE	STRASEP	12 CAB/MIN/TPS/070/2003	6/2300	enregistrement	Kinshasa
99	SYNDICAT DES TRAVAILLEURS	STRC	12CAB/MIN/TPS/MM/020	23/2004	enregistrement	Kinshasa

RESPONDABLES DU CONGO		/2004			
SYNDICAT DES TRAVAILLEURS DU TRANSPORT AERIEN	SITA	12CAB/MIN/ TPS/VTB/004 /2005	-6/2005	enregistrem ent	Kinshasa
SYNDICAT DES CRESEURS DU KASAI	SYCK AS	12CAB/MIN/ TPS/093/2005	101/200 5	enregistrem ent	Mbuji-Mayi
SYNDICAT DES ENSEIGNENTS S DU CONGO	SYEC O	En cours de régularisation	14/200 5	modification	Kinshasa
SYNDICAT DESFEMMES TRAVAILLEUSES	SYFEC	12CAB/MIN/ TPS/049/06	78/2005	enregistrem ent	Kinshasa
SYNDICAT DES FEMMES TRAVAILLEUSES	SYFOC AO-FFA	12CAB/MIN/ TPS/064/2005	96/2005	enregistrem ent	Kinshasa
SYNDICAT DES FONCTIONNAIR ES DU MINISTERE DE LA CONDITION FEMINE ET FAMILLE	SYGE MI	12CAB/MIN/ TPS/079/2005	92/2005	enregistrem ent	Mbuji-Mayi
SYNDICAT DES TRAVAILLEURS DE LA MIBA ET SES FILIALES	SYGE MI	12CAB/MIN/ TPS/0555/200 5	76/2005	modification	Kinshasa
SYNDICAT DES TRAVAILLEURS DE MAGENYA PROTECTION ET GARDIENNAGE	SYMA PRO	12CAB/MIN/ TPS/VTB/059 /2004	40/2004	enregistrem ent	Kinshasa
SYNDICAT MARVATSH	SYMA RVA	12CAB/MIN/ TPS/VTB/059 /2004	40/2004	enregistrem ent	Kinshasa
SYNDICAT NATIONAL DU CONGO	SYNA C	12CAB/MIN/ TPS/073/2003	7/2003		Kinshasa
SYNDICAT NATIONAL DES AGENTS DE LA	SYNA C/HBA	12CAB/MIN/ TPS/092/2005	103/200 5		Kinshasa

	COMPAGNIE HEWA BORA AIRWAYS					
111	SYNDICAT NATIONAL DES AGENTS DE L'OFFICE DE ROUTE	SYNA DOR	12CAB/MIN/ TPS/BK/014/ 2005	53/2005		Kinshas
112	SYNDICAT NATIONAL DES FONCTIONNAIR ES ET AGENTS DE L'ADMNISTRATI ON PUBLIQUE ET PRIVEE	SYNA FAPP	En cours de régularisation			Kinshas
113	SYNDICAT NATIONAL DES FINANCIERS	SYNA FI	12 CAB/MIN/TP S/051/2006	116/200 6		Kinshas
114	SYNDICAT NATIONAL DES MAMANS TRAVAILLEUSES DU CONGO	SYNA MATC O	12 CAB/MIN/TP S/067/2003	3/2003		Kinshas
115	SYNDICAT NATIONAL DU PERSONNEL DE L'ENSEIGNEMEN T DES SCIENCES DE SANTE AU CONGO	SYNA PESCO	12CAB/MIN/ TPS/0107/200 3	19/2003	enregistrem ent	Kinshas
116	SYNDICAT DES AGENTS ET TRAVAILLEURS DU SECTEUR DE PANIFICATION	SYNA P	12CAB/MIN/ TPS/090/2005	100/200 5	enregistrem ent	Kinshas
117	SYNDICAT NATIONAL DU PERSONNEL TECHNICO-ADMNISTRATIF ET DES SERVICES	SYNA PETAS		83/2005	modification	Kinshas

8	SYNDICAT NATIONAL SOCIO-PROFESSIONNEL	SYNASOP	En cours de régularisation		enregistrement	Kinshasa
9	SYNDICAT NATIONAL DES REFORMATEURS .	SYNAR	12 CAB/MIN/TPS/VTB/026/2005	63/2005	modification	Kinshasa
0	SYNDICAT NATIONAL DE TRAVAILLEURS ET AGENTS CADRES DU CONGO	SYNA-TCO	12CAB/MIN/TPS/BK/041/2005	74/2005	enregistrement	Kinshasa
1	SYNDICATS NATIONAL DES TRAVAILLEURS D'ENERGIE, ELECTRICITE ET CHIMIE	SYNATEEC	12CAB/MIN/TPS/BK/010/2005	49/2005	enregistrement	Kinshasa
2	SYNDICAT NATIONAL DES TRAVAILLEURS DE TRANSPORTS	SYNATRA	12CAB/MIN/TPS/BK/033/2005	70/2005	Modification	Kinshasa
3	SYNDICAT NATIONAL DES TRAVAILLEURS DE TRANSPORT	SYNATRACO	12CAB/MIN/TPS/015/2004	21/2004		Kinshasa
4	SYNDICAT NATIONAL DES TRAVAILLEURS DE LA REGIDESO	SYNATREG	En cours de régularisation		enregistrement	Kinshasa
5	SYNDICAT NATIONAL DES CADRES ET EMPLOYES DES SECTEURS DES SERVICES	SYNCASS	12CAB/MIN/TPS/017/04/2004	36/2004	modification	Kinshasa
6	SYNDICAT DU CORPS ACADEMIQUE DU CONGO	SYNCAS	12CAB/MIN/TPS/088/2005	98/2005	modification	Kinshasa

127	UNION POUR LA SOLIDARITE AGISSANTE	USA	12CAB/MIN/ TPS/NTL/RN /05	16/09/20 08	enregistrem ent	Kinshasa
128	SYNDICAT NATIONAL INDEPENDANT DES TRAVAILLEURS	SYNIT	12CAB/MIN/ TPS/BK/2005	55/2005	Modificatio n	Kinshasa
129	SYNDICAT NATIONAL DES TRAVAILLEURS, AGENT ET FONCTIONNAIR ES DE L'ETAT PARA-ETATIQUES ET DIVERS DU CONGO	SYNT RAF	12CAB/MIN/ TPS/068/2005	81/2005	Modificatio n	Kinshasa
130	SYNDICAT PROFESSIONNEL ET INTERPROFESSI ONNEL DES AGENTS FONCTIONNAIR ES DES SERVICES DE L'ORDRE JUDICIAIRE DE L'ETAT DES ENTREPRISES PRIVES AINSI QUE DE SOCIETES PROTECTION ET DE GARDIENNAGE DU CONGO	SYPRO JUDICI A	12CAB/MIN/ TPS/BK/018/ 2005	57/2005	Modificatio n	Kinshasa
131	SYNDICAT DES TRAVAILLEURS ET AGENTS DE LA SOCIETE BELTEXCO	SYTA B	En cours de régularisation		modification	Kinshasa

SYNDICAT DES TRAVAILLEURS DE L'AVIATION	SYTHAC	12CAB/MIN/TPS/VTB/058/2004	38/2004	modification	Kinshasa
SYNDICAT NATIONAL DES TRAVAILLEURS DE L'HOTELERIE, ALIMANTATION, COMMERCES,INDUSTRIES DIVERS ET DE SECTEURS INTER-PROFESSIONNELS SOCIO-ECONOMIQUES DU Congo	SYTHAC	12 CAB/MIN/TPS/BK/034/2005	71/2005	Modification	Kinshasa
SYNDICAT DES TRAVAILLEURS DES INSTALLATIONS ET DE DISTRIBUTION D'EAU, DE L'ELECTRICITE ET DE GAZ	SYTIDEEG	12CAB/MIN/TPS/076/2003	10/2003	Enregistrement	Kinshasa
SYNDICAT DES TRAVAILLEURS DE LA GECAMINES	SYTRAGEC	12CAB/MIN/TPS/082/2005	95/2005	Modification	Kinshasa
SYNDICAT DES TRAVAILLEURS DE L'ARCHIDIOCESE DE KINSHASA	SYTRARKI	12/CAB.MIN/TPS/075/2005	88/2005	modification	Kinshasa
UNION DES CADRES ET AGENTS DE MAITRISE DES ENTREPRISES DU CONGO	UCAMEC	12CAB/MIN/TPS/081/2003	1/2003	enregistrement	Modification
UNION CONGO	UCT	12CAB/MIN/	34/2004	enregistrem	Kinshasa

	TRAVAIL		TPS/032/2004		ent	
139	UNION POUR LE DEVELOP¨PEMENT DES COMMERCANTS CONGOLAIS	UDCC	En cours de régularisation		enregistrement	Kinshasa
140	UNION FEDERALE DES MASSES LABORIEUSES	UFML	12CAB/MIN/ TPS/BK/042/ 2005	75/2005	modification	Kinshasa
141	UNION DES FORCES OUVRIERES ET PAYSANNES	UFOP	12CAB/MIN/ TPS/072/2005	85/2005	modification	Lubumba
142	UNION GENERALE DES TRAVAILLEURS ET CADRES DU CONGO	UGTC	12CAB/MIN/ TPS/099/2003	18/2003	enregistrement	Kinshasa
143	UNION GENERALES DES TRAVAILLEURS	UGT	12CAB/MIN/ TPS/087/2005	27/2005	modification	Kinshasa
144	UNION SYNDICALE POUR LA PROMOTION DU TRAVAIL DECENT	UNION	12CAB/MIN/ ETPS/037/2008	135/2008	enregistrement	Kinshasa
145	UNION NATIONALE DES TRAVAILLEURS DU CONGO	UNTC	12 CAB/MIN/TPS/2005	80/2005	modification	Kinshasa
146	UNION POUR LA PAIX SOCIALE	UPS	12CAB/MIN/ TPS/054	117/2006	enregistrement	Lubumba
147	UNION POUR LA PROMOTION DES TRAVAILLEURS ET DU TRAVAIL	UPTT	12CAB.MIN/ TPS/NTL/RN 056/2008 du 16/09/2008	141/2008	enregistrement	Kinshasa
148	UNION DES SYNDICATS CROYANTS DU CONGO	USCC	12CAB/MIN/ TPS/019/2004	22/2004	enregistrement	Kinshasa

UNION SYNDICALES DES PROFESSIONNELS DE L'AGRICULTURE	USYPA	En cours de régularisation		enregistrement	Kinshasa
UNION DES TRAVAILLEURS, AGENTS ET FONCTIONNAIRE DE L'ETAT	UTAFE	12CAB/MIN/TPS/033/2004	109/2006	enregistrement	Kinshasa
UNION DES TRAVAILLEURS ET AGENTS DE GURMENT	UTAG	12CAB/MIN/TPS/030/2007	119/2007	enregistrement	Kinshasa
UNION NATIONALE DES TRAVAILLEURS ET RAVAILLEUSES DU TRANSPORT, MINES, ENERGIES ALIMANTATION ET AGRICULTURES	UTEA	12CAB/MIN/TPS/BK/030/2005	65/2005	modification	Kinshasa
UNION DES TRAVAILLEURS LIBRES	UTIL	12CAB/MIN/TPS/VTB/063/2004	67/2004	enregistrement	Kinshasa
UNION POUR LE TRAVAIL ET LE PROGRES		12CAB/MIN/TPS/11/2007	118/2007	enregistrement	Lubumbashi
LA VOIX DU TRAVAILLEUR CONGOLAIS	VTC	12CAB/MIN/TPS/002/2008	124/2008	enregistrement	Kinshasa

Fait à Kinshasa, le 6 août 2008

Le Secrétaire Général à l'Emploi et au Travail

BONIFACE BOLA BOLA ILOKO

ANNEXE V : LISTE ADDITIONNELLE DES SYNDICATS EN REGLE CONFORMEMENT AUX DISPOSITIONSDE L'ARTICLE 331 DU CODE DU TRAVAIL

N°	DENOMINATIONS	SIGLES	N° ARRETE	ANNE & N° ENREGISTREMENT	NATURE ARRETE	SIEG SOCI
1	Centrale Congolaise du Travail	CCT	12/CAB.MIN/ETPS/NTL/RM/073/2008	150 du 19 sept. 2008	Modification	KINSSA
2	Force de l'Unité Ouvrière	FUO	12/CAB.MIN/ETPS/RM/077/2008	152 du 19 sept. 2008	Modification	KINSSA
3	Syndicat Autonome des Manutentionnaires du Congo	SYAMACO	12/CAB.MIN/ETPS/RM/090/2008	159 du 20 sept. 2008	Enregistrement	MATA
4	Syndicat National de la Prospérité des Travailleurs Congolais	PROSPERITE	12/CAB.MIN/ETPS/RM/088/2008	157 du 20 sept. 2008	Enregistrement	KINSSA
5	Syndicat National des Travailleurs et Fonctionnaires de l'Administration Publique	LE SERVITEUR	12/CAB.MIN/ETPS/RM/089/2008	158 du 20 sept. 2008	Enregistrement	KINSSA
6	Renouveau de l'Action Syndicale	R.A.S	12/CAB.MIN/ETPS/NTL/RM/108/2008	62 du 20 septembre 2008	Enregistrement	KINSSA
7	Syndicat National des Agents de la SONAS	SYNACAS	12/CAB.MIN/ETPS/131/97 en cours de régularisation	144 du 10 février 1997	Modification	KINSSA

COMPLEMENT DES SYNDICATS EN REGLE

12/CAB/MIN/ETPS/RM/121/2009 du 24/11/2009	Syndicat des Travailleurs et Cadres de Sécurité S.A.CAS
12/CAB/MIN/ETPS/RM/121/2009 du 24/11/2009	Organisation Nationale des Travailleurs pour le Progrès Social « ONTPS »
12/CAB/MIN/ETPS/RM/123/2009 du 24/11/2009	Syndicat des Travailleurs du Centre Evangélique la BORNE « SYTRACEB »
N°0022/CAB/PVPM/ETPS/2010 du 20 juillet 2010	Congrès National des Finances « CO.NA.FI »
N°0036/CAB/PVPM/ETPS/2010	La Dynamique Syndicale des Infirmiers Libres du Congo « DY.SO.CO »
N°0037/CAB/PVPM/ETPS/2010 du 24 août 2010	Syndicat des Financiers au Congo « SI.FI.CO. »
N°0039/CAB/PVPM/ETPS/2010 du 10 septembre 2010	Syndicat des Ouvriers Solidaires « S.O.S »
N°0051/CAB/PVPM/ETPS/2010 du 16 Novembre 2010	Union Nationale des Chercheurs du Congo « U.N.C.C »

ANNEXE VI : ARRETE MINISTERIEL N°0038/CAB/PVPM/ETPS/2010

DU 30AOUT 2010 PORTANT PUBLICATION DES RESULTATS DES ELECTIONS SYNDICALES DE LA CINQUIEME EDITION 2008-2011

République Démocratique du Congo
Ministère de l'Emploi, du Travail Kinshasa, le
et de la Prévoyance sociale

ARRETE MINISTERIEL N°0038/CAB/PVPM/ETPS/2010 DU 30AOUT 2010 PORTANT PUBLICATION DES RESULTATS DES ELECTIONS SYNDICALES DE LA CINQUIEME EDITION 2008-2011 ORGANISEES DANS LES ENTREPRISES ET ETABLISSEMENTS DE TOUTE NATURE POUR LE MANDAT 2010-2013

Le Vice-Premier Ministre, Ministre de l'Emploi, du Travail et de la Prévoyance Sociale ;

Vu la Constitution de la République Démocratique du Congo du 18 février 2006, spécialement en son article 93 ;
Vu la loi n°015/2002 du 16 octobre 2002 portant Code du Travail, spécialement en ses articles 185, 225 et 255 ;
Vu l'Ordonnance n°10/025 du 19 février 2010 portant nomination des Vice-Premiers Ministres, Ministres et Vice- Ministres ;
Vu l'Ordonnance n°08/073 du 24 décembre 2008 portant organisation et fonctionnement du Gouvernement, modalités pratiques de collaboration entre le Président de la République et le Gouvernement ainsi qu'entre les membres du Gouvernement
Vu l'Ordonnance n°08/74 du 24 septembre 2008 fixant les attributions des Ministères
Vu l'Arrêté Ministériel n°12/CAB.MIN/TPS/ar/NK/054 du 12 octobre 2004 fixant les modalités de représentation et de recours électoral des travailleurs dans les entreprises ou les établissements de toute nature ;
Vu l'Arrêté Ministériel n°0024/CAB/PVPM/ETPS/2010 du 21 juillet 2010 portant fixation du calendrier du déroulement des élections syndicales dans les entreprises et établissements de toute nature pour l'édition 2010-2013 ;

Vu la note circulaire n°12/ CAB.MIN/TPS/10 du 31 août 2007 relative aux élections syndicales dans le secteur du commerce ;
Considérant le rapport final des travaux de dépouillement et de compilation des résultats des élections syndicales organisées dans les entreprises et établissements de toute nature par le Comité National de Coordination des élections syndicales ;
Vu la nécessité et urgence ;

ARRETE :

Article 1er : Les syndicats des travailleurs dont les noms ou sigles, sont repris en annexe ont effectivement participé aux élections syndicales de la cinquième édition 2008-2011organisées sur toute l'étendue de la République Démocratique du Congo pour le mandat 2010-2013.

Article 2 : Le nombre des suffrages et sièges obtenus par chaque syndicat se présentent dans le tableau ci-joint.

Article 3 : Les douze premiers syndicats des travailleurs sont d'office membres du
Conseil National du Travail.

Article 4 : Les travailleurs dont les employeurs n'ont pas organisé les élections syndicales sont autorisés de plein droit à s'affilier aux syndicats des Travailleurs de leurs choix en vue de la défense de leurs intérêts sociaux professionnels.

Article 4 : Le mandat des délégués syndicaux élus dans le secteur du commerce et
dans d'autres entreprises et établissements de toute nature est prolongé exceptionnellement pour le mandat 2010-2013.

Article 6 : Le secrétaire général ayant l'Emploi et le Travail dans ses attributions et
l'Inspecteur Général du Travail sont chargés, chacun en ce qui le concerne, de l'exécution du présent arrêt qui entre en vigueur à la date de sa signature.

Fait à Kinshasa, le 30 Août 2010

MOBUTU NZANGA

ANNEXE VII : Résultats des élections syndicales *

Cinquième édition 2008 – 2011 Pour le mandat 2010 – 2013

*Les sigles et abréviations sont expliqués dans l'annexe III

N°	Syndicats	Suffrages	Sièges
1	CSC	63362	4232
2	UNTC	29383	1380
3	OTUC	23926	1826
4	SOLIDARITE	12772	904
5	CDT	12028	592
6	FOSYCO	11750	235
7	SOPA	6203	347
8	ATC	5934	98
9	CGSA	5386	188
10	CTP	4183	127
11	ACTIONS	3014	69
12	FGTK	2547	151
13	STP	1847	34
14	CGETCO	1489	74
15	SRTC	1453	33
16	STRC	1453	33
17	STPM	1429	55
18	SYNAPA	1340	33
19	UPS	1107	30
20	CGTC	1038	16
21	FIC	1009	45
22	SYLI	978	14
23	USA	887	23
24	STL	847	33
25	ATAC	804	7
26	SLCC	783	21
27	OSTI	773	7
28	SLC	770	21
29	FTS	759	13
30	SYTHAC	752	39
31	CST	711	13
32	UTEA	671	21

33	GST	602	15
34	NDS	602	15
35	SYNATREG	585	20
36	CTC	583	11
37	SYNCASS	545	23
38	SAD	540	10
39	UPS	458	21
40	RAS	435	6
41	FUSO	427	12
42	PRESSAC	427	12
43	GS	426	7
44	SAGES	420	7
45	SGTCO	408	14
46	SATO	407	20
47	SATOCC	407	20
48	SYNCAS	401	15
49	DSN	395	15
50	SYNAR	388	15
51	STOP	375	5
52	SNABAC	373	11
53	CCT	364	13
54	NCT	357	6
55	SYNATRACO	342	5
56	MSTC	337	8
57	SYTAC	334	10
58	SYNAFI	330	8
59	VTC	288	4
60	UPTT	280	16
61	STCF-PI	272	4
62	SYNAFET	259	6
63	SYACR	257	9
64	SYMAPRO	257	3
65	SAPN	255	5
66	SYNESURS	253	14
67	UTL	253	2
68	SNPP	245	5
69	FNT	244	7
70	FO	236	5
71	SYGEMIN	236	4
72	CSTA	232	8
73	SLO	228	4
74	SYTRARKI	223	8

75	FCT	219	9
76	SYECO	217	7
77	MTC	217	2
78	SYNAC	212	3
79	ATU	197	8
80	SYTRAXKI	193	3
81	SYNAPETAS	176	7
82	LO	174	7
83	ABT	164	7
84	SCTC	164	19
85	SDTC	159	2
86	SYNATCO	155	6
87	SYNADOR	152	7
88	SYTAB	151	4
89	UFML	148	4
90	OTRAC	143	3
91	STC	137	4
92	SYPROJUDICIA	101	2
93	SACAS	97	6
94	USCC	91	5
95	ATRECO	91	2
96	ATL	87	3
97	OTL	85	1
98	CSTP	69	1
99	UNION	57	6
100	FRASYC	50	0
101	SYNIT	40	1
102	LINAT	37	1
103	STRASEP	36	1
104	ESPOIR	35	1
105	STBB	35	2
106	SNCB	32	0
107	FORC	30	0
108	UFOP	29	1
109	STTA	28	3
110	UCACT	28	1
111	SYNACAS	27	1
112	SYAMACO	26	0
113	SYNATEEC	26	1
114	DSTC	24	0
115	FSE	24	1
116	ATECO	21	1

117	FOC	21	0
118	SDT	20	2
119	SYNAOR	20	1
120	AFOC	16	1
121	STRS	12	0
122	AFT	10	0
123	SYCOP	9	1
124	UCT	8	0
125	SAPC	7	0
126	SNTT	7	0
127	ATLC	6	1
128	SOLSICO	6	0
129	STI	5	0
130	AST	4	0
131	SPASSOC	3	0
132	OTC	1	0
133	ASC	0	0
134	SYNAP	0	0
135	SYTRAGEC	0	0
		221013	11292

Vu et approuvé pour être annexé à l'Arrêté Ministériel n°0038/CAB/PVPM/ETPS/2010 du 30 août 2010 portant publication des résultats des élections syndicales de la cinquième édition 2008-2011 organisées dans les entreprises et établissements de toute nature pour le mandat 2010-2013.

Fait à Kinshasa, le 30 août 2010

MOBUTU NZANG

ANNEXE VIII :

REPUBLIQUE DEMOCRATIQUE DU CONGO
CABINET DU PRESIDENT DE LA REPUBLIQUE

ORDONNANCE N°08/040 DU 30 AVRIL 2008 PORTANT FIXATION DU SALAIRE MINIMUM INTERPROFESSIONNEL GARANTI, DES ALLOCATIONS FAMILIALES MINIMA ET DE LA CONTRE-VALEUR DU LOGEMENT

Le président de la République ;
Vu la constitution, spécifiquement en son article 79 ;
Vu la loi n°015/2002 du 16 octobre 2002 portant Code du Travail, spécialement en ses articles 87, 91, 94, 95, 96 et 97 ;
Vu l'Ordonnance n°06/001 du 30 décembre 2006 portant nomination du Premier Ministre ;
Vu, telle que modifiée et complétée, l'ordonnance n°07/017 du 03 mai 2007 portant organisation et fonctionnement du Gouvernement, modalités pratiques de collaboration entre le Président de la République et le Gouvernement ainsi qu'entre les membres du Gouvernement ;
Vu telle que modifiée et complétée, l'ordonnance n°07/018 du 16 mai 2001 fixant les attributions des ministères ;
Vu l'ordonnance n°07/071 du 25 novembre 2007 portant nomination des ministres d'Etat, Ministres et vice-ministres.
Revu le Décret n°080/2002 du 3 juillet 2002 portant fixation du salaire minimum interprofessionnel garanti, des allocations familiales minima et de la contre-valeur du logement ;
Considérant la nécessité de promouvoir la solidarité nationale, la réhabilitation de la culture du travail décent, la productivité et la sécurité des affaires ;
Considérant les avis émis par le Conseil National du Travail en sa troisième session extraordinaire tenue du 25 mars au 7 avril 2008 ;
Sur proposition du Ministre de l'Emploi, du Travail et de la Prévoyance sociale ;
Le conseil des Ministres entendu ;

ORDONNE :
Article 1er :
La présente ordonnance a pour objet de fixer le salaire minimum interprofessionnel garanti, les allocations familiales et la contre-valeur du logement et de régulariser les rémunérations non conformes aux prescrits légaux.
Article 2 :

Le taux journalier du salaire minimum interprofessionnel garanti (SMIG) est fixé à 1.680 FC (Francs Congolais mille six cent quatre-vingts) pour le manouvre ordinaire.

Article 3 :

Le taux du salaire minimum interprofessionnel garanti fixé au deuxième article de la présente ordonnance est payé en deux tranches réparties comme suit :

- 1.120 FC payables à partir du 1er juillet 2008 suivant l'annexe 1 ;
- La totalité de 1.680 FC payable à partir du 1er janvier 2009 suivant l'annexe 2.

Article 4 :

La tension salariale allant du manœuvre ordinaire au cadre de collaboration est de 1 à 10, soit de 100 à 1.000.

Article 5 :

Le montant journalier des allocations familiales par enfant, fixé à la colonne 19 du tableau en annexe est égal à un dixième (1/10ème) de celui de salaire minimum interprofessionnel garanti du manœuvre ordinaire.

Article 6 :

Le montant journalier de la quotité saisissable par l'employeur au titre de contre-valeur du logement, fixé conformément à la colonne 20 du tableau en annexe, équivaut à un cinquième (1/5ème) du taux journalier des allocations familiales.

Article 7 :

Les taux de salaires minima tels que fixés au tableau en annexe sont majorés de 3% au mois par année entière de service ininterrompu passé par le travailleur dans la même entreprise.

Article 8 :

La valeur hebdomadaire, mensuelle et annuelle du salaire minimum interprofessionnel garanti, de l'allocation familiale minimum et de la contre-valeur du logement s'obstient en multipliant par 6, 26 et 312.

Article 9 :

Les indemnités de logement et de transport n'étant pas les éléments de la rémunération, sont payées conformément aux dispositions légales et réglementaires en la matière.

Article 10 :

Aucune disposition conventionnelle ne peut restreindre les avantages acquis par les travailleurs résultant d'un accord ou d'un arrangement particulier entre parties.

Article 11 :

Dans l'application de l'article 3 de la présente Ordonnance, des dispositions spécifiques pourront être prises, en cas de besoin, pour alléger les difficultés des secteurs agro-industriels et pastoral conformément aux prescrits de l'article 91 du code du Travail.

Article 12 :
La commission Tripartite d'évaluation du SMIG instituée par le Décret n°79/2002 du 3 juillet 2002 devra se réunir au début de chaque année pour l'évaluation en vue du réajustement éventuel.
Article 13 :
Toutes les dispositions antérieures contraires à la présente Ordonnance sont abrogées.
Article 14 :
Le Ministre de l'Emploi, du Travail et de la Prévoyance sociale est chargé de l'exécution de la présente Ordonnance qui entre en vigueur à la date de sa signature.

Fait à Kinshasa, le 30 Avril 2008

Joseph KABILA KABANGE

Antoine GIZENGA
Premier Ministre

Pour copie certifiée conforme à l'originale
Le 30 avril 2008

Le cabinet du Président de la République
Raymond TSHIBANDA N'TUNGA MULONGO
Directeur de Cabinet

ANNEXE 1

SALAIRE MI NIMUM INTERPROFESSIONNEL GARANTI DES ALLLOCATIONS FAMILIAILES MINIMA ET DE LA CONTRE-VALEUR DU LOGEMENT APPLICABLE A PARTIR DU 1er JUILLET 2008

Catégorie	Manœuvre		Travailleur spécialisé	Travailleur semi qualifié			Travaille qualifié		Travailleur haute-ment qualifié	Maitrise				Cadre de collaboration				Allocations	Contre valeur du logement
	I		II	III			IV		V	VI				VII					
Echelon	Ordinaire	Lourd	-	1	2	3	1	2	-	1	2	3	4	1	2	3	4		
Classe	1	2	3	4	5	6	7	8	9	10	11	12	13	14	15	16	17		
Tension	100	116	133	154	178	206	237	274	317	366	422	488	564	651	752	868	1000		
Taux en FC	1120	1299	1490	1725	1994	2307	2654	3069	3550	4099	4726	5466	6317	7291	8422	9721	11200	112	11,2
Colonne 1	2	3	4	5	6	7	8	9	10	11	12	13	14	15	16	17	18	19	20

Fait à Kinshasa, le 30 avril 2008

Joseph KABILA KABANGE

Antoine GIZENGA
Premier Ministre

Vu pour être annexé à l'Ordonnance n°08/040 du 30 avril 2008 portant fixation du salaire minimum interprofessionnel garanti, des allocations familiales minima et de la contre-valeur du logement.

Pour copie certifiée conforme à l'original
Le 30 avril 2008
Le Cabinet du Président de la République
Raymond TSHIBANDA N'TUNGA MULONGO
Directeur de Cabinet

ANNEXE 2
SALAIRE MINIMUM INTERPROFESSIONNEL GARANTI DES ALLLOCATIONS FAMILIAILES MINIMA ET DE LA CONTRE-VALEUR DU LOGEMENT APPLICABLE A PARTIR DU 1er JANVIER 2009

Catégorie	**Manœuvre**		**Travailleur spécialisé**	**Travailleur semi qualifié**			**Travaille qualifié**		**Travailleur haute-ment qualifié**	**Maitrise**				**Cadre de collaboration**				**Allocations familiales**	**Contre valeur du logement**
	I		II	III			IV		V	VI				VII					
Echelon	Ordinaire	Lourd	-	1	2	3	1	2	-	1	2	3	4	1	2	3	4		
Classe	1	2	3	4	5	6	7	8	9	10	11	12	13	14	15	16	17		
Tension	100	116	133	154	178	206	237	274	317	366	422	488	564	651	752	868	1000		
Taux en FC	1680	1949	2234	2587	2990	3461	3982	4603	5326	6149	7090	8198	9475	10937	12634	14582	16800	168	16,8
Colonne 1	2	3	4	5	6	7	8	9	10	11	12	13	14	15	16	17	18	19	20

Fait à Kinshasa, le 30 avril 2008

Joseph KABILA KABANGE

Antoine GIZENGA
Premier Ministre

Vu pour être annexé à l'Ordonnance n°08/040 du 30 avril 2008 portant fixation du salaire minimum interprofessionnel garanti, des allocations familiales minima et de la contre-valeur du logement.

Pour copie certifiée conforme à l'original
Le 30 avril 2008
Le Cabinet du Président de la République
Raymond TSHIBANDA N'TUNGA MULONGO
Directeur de Cabinet

BIBLIOGRAPHIE SELECTIVE

I. OUVRAGES

ALBOU, Paul, *Problèmes humains de l'entreprise*, Paris, éd.Dunod, 1971.

BIJON, M.J., *Le travailleur*, Paris, éd. Sociales françaises, 1962.

BIT, *L'Inspection du travail : sa mission, ses méthodes*, Genève, B.I.T., 1971.

BIT, *Les normes internationales du travail*, B.I.T., Genève.

BIT, *Déclaration de l'OIT relative aux principes et droitsfondamentaux au travail et son suivi*,B.I.T, Genève, juin 1998.

BIT, L'OIT, *Ses origines, son fonctionnement, son action*, B.I.T., Genève, 1968.

BLANC-JOUVAIN, X., *Les rapports collectifs du travail aux Etats-Unis*,Paris, Dalloz, 1957.

BRUHL, H. Lévy, *Sociologie du droit*, Paris, PUF, 1981.

CAMERLYNCK, G.H et CAEN, L., *Droit du travail*, Paris, Dalloz, 1965.

CARRIE, D., *La stratégie des négociations collectives,* Paris, P.U.F 1961.

CHAPPUIS, RAYMOND, *La solidarité-l'éthique des relations humaines*,Paris, P.U.F, 1999.

CHAZEL, F. et COMMAILLE, J. (sous la direction de), *Normes juridiques et régulation sociale*, Paris, LGDJ, collection 4 « Droit et Société » 1991.

COMTE, A., *Cours de philosophie positive*, Paris, Ed. Anthropos, 1968

COUTEAU et BASSAT, *Législation sociale*, Paris, éd. Dunod, 1977.

DESPAX, M., *Le droit du travail*, Paris, P.U.F 1967.

DIKONDA WA LUMANYISHA, *Législation du travail*, Cours inédit, UNAZA, FSE, Kisangani, 1975.

DURAND, P. et GAUSSAURD, A., *Traité de droit du travail*, Paris, Dalloz, (3 volumes)

DURKHEIM, E., *De la division du travail social*, Paris, P.U.F, 1893.

DUPEYROUX, J.J., BORGETTO, M., LAFORE, R., RUELLAN, R., *Droit de la sécurité sociale*, Paris, Dalloz,-Sirez, 2006.

GURVITCH,G., « Problèmes de sociologie du droit », in *Traité de sociologie*,Tome 2, Paris, PUF, 1968.

GERENGBO YAZALO, MT, Carte postale de l'INSS, Kinshasa, Mars 2010.

GASSANA MUHIRWA, *Le syndicalisme et ses incidences sociopolitiques en Afrique. Le cas de l'UNTZA*, éd. PUZ, 1982.

GERARD, D., *Dictionnaire des relations du travail*, éd. P.U.L, 1986.

GHESTIN, J. et LANGLOIS, *Droit du travail*, Paris, éd. SIREY, 1981
GIDECHARLES, *La solidarité*, Paris, 1932.
GONIDEC, P.F., *Cours du droit du travail africain*, Paris, éd. Pichon, 1966.
LAROQUE, P., Les grands problèmes contemporains, Fascicule II, 1966-1967.
LOBHO, J.P., *Les tendances du syndicalisme congolais, cas de la CSLC*, Université LovaniumLéopolville, 1967.
LUWENYEMA LULE, *Précis de droit du travail Zaïrois*, éd. Lule, Kinshasa, 1985.
MAS, G., *Initiation à la vie professionnelle. Législation du travail*,Paris, éd. Dunod, 1972.
MEYNAUD, J. et SALAH, B.A., *Le syndicalisme africain*, Paris, Payot, 1963.
MUKADI, B., *Droit de la sécurité*, Lubumbashi, éd. Ndolo, 1995.
MUKADI, B., *Quelle sécurité sociale pour la 3ème République ?Esquisse d'un modèle sur base des décisions et recommandations de la CNS*, Kinshasa, éd. Ntobo, 1993.
NSAMAI, E., *La sécurité sociale au Cameroun*, éd Sangraph, Yaoundé, 1947.
O.I.T., *L'OIT et le monde du travail*, Genève, éd. B.I.T.,1977.
POUPART, R., *Première esquisse de l'évolution du syndicalisme au Congo*, éd. Solvay, ULB, 1960.
RETOURNARD, F., *Législation du travail et de la sécurité sociale*, Paris, éd. Gama, 1969.
SEVERIN, Evelyne, *Sociologie du droit*, Paris, La Découverte, Repères, 2000.
SUET, PH., *Le droit au travail*, Paris, éd. France-Empire, 1972.
VERDIER, JM., *Syndicats*, Paris, éd. Dalloz, 1966.
WAUTHY, Emile, *Législation sociale*, 8ème Ed., Bruxelles, Ed. La Procure, 1979
WEBER, M., *Economie et société*, Paris, Plon, 1965.
WEISS DIMITRI, *Les relations du travail. Employeurs, Personnel, Syndicats, Etat*, Paris, éd. Dunod, 1978.
WEMBI, A., *La Sécurité sociale au Congo*, Louvain, éd. Nauwelaert, 1966.
WILLENER, A., *Travail, salaire, production*, Tome 2, Paris, Louton, 1972.
ZANOUVI, A., *Introduction à la sécurité sociale*, Yaoundé, éd. Chadat, 2001.

II. DOCUMENTS LEGAUX ET REGLEMENTAIRES

1. Annuaire des partenaires sociaux 2002, Kinshasa, mai 2002
2. Arrêté Ministériel n°049/CAB/MIN/ETPS/MBL/2012 du 100 décembre 2012 relatif à l'affiliation des employeurs à l'immatriculation des travailleurs ainsi qu'aux modalités et conditions de versement des cotisations de la sécurité sociale.
3. Arrêté ministériel n°040/CAB/MIN/ETPS/MBL/MMG/pkg/2013 du 09 avril 2013 portant mesures d'application des dispositions du code du travail relatives à la durée et à la libération de l'horaire de travail.
4. Convention collective interprofessionnelle nationale du Travail, décembre 2005.
5. Décret-loi constitutionnel n°03 du 28 mai 1997
6. Décret n°080/2002 du 03 juillet 2002 portant fixation du SMIG.
7. Décret-loi n°081/2002 03 juillet 2002 portant création de l'ONEM
8. Décret-loi du 29 juin 1961 organique de la sécurité sociale.
9. INSS, Guide de l'assuré de la sécurité sociale, 1988.
10. INSS : Guide de l'assuré de la sécurité sociale, 1990
11. Loi n°015/2002 du 16 octobre 2002 portant code du Travail
12. Loi n°016/2002 du 16 octobre 2002 portant création des Tribunaux du Travail
13. Ministère de l'Emploi, du Travail et de la Prévoyance Sociale, lire les mesures d'application du Code du travail, 2010
14. Ordonnance-loi n°67/310 du 9 août 1967 portant code du Travail
15. Ordonnance-loi n°13/008 du 13 février 2013 modifiant et complétant certaines dispositions de l'Ordonnance-loi n°69/009 du 10 février 1969 relatives aux impôts cédulaires sur les revenus.
16. Revue Congo-Afrique, Edition CEPAS, n°41, 105, 129, etc…
17. Recueil des textes législatifs et réglementaires de la sécurité sociale au Congo, juin 1961

Table des Matières

République démocratique du Congo aux éditions L'Harmattan

Dernières parutions

DE L'AFDL AU M23 EN RÉPUBLIQUE DÉMOCRATIQUE DU CONGO
Mbavu Muhindo Vincent - Préface du Pr Vincent Muderhwa Barhatulirwa
L'auteur situe la récente rébellion du M23 dans le contexte général d'un mouvement cache-sexe à la solde des principaux acteurs de la longue crise congolaise. Face à l'impotence de la Mission des Nations-Unies pour la Sécurisation du Congo, la Brigade onusienne est venue en appui aux commandos des FARDC, conduisant à la totale déconfiture des rebelles du M23. Les pourparlers de Kampala ont été boostés par cette victoire militaire et ont abouti à la signature des déclarations de Nairobi.
(Coll. Études africaines, 24.00 euros, 234 p.)
ISBN : 978-2-343-04031-8, ISBN EBOOK : 978-2-336-35530-6

LUTTE (LA) D'UN POUVOIR DICTATORIAL CONTRE LE COURANT DE LA DÉMOCRATISATION AU CONGO-KINSHASA
Tabezi Pene-Magu Bernard-Gustave
Pays des dinosaures, le Zaïre, aujourd'hui la République démocratique du Congo, continue à perpétuer les mêmes tares qu'à l'époque de Mobutu. Cet essai décrit l'agonie de ce pays à partir des dix dernières années du règne du Maréchal Mobutu. Immensément riche en ressources naturelles, ce pays figure, après plus de 40 ans de mauvaise gouvernance, parmi les plus pauvres de la planète, les dinosaures continuant à piller le pays pour leur propre compte et celui des puissances occultes étrangères.
(Coll. Études africaines, 21.00 euros, 210 p.)
ISBN : 978-2-343-03955-8, ISBN EBOOK : 978-2-336-35650-1

MOÏSE TSHOMBE
Sécessionniste ou nationaliste ?
Ikos Rukal Diyal Joseph Emmanuel - Préface de Liliane Schraûwen
Moïse Tshombe demeure le personnage historique le plus complexe de la mémoire nationale de la RD Congo. Sécessionniste ? Nationaliste ? Sécessionniste puis nationaliste ? «Président de l'État Indépendant du Katanga» (juillet 1960-janvier 1963) et «Premier ministre du Congo-Léopoldville» (juillet 1964-octobre 1965), Moïse Tshombe ne peut être compris que replacé dans la complexité.
(L'Harmattan RD Congo, Coll. Comptes Rendus, 33.00 euros, 320 p.)
ISBN : 978-2-343-04152-0, ISBN EBOOK : 978-2-336-35421-7

GESTION (LA) MACROÉCONOMIQUE DE LA RÉPUBLIQUE DÉMOCRATIQUE DU CONGO DURANT ET APRÈS LA TRANSITION DÉMOCRATIQUE
Sumata Claude
Ce livre constitue une tentative d'appréhender la situation macroéconomique de la République démocratique du Congo au cours de ces dernières décennies. Le marasme économique y sévissant, après 50 ans d'indépendance, mérite que l'on s'arrête sur les causes structurelles de

sa pérennisation, afin de dégager les pistes adéquates d'une politique visant à assurer un réel renversement.
(Coll. Cahiers Africains, 27.00 euros, 258 p.)
ISBN : 978-2-343-04106-3, ISBN EBOOK : 978-2-336-35588-7

PROCÉDURES (LES) DE DÉDOUANEMENT EN RDC
L'expérience du «guichet unique» au poste de Matadi
Tenday Lupumba Alain - Préface de Déo Rugwiza Magera ; Postface d'Ahmed Boilil
Régie financière de première importance, la Direction générale des douanes et accises se positionne comme le chaînon principal de la fiscalité congolaise, dans le dispositif stratégique de maximisation des recettes de l'État. Le besoin de réformer l'administration fiscale et ses servitudes subséquentes s'est avéré d'une extrême nécessité pour protéger les recettes intérieures et consolider la souveraineté financière et la fierté nationale. Ce sont ces aspirations légitimes que l'auteur met ici en avant.
(L'Harmattan RD Congo, Coll. Comptes Rendus, 31.00 euros, 296 p.)
ISBN : 978-2-343-04124-7, ISBN EBOOK : 978-2-336-35383-8

PÉDAGOGIE (LA) GÉNÉRALE
Bogoy Nangama Stanislas - Préface de Jean Kanga Kalemba Vita
Ce manuel de pédagogie générale vient enrichir les outils d'encadrement pédagogique et didactique dans les écoles congolaises, où les supports d'enseignement ne sont pas légion. Il propose de s'intéresser successivement à la définition des concepts clés, à un aperçu historique du domaine, aux rapports existant entre la pédagogie et certaines sciences, à quelques considérations importantes de l'éducation, aux principaux types d'éducation, aux grands courants de la pédagogie actuelle, à la connaissance de l'enfant, aux méthodes pédagogiques et à l'importance d'une vraie collaboration entre l'école, la famille et la société.
(Coll. Notes de cours, 14.50 euros, 144 p.)
ISBN : 978-2-343-02698-5, ISBN EBOOK : 978-2-336-35516-0

JE REVIENS DE L'ENFER
Reportage de guerre à l'est de la RD Congo (août-septembre 1998)
Namujimbo Déo
Le monde entier convoite et fait main basse sur les incommensurables richesses de la RDC (dont le coltan, nécessaire à nos téléphones et ordinateurs) - plus de huit millions de morts en moins de quinze ans. Entre août et septembre 1998, en pleine «rébellion-mutinerie» visant à destituer le président Laurent-Désiré Kabila, l'auteur s'est glissé dans la brigade «rebelle» du Rassemblement Congolais pour la Démocratie. Seul civil au milieu de 5000 soldats assoiffés de sang et de rapines, il a vécu, pendant deux mois, ce qu'il qualifie des «pires horreurs de sa vie».
(20.00 euros, 192 p.)
ISBN : 978-2-343-02619-0, ISBN EBOOK : 978-2-336-35328-9

JUSTICE (LA) CONGOLAISE FACE AUX CRIMES INTERNATIONAUX COMMIS EN RDC
Bakama Bope Eugène - Préface de Toussaint Muntazini Mukimapa
Les différentes guerres et rébellions qui ont ravagé la RDC ont fait en quelques années plusieurs millions de morts. Devant la gravité des crimes et l'absence de justice, l'évaluation faite de la justice congolaise et des quelques jugements rendus révèle son incapacité matérielle à répondre efficacement aux crimes et le manque de volonté politique à poursuivre les personnes ayant la plus grande responsabilité dans la commission de ces crimes odieux.
(Coll. Logiques Juridiques, série Afrique des Grands Lacs, 27.50 euros, 276 p.)
ISBN : 978-2-343-03799-8, ISBN EBOOK : 978-2-336-35692-1

RÔLE (LE) DU JUGE ADMINISTRATIF CONGOLAIS DANS L'ÉMERGENCE DE L'ÉTAT DE DROIT
Ntumba Musuka Zacharie - Préface de Benjamin Mulamba Mbuyi
Le juge en général et le juge administratif en particulier sont des artisans de l'État de droit. Le contrôle juridictionnel qu'ils exercent sur l'administration demeure la garantie effective de

l'État de droit et en conditionne la réalisation. Par sa mission délicate, après saisine, d'annuler les décisions des autorités administratives qui causent grief aux administrés, le juge administratif incarne un rôle cardinal dans l'émergence de l'État de droit.
(Coll. Notes de cours, 36.00 euros, 364 p.)
ISBN : 978-2-343-02992-4, ISBN EBOOK : 978-2-336-35501-6

AMÉLIORATION DU CLIMAT DES AFFAIRES EN RDC ?
Recueil d'exceptions congolaises contre-productives à l'investissement
Kabongo Mujika Blaise - Préface de A.L. kitenge
Ce livre objective le cadre général d'investissements en RDC, en passant en revue les obstacles à surmonter pour encourager l'investissement national et étranger. Conçu comme un recueil didactique portant sur les stratégies politico-économiques susceptibles d'aider le pays à attirer davantage d'investissements en vue d'améliorer le sort socio-économique des Congolais, cet ouvrage vise l'éveil de la conscience civique du peuple congolais afin qu'il participe au décollage économique du pays.
(Coll. Comptes Rendus, 16.00 euros, 156 p.)
ISBN : 978-2-343-03960-2, ISBN EBOOK : 978-2-336-35165-0

PME ET DÉVELOPPEMENT EN RDC
Atouts, contraintes institutionnelles et perspectives
Bukavu Journal of Economics and Social Sciences 2
Faculté des sciences économiques et de gestion, Université catholique de Bukavu
L'objectif de la revue est de collecter des données, d'organiser des connaissances sur différents aspects de la vie socioéconomique de la région du Kivu. Ce deuxième numéro porte sur les PME et le développement en RDC, plus particulièrement dans le Kivu, et présente un certain nombre d'articles sur cette thématique.
(Coll. Harmattan RDC, 30.00 euros, 289 p.)
ISBN : 978-2-343-03884-1, ISBN EBOOK : 978-2-336-35296-1

ÉCONOMIE MONDIALISÉE, COOPÉRATIVES DÉLAISSÉES
Sociologie du développement et de la coopération en République démocratique du Congo
Makungu Masudi Nuah M.
Voici une brève histoire politique, sociale et économique de la RDC, ainsi que l'analyse de la sociologie du développement et de la coopération. L'économie extractive, qui profite aux étrangers et à l'élite au pouvoir, a été survalorisée au détriment de l'économie coopérative qui profiterait à l'immense majorité des Congolais survivant grâce aux activités vivrières et informelles. Pour l'État, l'avantage des organisations associatives est de faire prendre en charge par les producteurs eux-mêmes la réorganisation de leurs activités productives.
(Coll. Études africaines, 15.50 euros, 148 p.)
ISBN : 978-2-343-03488-1, ISBN EBOOK : 978-2-336-35210-7

SCOLARISATION DU PEUPLE ENYA EN RÉPUBLIQUE DÉMOCRATIQUE DU CONGO
Étude diagnostique et prospective
Vitamara Masimango Paul
Dans la première partie de cette étude, nous avons remarqué que la non-scolarisation des Enya ne s'explique pas par le manque de ressources matérielles et humaines dont disposent les établissements scolaires. Pourquoi alors la présence massive des enfants enya dans l'exercice des activités informelles ? Quelles stratégies adopter pour assurer la scolarisation de ce peuple ?
(Coll. Études africaines, 22.00 euros, 226 p.)
ISBN : 978-2-343-02764-7, ISBN EBOOK : 978-2-336-35310-4

DRAME (LE) DE L'INTELLECTUEL TIRAILLÉ ENTRE DISCOURS OCCIDENTAL ET DISCOURS AFRICAIN
Mélanges offerts au Professeur Georges Ngal à l'occasion de son quatre-vingtième anniversaire
Sous la direction de Mutshipayi K. Cibalabala
Le 23 avril 2013, Georges Ngal, professeur émérite à la Sorbonne-Paris IV, a fêté son quatre-vingtième anniversaire. À cette occasion, une dizaine d'universitaires congolais ont contribué à

l'élaboration de cet ouvrage hommage dont le contenu concerne la littérature, la linguistique, la philosophie, la théologie, les sciences politiques et le développement rural. Georges Ngal est une figure notoire des lettres négro-africaines et francophones.
(28.00 euros, 270 p.)
ISBN : 978-2-343-03278-8, ISBN EBOOK : 978-2-336-35228-2

KINSHASA SOCIÉTÉ ET CULTURE
Muketa Jacques Fumunzanza
Ce livre donne les éléments de compréhension de l'ensemble des traits distinctifs, spirituels et matériels, intellectuels et affectifs, qui caractérisent Kinshasa. Il démontre que les anciens et les pionniers, indigènes et étrangers, ont façonné l'identité des Kinois, en exposant les productions socioculturelles des habitants de Kinshasa, au travers desquelles on découvre le savoir-faire et le savoir-vivre de la société kinoise.
(35.00 euros, 302 p.)
ISBN : 978-2-336-00254-5, ISBN EBOOK : 978-2-296-53827-6

HISTOIRE DU CONGO RDC DANS LA PRESSE
Des origines à l'indépendance
Ekambo Jean-Chrétien D - Préface d'Isidore Ndaywel à Nziem
Qui avait conscience que l'histoire de l'exploration du Congo avait commencé par celle d'un simple et banal reportage du journaliste Henri M. Stanley ? La presse, instrument de diffusion et de transmission de l'information, est aussi productrice de l'histoire. A sa manière, la presse a forgé le destin du Congo.
(Coll. Comptes Rendus, 44.00 euros, 438 p.)
ISBN : 978-2-343-01118-9, ISBN EBOOK : 978-2-296-53962-4

COURSE (LA) CONTRE LA PAIX EN R.D.CONGO
Sous la direction de Nashi Emmanuel M. A.
Les dirigeants congolais savent parfaitement que l'objectif final de Kigali demeure l'annexion du Kivu au Rwanda. La stratégie consiste à déclencher à intervalles réguliers des guerres qui chassent les autochtones de leurs terres et y installent de prétendus réfugiés venus du Rwanda. Chaque fois que le gouvernement congolais négocie avec le régime rwandais ou ses supplétifs (M23, CNDP, RCD-Goma), il contribue à la réalisation de cet objectif.
(Coll. Comptes Rendus, 21.00 euros, 206 p.)
ISBN : 978-2-343-01071-7, ISBN EBOOK : 978-2-296-53798-9

COMBAT POUR LA RÉSURRECTION DU MOUVEMENT NATIONAL CONGOLAIS
Mosamete Sekola
Pour reconstruire le Mouvement National Congolais (NMC), l'auteur pense qu'il faut repartir de zéro et bâtir une solution durable. Il a constitué le nouvel édifice du Mouvement de demain, doté de statuts solides et durables pour une institution de combat démocratique, et veut faire du MNC une force de première grandeur qui arracherait le Congo à son triste sort. Ces stratégies vont entraîner un renversement complet de l'existence des Congolais.
(Coll. Points de vue, 16.50 euros, 156 p.)
ISBN : 978-2-336-29759-0, ISBN EBOOK : 978-2-296-53737-8

SOCIOLOGIE DE LA CHANSON CONGOLAISE
Cours expérimental sur la rumba congolaise
M'Bemba-Ndoumba Gaston
Dans les sociétés de tradition orale, rien de tel que les chansons pour comprendre l'évolution de la société. La rumba congolaise en est le meilleur exemple. Analyser les paroles de cette musique née dans les années trente sur les deux rives du fleuve Congo, à Brazzaville et Kinshasa, permet de mieux comprendre les transformations nées de la révolution urbaine : rapports hommes-femmes et Blancs-Noirs, où l'argent tient une place de plus en plus grande.
(Coll. Études africaines, 20.00 euros, 202 p.)
ISBN : 978-2-343-00424-2, ISBN EBOOK : 978-2-296-53942-6

651254 - Avril 2016
Achevé d'imprimer par
1livre.com
du rêve à la réalité !

www.ingramcontent.com/pod-product-compliance
Lightning Source LLC
LaVergne TN
LVHW011441061026
849535LV00004BA/913